最新版

もっと簡単で確実にふやせる

さし木
つぎ木
とり木

高柳良夫 著
矢端亀久男 監修

日本文芸社

あなたも、ふやす楽しさや喜びを味わってください

——著者　高柳良夫

　全国の一般家庭で、玄関周りや門に至るアプローチ、フェンスの側面が草花で飾られている光景をよく見かけるようになりました。これは、植物の栽培が多くの人に親しまれている証しだといえます。植物は、つくる人の目を楽しませ、疲れた心をいやしてくれます。

　植物栽培の楽しみには、美しい花を咲かせ、実をならせるための手入れや管理とともに、ふやす楽しみもあります。まいた種から芽が出てきたときの喜び、友人からもらった1枝をさし木にして発根させ、花を咲かせたときの充足感なども味わえます。

　植物のふやし方には、実生やさし木、つぎ木、とり木、株分けなど、いろいろな方法があります。本書では、1章でそれらの繁殖の方法を、だれにでも実行できるように、写真とイラストで紹介しました。2章から6章では落葉樹、常緑樹、果樹などの樹木から、観葉植物、鉢花、山野草、ハーブまで、家庭で栽培されているものをできるだけ多く取り上げ、繁殖法を中心に、管理のポイントなどを目で見てすぐわかるようにイラストで解説してあります。

　監修と写真撮影の実技は、矢端亀久男氏にお願いしました。矢端氏は、長年高校教育に携わり、現在は育種家であるとともに社会人教育にも力を入れておられる方です。初心者でもやさしく繁殖ができるように、繁殖の基本とコツを実演しながら説明していただきました。

　繁殖は、手間がかかったり、技術的に難しいように思われがちですが、実際にやってみると難しいものではありません。

　あなたも、ぜひ実行してみてください。自分の好きな植物がふえていく喜びは格別です。この本で、繁殖の楽しみを満喫していただくことを願っています。

世界でたった一つの
オリジナル品種づくりを

――― 監修者　矢端亀久男(やばたきくお)

　「カキがおいしかったので、その種をまいた」という話をよく耳にします。種をまくことは、すばらしいことです。やがて芽が出て、木がぐんぐん大きくなります。

　しかし、数年たってようやく実がなり始めたころには、そのカキの木は大きくなりすぎて邪魔もの扱いという話も、よく聞きます。

　つぎ木の技術をマスターした人は違います。その技術を生かして、すでに実をならせているカキの木の先端に、実生苗の穂をつぎ木すると、2～3年後には、自分で種をまいたカキの実を試食することができます。多くの場合、親とまったく同じ実はなりません。親と同じ実がならないからこそ、初めてその果実を口にするときには、胸がドキドキするような楽しみが味わえるのです。そして、あなたが気に入ったカキを、あらかじめ用意しておいた実生の台木につぎ木すると、世界でたった一つのあなたのオリジナル品種ができあがるのです。

　私は2年間、群馬県の大泉町で暮らしましたが、街路樹にアメリカヤマボウシ（ハナミズキ）が使われていました。一般的には赤と白の園芸品種が交互に植えられることが多いのですが、その町には実生から育てた木が並んでいました。赤から白まで微妙な濃淡があり、日曜日にそこを散歩するのが楽しみになりました。自分の好きな花を探すのですが、目移りがしてなかなか決まりません。ハナミズキのような大型の樹木の育種には手を出せない私ですが、そこで育種の選抜者の気分を味わうことができました。

　育種に興味を持ち始めると、いろいろなアイデアが浮かんできます。ハイビスカスとムクゲの交配、ベゴニアとシュウカイドウ、バナナとバショウの雑種など、耐寒性を高めるための育種が多くなります。ある高名な育種家は「私をこの世界に誘ったのは、ハイビスカスの耐寒性を高めたいという思いでした」と述べています。世の中には同じようなことを考える人が大勢いるようで、じつは私もそのひとりです。

　ハイビスカスとムクゲの交配には、うまくいかない理由があり、成功したという発表はいまだにありません。それだけにやりがいがあり、「よし、自分が世界で最初の作出者になってやろう」という意欲をかき立てられます。

　実生、さし木、つぎ木、とり木、株分けなど、植物の繁殖方法は多岐にわたりますが、あなたは、何のために繁殖をするのでしょうか。好きな花を本来の美しさで咲かせたい、好きな果物を本来のおいしさで実らせたい、余分にふやしてほめてくれた人に分けてあげたいなど、さまざまな理由があるでしょう。育種もその中の一つです。美しい花を咲かせたり、おいしい果物を実らせたりすることに満足したら、もう一歩進んで、植物を創造する世界に足を踏み入れませんか。そこには「究極の園芸」が待っているのです。

もくじ

はじめに ———— 2
ふやし方カレンダー ———— 7

1章 園芸植物のふやし方の基本テクニック

園芸植物のふやし方には、こんな方法がある ———— 12
ふやした苗を育てる土づくりと施肥の基本 ———— 14
さし木は、このようにして行う ———— 16
つぎ木は、このようにして行う ———— 22
とり木は、このようにして行う ———— 30
株分けは、このようにして行う ———— 34
実生(種まき)は、このようにして行う ———— 36

章末コラム 実生の楽しみ　40

2章 落葉樹のふやし方

アジサイ ———— 46
イチョウ ———— 48
エゴノキ ———— 52
オウバイ ———— 54
カエデ・モミジ ———— 56
コデマリ ———— 58
コブシ ———— 60
サクラ ———— 62

アジサイ

サルスベリ ———— 64
ニシキギ ———— 66
ネムノキ ———— 68
ハナミズキ／ヤマボウシ ———— 70
バラ ———— 72
ヒメシャラ／ナツツバキ ———— 74
フジ ———— 76

プラタナス・スズカケノキ ———— 78
ボケ ———— 82
マユミ ———— 86
ムクゲ ———— 88
ヤナギ／シダレヤナギ ———— 90
レンギョウ ———— 92
その他の落葉樹 ———— 94

章末コラム 「育種の父」ルーサー・バーバンクの偉業❶　98

3章 常緑樹のふやし方

アオキ ——— 100	
イチイ・キャラ ——— 102	
イヌツゲ ——— 104	
オリーブ ——— 106	
キョウチクトウ ——— 108	
キンモクセイ ——— 110	
クチナシ ——— 112	

クチナシ

ゲッケイジュ ——— 114	ブラシノキ ——— 128
コニファー類 ——— 116	ベニカナメモチ ——— 130
ジンチョウゲ ——— 118	モチノキ ——— 132
ツツジ／サツキ ——— 120	モッコク ——— 134
ツバキ／サザンカ ——— 122	ヤツデ ——— 136
ナンテン ——— 124	ユズリハ ——— 138
ピラカンサ ——— 126	その他の常緑樹 ——— 140

章末コラム 「育種の父」ルーサー・バーバンクの偉業❷ 142

4章 果樹のふやし方

アケビ／ムベ ——— 144	
アンズ／スモモ ——— 146	
イチジク ——— 148	
ウメ ——— 150	
カキ ——— 152	
カンキツ類 ——— 154	
クリ ——— 156	
ザクロ ——— 158	
ナシ ——— 160	

ウメ

ブルーベリー ——— 162	リンゴ ——— 166
モモ ——— 164	その他の果樹 ——— 168

章末コラム 家庭で果樹を楽しもう 170

もくじ

5章 観葉植物・鉢花のふやし方

アイビー ─── 178
アロエ ─── 180
オリヅルラン ─── 182
ガジュマル ─── 184
カネノナルキ ─── 186
クジャクサボテン ─── 188
ゴムノキ ─── 190
サボテン ─── 192
サンセベリア ─── 194
シェフレラ ─── 196
シャコバサボテン ─── 198
ジャスミン ─── 200
ゼラニウム ─── 202
ドラセナ ─── 204
ハイビスカス ─── 206
パキラ ─── 208
ブライダルベール ─── 210
ベゴニア類 ─── 212
ポインセチア ─── 214
ポトス ─── 216
ディフェンバキア ─── 218
その他の観葉植物・鉢花 ─── 221

ハイビスカス

6章 山野草・ハーブのふやし方

キキョウ ─── 224
ギボウシ ─── 226
シラネアオイ ─── 228
ナデシコ ─── 230
ホトトギス ─── 232
リンドウ ─── 234
セージ ─── 236
タイム ─── 238
バジル ─── 240
ミント ─── 242
ラベンダー ─── 244
レモンバーム ─── 246
ローズマリー ─── 248

園芸用語 ─── 250
さくいん ─── 253

キキョウ

ふやし方カレンダー その植物に適したふやし方や時期がひと目でわかります。

植物名	1月	2月	3月	4月	5月	6月	7月	8月	9月	10月	11月	12月	ページ
アイビー													178
アオキ													100
アケビ／ムベ					(ムベ)								144
アジサイ													46
アセビ													140
アベリア													140
アロエ													180
アンズ／スモモ													146
イチイ・キャラ													102
イチジク													148
イチョウ													48
イヌツゲ													104
ウメ													150
ウメモドキ													94
エゴノキ													52
エニシダ													94
オウバイ													54
オガタマノキ／カラタネオガタマ													140
オリーブ													106
オリヅルラン													182
カイドウ・ハナカイドウ													94
カエデ・モミジ													56
カキ													152
ガジュマル													184
カトレア													222
カネノナルキ													186
カンキツ類													154
キウイフルーツ													168
キキョウ													224
ギボウシ													226
キョウチクトウ													108
キングサリ													94
キンモクセイ													110

■ さし木　■ つぎ木　■ とり木　■ 実生　■ 株分け

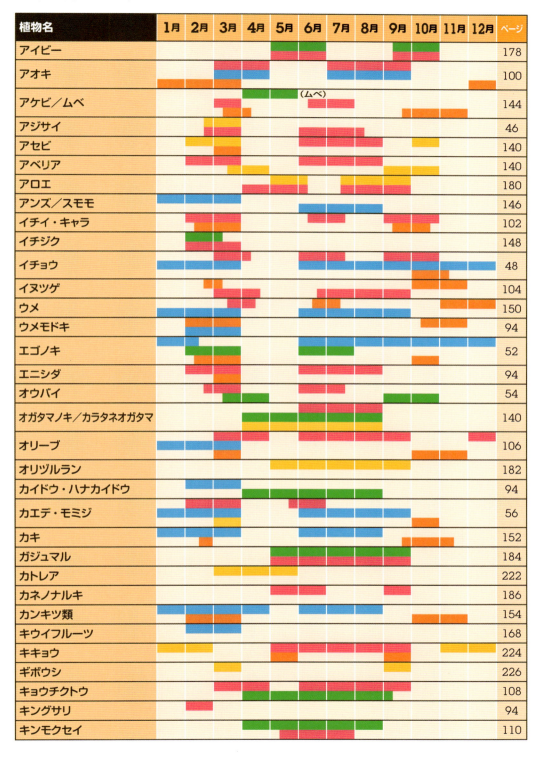

ふやし方カレンダー

植物名	1月	2月	3月	4月	5月	6月	7月	8月	9月	10月	11月	12月	ページ
クコ			さし木			さし木							168
クジャクサボテン					つぎ木 / さし木	つぎ木 / さし木							188
クチナシ					さし木・とり木	さし木・とり木		さし木・とり木	さし木・とり木				112
グミ			（落葉樹）				（常緑樹）						168
クリ			実生	つぎ木	つぎ木	つぎ木				実生			156
クレマチス			さし木		さし木	さし木			さし木				221
クンシラン				実生・株分け	実生・株分け								221
ゲッケイジュ			さし木	さし木	さし木	とり木	とり木	さし木	さし木		実生		114
コデマリ	株分け	株分け	さし木		さし木	さし木	さし木			株分け	株分け	株分け	58
コニファー類			さし木	さし木	さし木	さし木							116
コブシ	つぎ木	つぎ木	つぎ木		つぎ木	つぎ木	つぎ木			実生			60
ゴムノキ					とり木	とり木・さし木	とり木・さし木						190
サギソウ			株分け										221
サクラ	つぎ木	さし木	さし木	実生	さし木	さし木・つぎ木	さし木・つぎ木	さし木					62
ザクロ					とり木	とり木	とり木						158
サボテン					つぎ木・さし木	つぎ木・さし木	さし木	実生	つぎ木・実生	つぎ木			192
サルスベリ			さし木	さし木		とり木	とり木	さし木	さし木	実生			64
サンザシ				実生	つぎ木					実生			168
サンシュユ				つぎ木									94
サンセベリア					さし木・株分け	さし木・株分け	さし木・株分け	さし木・株分け					194
シェフレラ					さし木・とり木	さし木・とり木	さし木・とり木	さし木・とり木	さし木・とり木				196
シャクナゲ／セイヨウシャクナゲ			さし木	さし木	つぎ木	つぎ木	さし木	さし木					140
シャコバサボテン					さし木	さし木							198
ジャスミン							さし木						200
シラネアオイ			株分け						実生・株分け	実生・株分け			228
ジンチョウゲ			さし木	さし木		さし木	さし木						118
シンビジウム			株分け	株分け									222
スイレン				株分け	株分け								222
スグリ／フサスグリ		株分け	さし木			さし木							169
スモークツリー													95
セージ					さし木・とり木	さし木・とり木			さし木・とり木	さし木・とり木			236
ゼラニウム				さし木・実生	さし木・実生	さし木・実生			さし木・実生	さし木・実生			202
センリョウ					さし木								140
タイム				さし木・とり木	さし木・とり木	さし木・とり木			さし木・とり木	さし木・とり木			238

■ さし木　■ つぎ木　■ とり木　■ 実生　■ 株分け

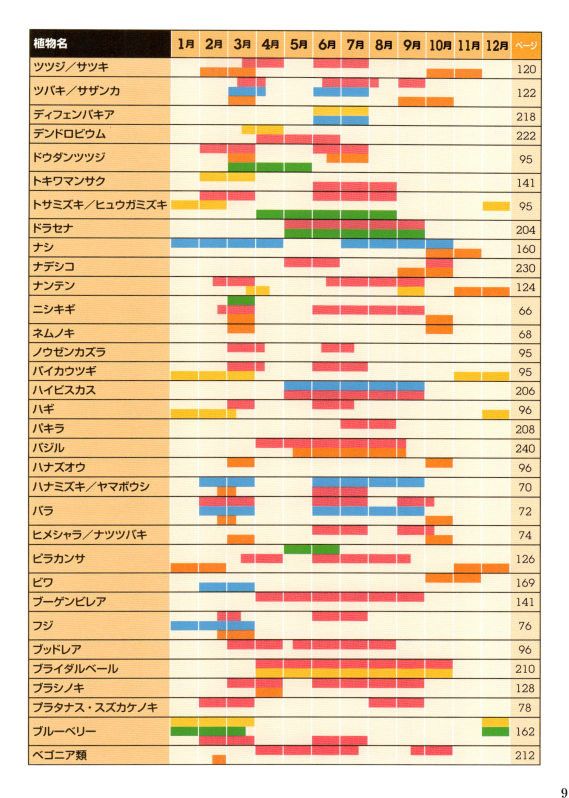

ふやし方カレンダー

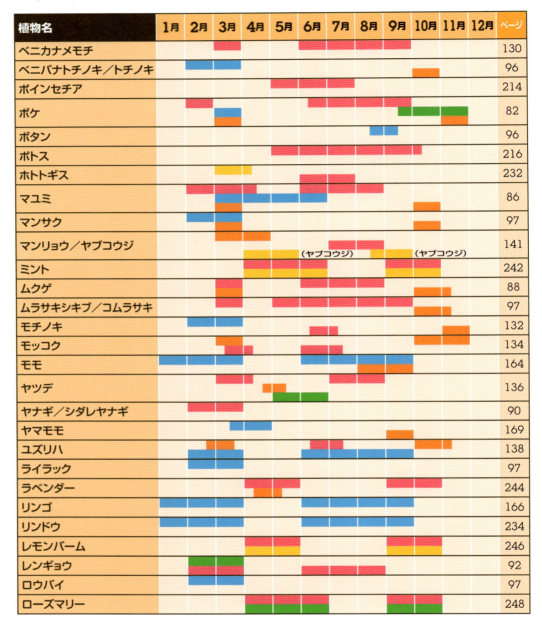

植物名	1月	2月	3月	4月	5月	6月	7月	8月	9月	10月	11月	12月	ページ
ベニカナメモチ													130
ベニバナトチノキ／トチノキ													96
ポインセチア													214
ボケ													82
ボタン													96
ポトス													216
ホトトギス													232
マユミ													86
マンサク													97
マンリョウ／ヤブコウジ							(ヤブコウジ)			(ヤブコウジ)			141
ミント													242
ムクゲ													88
ムラサキシキブ／コムラサキ													97
モチノキ													132
モッコク													134
モモ													164
ヤツデ													136
ヤナギ／シダレヤナギ													90
ヤマモモ													169
ユズリハ													138
ライラック													97
ラベンダー													244
リンゴ													166
リンドウ													234
レモンバーム													246
レンギョウ													92
ロウバイ													97
ローズマリー													248

■ さし木　■ つぎ木　■ とり木　■ 実生　■ 株分け

1章

園芸植物のふやし方の基本テクニック

園芸植物のふやし方の基本テクニック

園芸植物のふやし方には、こんな方法がある

ふやし方は、有性繁殖と無性繁殖に大別される

　植物をふやす方法は、種でふやす「実生繁殖=有性繁殖」と、茎や枝、葉などの栄養器官の一部からふやす「栄養繁殖=無性繁殖」に大別されます。

　山野に自生している植物は、地下茎やランナーなどによって自然に栄養繁殖を行うものもありますが、多くは実生繁殖によってふえています。これに対して、人為的に植物をふやす場合には、実生繁殖とともに栄養繁殖が用いられます。とくに、園芸植物をふやすときには多く使われています。

　栄養繁殖には、さし木、つぎ木、とり木、株分けなどの方法があります。それぞれの特徴について、簡単に説明していきましょう。

さし木をする

　葉、枝、茎、根など、植物の一部を切り取り、土や水にさして発根させるふやし方です。さし木の作業は、切ってさすだけですから簡単で、だれでも手軽に行えます。また、枝の一部があればよいので、親木と同じ形質をもった苗木を、比較的多くふやせます。

つぎ木をする

　根のある台木に、ふやしたい植物の芽や枝を切り取ってつぎ合わせ、新しい個体をつくり出す方法で、栄養繁殖の中でも、さし木に次いで多く用いられています。

　つぎ木は、つぎ穂と台木を接合する技術や管理などが難しそうに思われて、アマチュアの人には敬遠されがちでした。

　しかし最近は、つぎ木テープに「セルパラテープ」が出現し、要領さえつかめばそれほど難しいものでもなくなりました。これから、もっと普及していく方法だと思います。

さし木　親木と同じ形質の苗木を一度に多くふやせるのがさし木の利点。育苗箱などを使って、いろいろな種類のものをふやすのも楽しい

つぎ木　これまで、つぎ木は技術的に難しく、管理に手間がかかるので敬遠されがちだったが、「セルパラテープ」を利用すると、だれにでも容易にできる

とり木をする

　ふやしたい親木の幹や枝などの一部を傷つけて、そこから根を出させ、親木から切り離して新しい個体をつくる方法です。さし木の場合は、親木から切り離してから根を出させますが、とり木は根を出させてから親木から切り離す方法です。原理的には、とり木もさし木もたいした違いはありません。

とり木 親木の一部から発根させて新しい個体をつくるとり木は、だれにでもできる、失敗の少ない繁殖法

株分けをする

　株立ち状(根元から多数の枝や茎が生え出ている状態)に伸びているものを分割して、新しい個体をふやします。分割する前から根が発生していますから、分割後の生育も順調です。1株の根を分割するだけですから、簡単で、失敗することの少ないふやし方です。鉢植えなどで大きくなりすぎた株は、株分けで若返らせることもできます。

株分け 根が出ているものを分割して、新しい株をふやすのが株分けで、もっとも簡単な繁殖法である

実生でふやす

　種をまいてふやす方法を「実生」といいます。種から芽を出して生長する点で、さし木などの栄養繁殖とは異なります。自然界でふつうに行われていることを人為的に行うわけで、一度に多くの苗が得られます。

　また、園芸植物の多くは複雑に交雑しているので、親の形質がそのまま伝わることがなく、いろいろな形質のものが出てくるという楽しみがあります。

※園芸植物のうち、固定種(青葉種のユズリハ、ヤツデなど)は何度実生しても親とほぼ同じ形質を持つものばかりですが、交雑種(バラ、ツバキ、サツキ、ハナミズキ、ヤマボウシなどや多くの果樹類)では親の形質がそのまま伝わることはありません。

実生 交雑種の実生では、さまざまな形質のものが出てくるので、楽しみが多い

ふやし方 園芸植物のふやし方には、こんな方法がある

園芸植物のふやし方の基本テクニック

ふやした苗を育てる土づくりと施肥の基本

植物の生育によい庭土

繁殖された苗が育つのに適した庭土では、水分や空気を十分に含むとともに、水はけがよく、根がしっかりと伸びます。根は養分や水分の吸水とともに呼吸も行っているからです。適否判断の目安としては、
❶雨が降っても水たまりができない
❷表土が白く乾いているときに水をやるとすーっと吸い込んでいく
❸晴天の日が続いても表土にひび割れがおきない
などが挙げられます。水はけの悪い庭土のときは、バーミキュライト、パーライトなどの土壌改良材と堆肥（たいひ）、腐葉土（ふようど）、ピートモスなどの有機質（腐植質（ふしょくしつ））を十分にすき込んでおきます。ただ、腐植質のものは完熟とはいえ、多少は発酵してガス障害を起こしたり、病害虫の発生の原因になったりします。すき込みは植えつけの2週間前くらいに行いましょう。

鉢植えの用土

庭土と同様、水もちや通気性、水はけがよいなどの基本的な条件は変わりません。ただ、鉢植えは土の量が少なく、根の張る範囲も限られてきます。また、生活環境も考える必要があります。水やりの回数などにより、鉢中の水もちも違ってきますから、栽培者の生活に合わせた用土の配合が必要です。各種用土の特徴については252ページの［用土］を参照してください。

なぜ施肥（せひ）が必要なのか

植物は土と水と太陽光線があれば、光合成と土からの養分で生育します。山野に生えている植物は、落ち葉や動物の亡きがらなどが分解して養分になるため、とくに肥料を与えなくても生育します。

しかし、庭という限られた空間で生育する植物にとっては、自然からの養分補給はほとんど望めないので、人が施肥をしなければなりません。

元肥（もとごえ）と追肥（ついひ）

植えつける前に施す肥料を元肥といいます。全生育期間中、とくに春からの生長を助けるため、長期間にわたりゆっくりと効果のあらわれる緩効性（かんこうせい）の有機質肥料（窒素とリン酸を多く含む油かすや鶏糞（けいふん）など）や混合肥料を与えます。あまり肥料を好まない植物の場合は、この元肥だけで十分なこともあります。

その後、植物の生長に応じて施す肥料を追肥といいます。

肥料の3要素

植物が生育するためには、窒素、リン酸、カリをはじめとしてカルシウム、マグネシウムなど10種以上の養分が必要です。

なかでも窒素、リン酸、カリは多く必要とされるので、肥料の3要素といわれ、欠かすことができません。

肥料の一例

油粕に骨粉などを混合した
有機質肥料

元肥に使う
緩効性化成肥料

生育期の
置き肥に使う
化成肥料

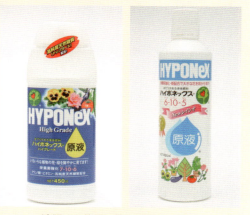

追肥・お礼肥に使う速効性の液肥

ふやし方

ふやした苗を育てる土づくりと施肥の基本

■ 窒素(N)

「葉肥」と呼ばれています。植物の生長に欠かせないタンパク質や葉緑素をつくり、生き生きとした枝葉にします。ただし、多すぎると花芽をつけなかったり、茎葉ばかりが伸びて、軟弱で病害虫に対する抵抗力が弱い株になったりします。

■ リン酸(P)

「花肥」「実肥」と呼ばれています。花の色を美しくしたり、実の色や味をよくしたりします。不足すると、生育が衰えて、花つきや実つきが悪くなります。吸収力に限界があるため、窒素と異なり、与えすぎによる障害はほとんど出ません。

■ カリ(K)

「根肥」と呼ばれています。根の生長を促し、丈夫で、暑さ寒さに強い株をつくります。リン酸と同様、吸収力に限界がありますが、多すぎるとリン酸の吸収を悪くすることがあります。

 施肥は適期に適量を

追肥は植物の生長のタイミングに合わせて与える必要があります。寒さに耐える体力を補い、春の芽吹きに備える力を蓄えさせるのは、1～2月ごろに施す「寒肥」で、窒素分が中心になります。新梢の伸びる4～5月や充実期の8～9月に施す追肥はリン酸分、カリ分を多めにします。開花結実後、疲れた植物に養分を補うのは「お礼肥」といいます。生育の過程に合わせて与えましょう。

肥料は多すぎると枝葉が伸びすぎたり、病害虫に対する抵抗力を弱めたりします。また、不足すれば生育不良で、花が咲かなかったりします。肥料は適期に適量を施してやることが大切です。

15

園芸植物のふやし方の基本テクニック

さし木は、このようにして行う

さし木には、こんな利点がある

❶ まずあげられる利点は、簡単にふやせることです。植物体の一部を切ってさすので、とくに技術が必要ということはなく、だれにでも行えます。

❷ 茎や枝、葉など、親木の一部を用いる無性繁殖なので、親木と同じ形質のものをふやせます。

❸ さし木をするには、茎や枝の一部があればよいので、一度に比較的多くの苗をふやせます。

❹ 実生苗（みしょう）などに比べれば、開花、結実（けつじつ）が早くなります。花が咲くようになった枝でさし木をすれば、翌年から花を咲かせることも可能です。

❺ 八重咲き種などの園芸品種で、種子のできないものでもふやせます。

葉をさすだけでふやせるものもある

さし木には、こんな方法がある

さし木をするために切り取った植物体の一部を「さし穂」といいます。さし木の方法は、さし穂を取る部位によっていくつかの種類に分けられます。

葉ざし（は）　葉を切り取ってさす方法です。1枚の葉をさす全葉ざしや、葉柄（ようへい）をつけてさす葉柄ざし、1枚の葉をいくつかの葉片に切ってさす片葉ざし（かたは）などがあります。

葉芽ざし（はめ）　1枚の葉とそのつけ根の芽、それにともなうわずかな茎をつけてさし穂にします。

枝ざし（えだ）、茎ざし（くき）　文字通り枝や茎をさし穂に用いるものです。草花の場合は「さし芽」ともいいます。1本の枝でも、先端部を用いるものを天ざし（てん）、頂芽ざし（ちょうが）、それより下の中間部を用いるものを管ざし（くだ）と呼んでいます。

根ざし（ね）　根や根茎の一部を切り取ってさし穂に用いるもので、根伏せ（ねぶ）ともいいます。

簡単で、一度に比較的多くの苗をふやせる

16

さし木の種類

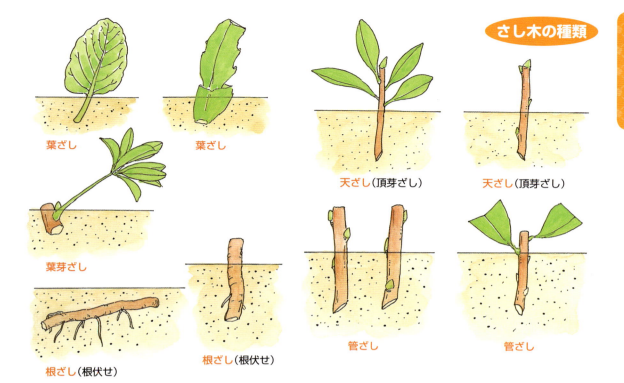

ふやし方 さし木は、このようにして行う

さし穂には、どんなものを選んだらよいか

さし木では、切り取られた茎や枝など、まったく根のない部分から発根し、芽を伸ばしてひとつの個体に育ちます。いわばひとつの「再生」です。したがって、さし木を成功させるには再生能力、発根能力が大きいさし穂を選ぶことが肝心です。

発根には、さし穂の内部にでんぷんや糖分などの栄養物質が多く蓄積されているほどよいとされています。したがってさし穂には、日当たりのよいところで、よく締まって生育した枝を選ぶようにします。

1本の枝でも、新梢では先端部を、休眠枝では先端と基部を除く中間部を用います。また、一般的には古い木より、若い木から採穂したほうがよく発根します。

さし穂の選び方

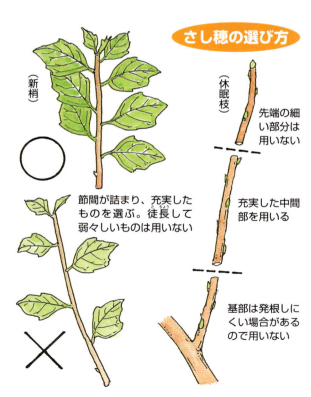

園芸植物のふやし方の基本テクニック

どんなさし床を用意すればよいか

　さし木を成功させるには、さし穂自身の発根能力とともに、さし床を発根しやすいように整えてやることも重要です。さし穂は、下部の切り口からしか吸水できないのです。

　用土には、通気性、排水性、保水性がよく、雑菌のない清潔な土を選びます。一般的には保水性のよい赤玉土や、通気性と排水性のよい鹿沼土などが使われています。ほかに、通気性と排水性のよい川砂、保水性と通気性のよいバーミキュライト、パーライトなどを混ぜた混合土を用います。

　容器はとくに選びません。さまざまな育苗箱が園芸店などで市販されているので、さす量など自分の用途に応じて、排水のよいものを買い求めてください。もちろん平鉢でも十分ですし、発泡スチロールのトロ箱などを利用してもよいでしょう。その場合は、よく消毒した清潔なものを用いましょう。

　監修者の矢端氏は、ピートモスとバーミキュライト、鹿沼土、パーライトを同量ずつ混合したものを使用しています。この用土を何にでも使っていますが、発根は上々です。

さし床用の混合用土（252ページ参照）

鹿沼土　栃木県鹿沼地方から産出される弱酸性の軽い土。多孔質で、保水性、通気性がよい。乾くと白っぽくなる。

バーミキュライト　蛭石を高熱処理した無菌の人工土。非常に軽く、保水性、排水性、通気性がよい。

パーライト　天然ガラス系の岩石を高熱処理した粒状の人工土。非常に軽く、保水性、排水性、通気性がよい。

ピートモス　湿地の植物が堆積、分解されてできた土。酸性を示し、無菌。保水性、排水性、通気性がよい。

さし床の準備

❶育苗箱に、あらかじめつくっておいた用土を入れる。用土は、鹿沼土などの同量混合土

❷育苗箱に八分目くらい用土を入れたら、手のひらで表面を平らにならしておく

❸用土の表面をならしたら、上から水をかけて、用土全体を湿らせておく

❹混合土には、各用土が持っている排水性や保水性、通気性などの相乗効果がある

さし木をする適期は

　さし木の適期は、さし穂の栄養状態や気温、湿度などの条件がよいときです。これらの条件が同時にそろうことはまれですが、次のような時期に多く行われています。

落葉広葉樹　2〜3月に前年枝をさす春ざし、6〜9月初旬までに新梢をさす梅雨ざし・夏ざしが行われます。

常緑広葉樹　充実した前年枝をさす3月中旬〜4月上旬の春ざし、新梢が固まった6〜7月の梅雨ざし、9月の秋ざしが行われます。

常緑針葉樹　新梢が動き出す前の前年枝をさす4〜5月上旬の春ざし、7〜9月に新梢をさす梅雨ざし・夏ざしが行われます。

さし木をしたあとの管理のしかた

　さし木後は十分に水やりをして、明るい日陰に置きます。水やりは、さし穂がしおれない程度に行います。さし床の中が過湿になると酸素不足で呼吸ができず、発根障害を起こします。

　植物の種類にもよりますが、10日〜1か月くらいで発根してきます。目安は芽が動きはじめたころです。発根してきたら徐々に日に当てるようにします。

　さし穂が発根すればりっぱな苗木ですから移植をします。ただ、移植時期が真夏や厳寒期になると枯れたり、生育不良になったりするので、翌春の2〜3月に移植します。

まずはさし木を実践してみよう

　春ざし、梅雨ざしなどとさし木の適期をあげましたが、これはあくまでも一般的なこと

プランターの四隅にU字形の鉄線を立てたさし床。簡単に日よけや防寒ができるので、とても便利

です。家庭園芸ではそれほど適期にとらわれる必要はありません。さし穂を入手したら、まずは実践してみることです。発根率に高低はありますが、さし穂さえ充実していれば、かなりの長期間、さし木が可能です。

　また、さし床にも日よけや防寒が簡単にできるようにちょっと手を加えておくと便利です。

　自然条件下では、春は気温が不安定、秋は遅れると寒さを迎えるので、高温多湿の梅雨期がさし木にもっとも適しているといわれています。ただ、最近は天候不順の年が多く、空梅雨で猛暑の年などもあります。

　私が用いているさし床は上の写真のように、プランターの四隅にU字形の鉄線を立てただけのものですが、鉄線の上を寒冷紗やビニール袋で覆うだけで、簡単に日よけや防寒ができます。室内に持ち込んでビニール袋をかぶせておけば、冬でも観葉植物のさし木ができます。

　家庭園芸はあくまでも趣味ですから、「発根したらもうけもの」くらいの気持ちで、自分なりにさし木を行い、植物をふやす楽しみを味わっていただきたいと思います。

ふやし方　さし木は、このようにして行う

園芸植物のふやし方の基本テクニック

さし穂のつくり方（ニシキギ）

❶ さし穂には、剪定で切り落とした枝などを利用できる

❷ 上の葉3～5枚を残して、下葉は取り除く

❸ 残した葉が多いときや大きいときは、半分くらい切り落とす

さし木のしかたとその後の管理

❶ さし床を準備する（18ページ参照）

❷ 調整したさし穂は、乾かさないようすぐ水につけ、十分に水あげをしておく

❺ 日ざしの強い時期にさし木を行った場合は、寒冷紗などで遮光する必要がある

❻ 寒冷紗で覆った状態。手前に見えるのは、ハウス内につくられたサボテン類のさし床

ふやし方

さし木は、このようにして行う

❹さし穂には、充実した部分を使うこと。15〜20cmの長さに切り分ける

❺基部を、よく切れるナイフなどで斜めに切り戻す

❻約1か月で発根する

❸さし穂は深めにさしたほうが、枝(茎)からの水の蒸散が少ない。葉がある場合は葉が触れ合う程度、ない場合は2〜3cmくらいの間隔でさす

❹育苗箱を用いると、かなりの本数がさせる。ここではトンネル状に立てたパイプにビニールを張った簡単なハウスでさし床を管理している

❼多くの種類をさし木するときは、似た性質のものをひとつのさし床にまとめると管理が楽(写真はニワトコ。スイカズラ科の落葉低木。生薬として有名)

斑入りのニワトコ
(さし木2か月後)

21

園芸植物のふやし方の基本テクニック

つぎ木は、このようにして行う

つぎ木には、こんな利点がある

つぎ木は、根のある台木（だいぎ）にほかの植物の枝や芽など（これらを穂木（ほぎ）という）をついで癒合（ゆごう）させ、新しい個体をつくるふやし方です。繁殖法としての利点は次のとおりです

❶ さし木と同じように、親木と同じ形質のものをふやせます。

❷ 台木の力を借りることで生育が促進され、開花や結実が早められます。これは花木や果樹の繁殖ではとくに有効な利点です。

❸ 性質が弱く、生育の悪い種類でも、性質の強い台木につぐことで生育がよく、丈夫になることがあります。

❹ さし木では発根しにくくふやせない植物でも、ふやすことができます。

❺ 矮性種（わいせいしゅ）の台木につぐことにより、樹高の伸びを抑制することができます。

❻ 矮性種の穂木をつぐことで、小さな木で花や実を楽しむことができます。

つぎ木の種類

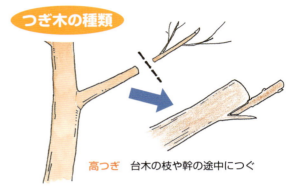

高つぎ　台木の枝や幹の途中につぐ

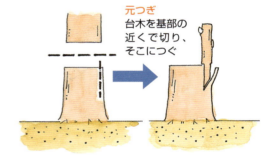

元つぎ　台木を基部の近くで切り、そこにつぐ

つぎ木には、こんな方法がある

つぎ木には、作業のしかたやつぐ位置が違うなど、さまざまな方法があります。

■ 台木の処理によるもの

居つぎ（い）　台木を掘りあげず、育てている場所でつぎ木を行うものです。

あげつぎ　台木をいったん掘りあげてつぎ木を行い、ついだあとに植えつけます。

■ つぎ木をする位置によるもの

高つぎ（たか）　枝や幹の途中につぐ方法です。良質な品種への更新などによく用いられます。

元つぎ（もと）　台木を基部近くで切り、そこにつぐもので、並つぎともいわれています。

居つぎ（モモ）

あげつぎ（カキ）

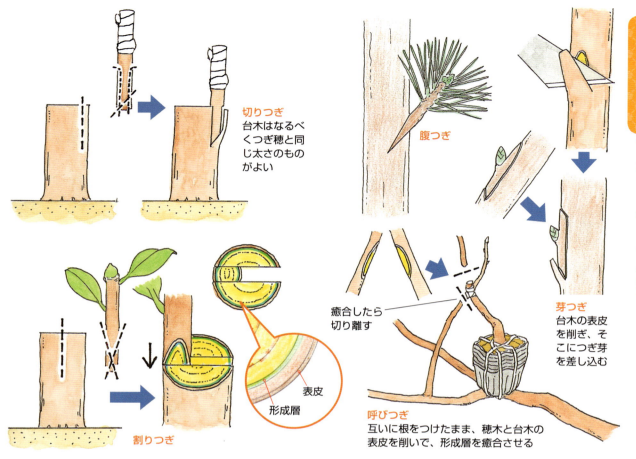

■ つぎ方によるもの

切りつぎ 台木を切り込んで穂木を差し込み、形成層を合わせて癒合させる方法です。つぎ木ではもっとも広く行われています。

割りつぎ 台木の中心付近に垂直に切り込みを入れて、基部をくさび形に切った穂木を差し込み、形成層を合わせて癒合させるものです。ただし、これは形成層どうしを密着させにくいので、家庭園芸ではおすすめできません。

腹つぎ 台木の側面につぐもので、台木の表皮を削いだところに穂木を差し込み、形成層を合わせて癒合させます。枝がない部分に枝をつけたいときなど、整姿の手法としてよく用いられています。

芽つぎ 穂木から充実した1芽を削ぎ取り、台木の表皮を削いだところにその芽を差し込み、形成層を合わせて癒合させます。1芽あればよいので、使える芽の数が少ないときに用います。

新梢つぎ（緑枝つぎ） 穂木、台木ともに新梢を用います。生育旺盛な新梢どうしなので、よく活着します。

枝つぎ 休眠枝を穂木にします。枝の中間部を用います。作業は切りつぎが主で、つぎ木ではもっともオーソドックスなものです。

呼びつぎ 根をつけたままの穂木と台木の表皮を削ぎ、形成層どうしを合わせて癒合させます。枯らせたくないものをつぎ穂に用いるときに行う手法です。

成功のポイントは、形成層の密着部分をふやすこと

つぎ木は穂木と台木が癒合し、栄養や水分をやりとりして生育する個体をつくるものです。癒合は、細胞分裂をするお互いの形成層が密着することで行われます。したがって、形成層の密着部分が多ければ多いほど癒合しやすくなるわけです。

そこで、穂木は台木と密着する部分の両面を削ぎ、できるだけ形成層の表面積が多くなるようにしておきます。

穂木は、ふやす目的に合う親木から選びます。若い枝のほうが細胞分裂が盛んで癒合しやすくなります。日当たりのよいところの充実した1年枝から採穂しましょう。

形成層の表面積が多くなるように、つぎ穂は基部を斜めに切り、両面の表皮を削ぐ。3面のうち、❸の活着がもっとも重要であるが、❶と❷は活着をさらに強固なものとする

どんな台木を選ぶとよいか

穂木と同様、台木もふやす目的に応じて選ぶことになります。

台木と穂木との間には、結びつきやすい性質「親和性」が必要です。親和性は近縁種ほどよく、遠くなると悪くなります。基本的には穂木と同じ種類の「共台」を用いますが、違う種類でもなるべく近い種類を用いるようにします。ただ、種類によっては、遠縁でもよく活着するものもあります。

台木の多くは、実生やさし木でふやされた1〜3年生の、直径1〜2cmくらいのものです。管理して育てられた健全なものを用います。

家庭園芸向きの矮性種をふやしたいときは、台木にも矮性のものを用います。ただし、矮性種の台木はほとんど市販されていないので、自分でさし木や実生によって育てます。

畑の一隅を使って育てているさまざまな実生苗。果物の種は、台木用に「食べたらまいて」育てておくとよい

セルパラテープで、新梢つぎが手軽に

従来のつぎ木は、かなりの技術と手間がかかり、家庭園芸では敬遠されがちでした。

とくに新梢つぎでは、つぎ木後、乾燥から守るためにビニール袋をかけ、さらに袋の中が高温にならないようにその上を紙袋で保護し、活着して穂木から芽が出るとビニール袋に穴を開け、生長とともに穴を大きくしていき、外の空気に慣れたところで袋を取り外し、つぎ穂が太りはじめたらついだ部分がくびれないようにテープを外すなど、煩雑な作業が控えていました。

ところが、セルパラテープの出現でこれらの煩わしさが一挙に解消し、手軽につぎ木を楽しむことができるようになりました。

セルパラテープには互いに密着する性質があります。また、穂木にも密着するので、しっかりと巻きつけるだけで乾燥から保護され、袋かけの必要がないという画期的なものです。さらに、巻いたあとでテープを結ぶ必要がなく、テープは半年くらいで風化してボロボロになるので、つぎ木部分がくびれる心配もありません。

監修者の矢端氏がセルパラテープを用いるようになったきっかけは、ミカンのつぎ木にセルパラテープが有効であるという研究記事に触れたことでした。さっそくセルパラテープを用いたつぎ木を常緑樹、落葉樹に試したところ見事に成功したのです。矢端氏は、このような便利なテープが出現したので、家庭園芸の中でつぎ木がもっと普及するようになるとよいと考えています。

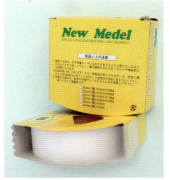

セルパラテープ
引っ張りながら巻くとテープどうしが密着する性質があるので、このテープを利用すると、乾燥を防ぐための袋がけなどの、煩雑な作業が不要になる。つぎ木用テープとして、園芸店などで市販されている。ない場合は、入荷してもらうとよい。左の製品は「ニューメデール」。

セルパラテープを切る際のアイデア

製品の幅は30mmと25mmのタイプがありますが、そのままでは、テープ幅が広すぎて使いにくいもの。テープを細く伸ばそうとして引っ張りすぎると、相手が細枝の場合は折れてしまいます。そこで、半分の幅15〜12.5mmにして使います。少量使う場合は、テープを台に置いてそのままカッターで半分の幅に切れば済みますが、多量に使う場合は、長めに引っ張り出し、くるくるとロール状に巻いて半分に切断するとよいでしょう。テープを切断したら、その性質を利用し、ロール状に巻いたテープをペンチなどでつぶして軽く圧着させておくと、ロールがほどけないため、その後の作業が行いやすくなります。

❶長めに出したテープをロール状に巻く

❷巻いたテープを半分の幅に切る

❸ペンチなどで軽くつぶしておくと、ロールがほどけず、その後の作業が行いやすい

ふやし方 つぎ木は、このようにして行う

セルパラテープを巻く際に

　カキなどのように、芽の存在がはっきりと見てわかるものは、芽を避けてテープを巻いていきますが、リンゴのように、枝と芽の境がはっきりしない場合は、テープを1回だけ巻くようにします。さすがに何重にも重ねたテープを破る力はありませんが、1枚であれば破って芽吹きます。ただし、芽が小さすぎるとテープを破る力がないこともあります。いずれも、乾燥防止のため切り口には必ず巻いてください。

❶形成層どうしを合わせて巻く。長めに削り出したので手で持ちやすい　　❷テープを引っ張りながら巻き上げる

❸乾燥防止のため、必ず切り口にも巻く　　❹巻き終えたところ。芽吹いた後に上部を切る手間がいらない

❺枝と芽の境がはっきりしない場合は、芽ごとテープを1回巻くとよい

1つの台木に花期の異なる2種類のスモモをついだ例

つぎ木をする適期は

　春は枝つぎ、秋は芽つぎ、夏は新梢つぎがそれぞれ適しているといわれますが、これはあくまでも原則的なものです。その年の気象条件、穂木や台木の生育状態、また、それぞれの栽培環境でも異なってきます。

　春の枝つぎは、冬の間、冷蔵庫などで保存していた休眠枝を切りつぎするもので、もっとも広く行われてきた方法です。台木が水あげ（吸水すること）を開始する時期がつぎ木の適期で、さらにその時点で穂木はまだ発芽していないほうが活着が容易であるという理論からです。

　しかし、実際には植物は冬でも水あげをしています。たとえば正月につぎ木してもかなりの確率で活着します。穂木の保存をせず、春先に採穂してそのままつぎ木してかまわないのです。つぎ方も切りつぎにこだわる必要はなく、芽つぎも行えます。

　セルパラテープによる夏の新梢つぎの利点は、生長期なので結果がすぐに出るということです。早いもので1週間、遅くても2週間で結果がわかります。失敗しても、その時点で再度やり直せばいいのです。また、必ずしも切りつぎでなく、新梢から採取した芽つぎも有効です。

　芽つぎは樹皮がむけやすく、つぎ芽も充実する8月下旬〜9月が適期といわれていますが、この方法も周年可能です。

新しい芽つぎのアイデア

　従来の芽つぎでは、活着して芽吹いた後、その上部を切り落とすタイミングが慣れない人にはわかりにくいうえ、作業が二度手間になるというデメリットがありました。

　そこで、新たな芽つぎの方法を提示します。それは芽つぎを行う段階で上部を切り落としてしまうというもの。単純なことですが、作業は格段に行いやすくなります。また、従来の方法では、台木の頂側から根側に向けてナイフで表皮を削いでいきましたが、新たな方法では、根側から頂側に向けて表皮を削ぎ上げます。手許に向けてナイフを動かす必要がないため、安全でもあります。

　ポイントは台木もつぎ芽も長めに削り出すこと。合わせる形成層どうしが長くなるうえに、手でつぎ芽を保持しやすいので、作業もしやすくなるメリットがあります。

　つぎ木を行うタイミングについては、前ページで触れたとおり「適期」はありますが、春夏秋冬いつ実施してもかなりの確率で活着します。つぎたい芽を入手したタイミングで試してみてください。

芽を削り出す際の注意点

　芽のある部分が節くれだっている場合、削り出す力が弱いと表皮に近い層だけ薄く削いで、芽を切断してしまうことがあります。力の入れ方を説明するのは難しいのですが、「芽の厚み」に注意して、芽を切断しないように削り出すことを心がけてください。

左は成功例。右は失敗例。裏返してみると……　　右側は芽を切断してしまっていることがわかる

❶つぎ芽を削り出す

❷根側から頂側に削ぎ上げる

❸芽の上で切り取る

❹台木の形成層を出す

❺台木もつぎ芽も長めに削る

❻台木側を若干長めにする

ふやし方　つぎ木は、このようにして行う

園芸植物のふやし方の基本テクニック

つぎ木は、こんな手順で行う

手順は、基本的にどの樹種でも同じです。

ここでは、モモの新梢を使った切りつぎと、ナシの新梢を使った芽つぎのしかたを紹介します。形成層どうしを密着させることがポイントです。なお、表皮を削るときは切れ味のよいナイフかカッターを用いてください。

❶**つぎ穂をつくる** つぎ穂には、充実した部分を選ぶ。葉をすべて取り除いて芽の上で枝を切り、セルパラテープを巻いていく。芽は巻かない。上部の切り口にもテープを巻くことが大切

❷**台木を準備する** 台木をつぐ位置で切る。角を下から削り上げてそこにナイフを当て、表皮に沿って形成層が出るように切り込みを入れる

❸**形成層を出す** つぎ穂は基部を斜めに切り、両面を削いで3面の形成層を出しておく

❹**形成層どうしを密着させる** つぎ穂には1〜2芽あればよい。つぎ穂と台木の形成層どうしを密着させ、セルパラテープを伸ばしながら巻いて固定する。乾燥を防ぐために、台木の切り口にもテープを巻いておく。夏は2週間で芽吹く。テープは6か月ほどで風化する。※新梢など、細い枝をつぐときは、テープを15mm幅に裂いて用いると作業が行いやすい

芽つぎ

充実した枝を選び、葉は取り除く

形成層

❶**つぎ芽をつくる** 芽の約2cm上から削いでいき、芽の下2cmのところでナイフを斜めに入れて切り取る

❷**台木を削る** つぎ芽よりもやや長めに台木の表皮を削ぎ、形成層を出し、表皮を一部残して切り取る

❸**形成層どうしを密着させる** 残した表皮につぎ芽を差し込み、形成層どうしを密着させる。ついだ部分全体にテープを巻いて完了。つぐ位置は、節間の長い場所を選ぶこと。芽の上の枝を残しておくのは、柔らかい新芽が風で折れるのを防ぐため

つぎ木では、こんなことも楽しめる

つぎ木の手法を用いれば、生きた垣根をつくったり（80ページのスズカケノキ参照）、1本の木に違う種類の果実をならせたりする（154ページのカンキツ類参照）ことができます。

つぎ木の基本作業をマスターして、チャレンジしてみてはいかがでしょうか。

スズカケノキの垣根仕立て。つぎ木の手法を応用してつくる

ふやし方 つぎ木は、このようにして行う

園芸植物のふやし方の基本テクニック

とり木は、このようにして行う

とり木には、こんな利点・欠点がある

とり木は、親木の枝や幹の一部に傷をつけることで、根を出させ、その部分から切り取って新たな個体をつくる栄養繁殖のひとつです。繁殖法としての利点・欠点は、次のとおりです。

❶簡単なふやし方です。根のついた生育中の親木の一部を発根させて、切り取る方法なので、失敗することはほとんどありません。発根後、切り取って植えつければ、葉をつけたままなので、養水分を吸収するりっぱな個体になっています。

❷さし木やつぎ木が困難でも、とり木では簡単にふやせるものもあります。

❸とり木後、成木としてすぐに観賞することができます。さし木やつぎ木では若い枝を主に用いますが、とり木では相当年数を経た太い部分から発根させることもできます。枝ぶりのよいところでとり木をすれば、すぐに観賞することが可能です。花や実も短期間で楽しめます。

❹下部の枝がなくなって見苦しくなったものや、大きくなりすぎたものなどは、上部をとり木することで、新しい個体をふやすとともに、親木の樹形を整える役目もします。

欠点は、一度にたくさんふやすことができないことです。とり木は、親木の一部を切り離して独立した個体をつくるものなので、さし木のように1本の親木からたくさんふやすことはできません。

とり木には、こんな方法がある

樹皮の一部を傷つけて、葉でつくられた炭水化物を遮断することで発根させるのが、とり木です。とり木を行う位置で次のように分けられます。

高とり法 枝の途中で表皮を剥き、その部分に湿らせた水ごけを巻いてビニールでくるみ、発根させます。剥き方には、枝や幹の表皮を1周分ぐるっと剥き取る環状剥皮と、丸々剥

とり木の種類

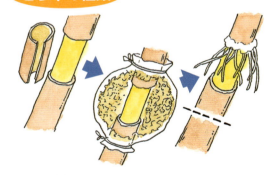

高とり法（環状剥皮）

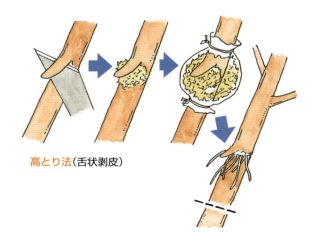

高とり法（舌状剥皮）

かずに、間隔をとって舌状に剥く舌状剥皮とがあります。いずれの方法でも、内側の木質部が現れるまで表皮を剥くことがポイントです。水ごけの代わりに、剥皮した部分にポリポットなどを巻いて、その中に赤玉土を入れる方法もあります。

圧条法(曲げどり法) 若い枝やひこばえを地中に誘導して発根させる方法です。とり木部分は剥皮するか、針金を強く巻いて、養分を遮断しておきます。

盛り土法 株立ち状になるものやひこばえが伸びているものなどでは、根元近くに土を盛って発根したら掘りあげます。発根しやすいように、環状剥皮するか針金を強く巻いておくと効果的です。

ゴムノキの仲間（ガジュマル、ベンジャミンゴム）、シェフレラなどは、とり木が容易

とり木をしたあとの管理のしかた

水ごけが乾燥しないよう、親木への水やりといっしょに、とり木部分の水ごけにも水を与えます。ビニール越しに水ごけの外まで根が10本くらい出てきたのが見えたら、親木から切り離します。

切り取ったら、根を傷めないようにていねいに水ごけを取り除きます。バケツの水に1〜2時間ほどつけてから行うと、楽にとれます。排水性と保水性のよい用土で植えつけたら、風などで株がぐらつかないようにひもで鉢に固定します。たっぷりと水やりをし、1週間くらいは半日陰に置き、徐々に日に当てていきます。

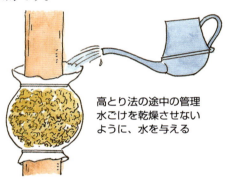

高とり法の途中の管理
水ごけを乾燥させないように、水を与える

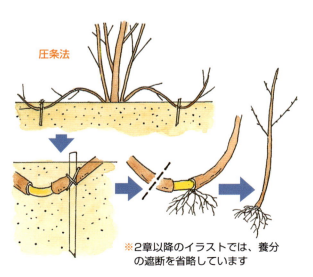

圧条法

※2章以降のイラストでは、養分の遮断を省略しています

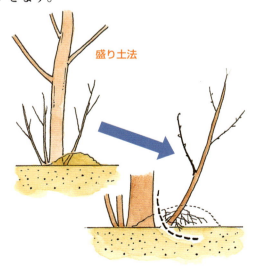

盛り土法

ふやし方　とり木は、このようにして行う

31

園芸植物のふやし方の基本テクニック

 とり木は、こんな手順で行う

ここでは、ゴムノキの環状剥皮による高とり法（下の写真）と、マユミの圧条法（右ページのイラスト）を紹介します。盛り土法については、イチジク（148ページ）を参照してください。

ゴムノキ（班入り種）の高とり法

❶発根させたい部分に、木質部に達するくらいの深さで切り込みを入れ、2〜3cm幅を環状に剥皮する

❷剥き取った状態。木質部が見える

❸あらかじめ水ごけを水につけて湿らせておき、むき出しになった木質部を包み込むように巻く

❹乾燥を防ぐために、ビニールで水ごけを包み込む

❺ビニールの上からひもをかけ回して、固定する

❻かけ終えたら、結んで止める。発根の状態は、191ページを参照

マユミの圧条法（曲げどり法）

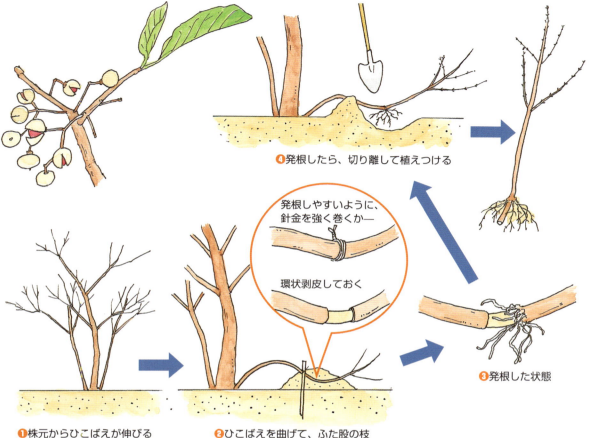

❶ 株元からひこばえが伸びる

❷ ひこばえを曲げて、ふた股の枝や杭、U字形のピンなどで固定し、そこに土を盛っておく

発根しやすいように、針金を強く巻くか―

環状剥皮しておく

❸ 発根した状態

❹ 発根したら、切り離して植えつける

ふやし方

とり木は、このようにして行う

イチジクの盛り土法

イチジクは根元から枝幹が生えてくる。そこに盛り土をしておくと発根するので、掘りあげて植えつけるとよい

園芸植物のふやし方の基本テクニック

株分けは、このようにして行う

失敗のない、もっとも簡単なふやし方

　株元から多くの枝を伸ばす株立ちタイプの木や、親株の周りにたくさんの子株をつける宿根草などは、株を根ごと分割してふやすことができます。これを株分けといいます。

　株分けは栄養繁殖のひとつで、同じ形質の株がふやせます。はじめから根が伸びているので、失敗する心配はありません。だれにでもできる、もっとも簡単な繁殖法です。

樹木の株分けのしかたと適期

　株分けをする時期は、樹種によって多少の違いはありますが、常緑樹は新芽が伸びる前の3～4月か梅雨期、落葉樹は厳寒期を除き、落葉する11月ごろから新芽が出る前の3月ごろに行います。

　大きな株の場合は、周囲の土を半分くらい掘り起こして根を露出させ、スコップやのこぎりで親株から切り離します。親株はそのまま土を埋め戻します。切り離した株は新しい場所に植えつけます。

　小さな株の場合は、株全体を掘り起こして土をできるだけ落とし、手で引き離すか、はさみで根を傷めないように切り離します。

　株分けはあまり小分けにしないようにします。分けようと思えば1本分けもできますが、あとの生育に時間がかかります。

樹木の株分け

大きな株の場合は、周囲の土を半分くらい掘り起こし、スコップなどで切り離す

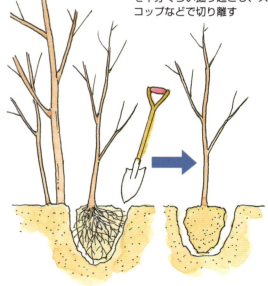

小さい株の場合は、全体を掘りあげて、手かはさみで2～3株に分ける

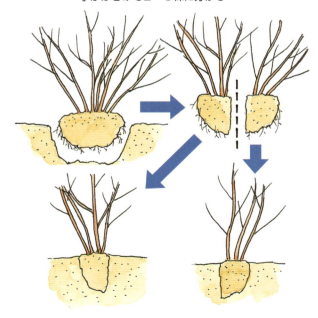

34

宿根草の株分けのしかたと適期

宿根草などは、株分けで数をふやすとともに、親株の生長を促します。長い間同じところで生育していると、株がふえて密生し、中まで日が届かなくなったり、風通しが悪くなって蒸れたりします。花つきも悪くなります。3年に1回くらいは植えかえと株分けをします。

一般的に株分けの時期は、夏から秋に開花するものは新芽が見えはじめた3月ごろ、翌年の春から初夏に開花するものは9～10月に行って、寒さがくる前にしっかりと根づくようにします。

観葉植物などの株分けのしかたと適期

観葉植物や洋ラン、鉢花なども株分けで数をふやすとともに、親株の生長促進を図ります。鉢という限られたところで生育しているので、2～3年もすれば株が大きくなり、根も鉢いっぱいに伸びます。根詰まり状態で、通気性や排水性が悪くなり、株も弱ります。株分けをすることで、鉢の中に根を伸ばす余地ができ、株の生育が促されるとともに、新しい株をふやすことができます。

キンチョウ（錦蝶）
多肉植物・カランコエの仲間。葉の縁にたくさん子芽をつける。その子芽を取り、赤玉土や腐葉土の混合用土で植えつける。日当たりがよく、暖かいところで管理すると、カランコエに似たかわいい花を咲かせる

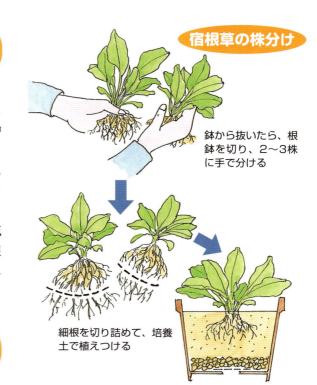

宿根草の株分け

鉢から抜いたら、根鉢を切り、2～3株に手で分ける

細根を切り詰めて、培養土で植えつける

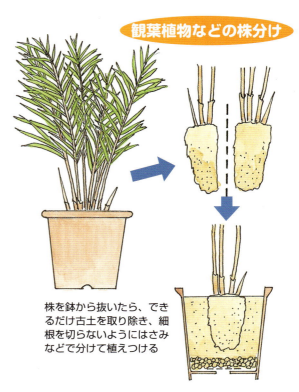

観葉植物などの株分け

株を鉢から抜いたら、できるだけ古土を取り除き、細根を切らないようにはさみなどで分けて植えつける

ふやし方

株分けは、このようにして行う

35

園芸植物のふやし方の基本テクニック

実生（種まき）は、このようにして行う

実生には、こんな利点がある

　ふつう実生とは、種から芽を出し、生長することをいいます。山野に生えている植物はほとんど実生から生じたものです。園芸では種をまいてふやすことを実生といいます。繁殖法としての利点は、次のとおりです。

❶第一にあげられるのは、一度に大量の苗をふやすことができる点です。実生は自然界でふつうに行われていることなので、特別な技術がいるわけでもなく、だれでも簡単にできるふやし方です。つぎ木用の台木をふやすのにも最適です。

❷実生では、芽生えからその環境で育つので、地域に適応して健全に生育することができます。

❸遺伝的に雑ぱくなので、実生では親の形質が子にそのまま伝わることがありません。いろいろな形質をもったものが生まれてきます。これは実生での魅力のひとつです。よく観察して、個性的な形質をもった苗を選別する楽しみは格別です。

種の採取と保存のしかた

　種は熟してから採るのがふつうですが、完全に熟すと休眠状態に入ることがあります。完熟する直前に採種したほうが発芽率がよくなります。秋に熟した種は、採ってすぐにまく（これを採りまきといいます）のが一番自然ですが、冬の管理が難しいときは翌年の春ま

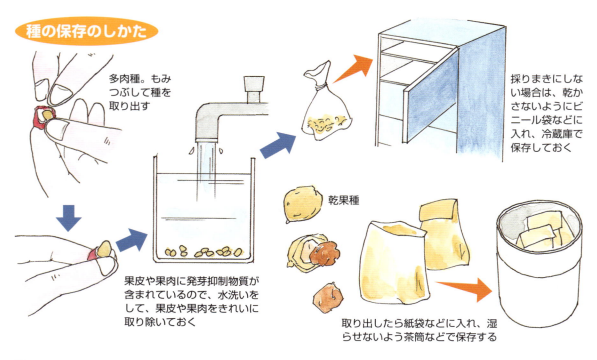

種の保存のしかた

多肉種。もみつぶして種を取り出す

果皮や果肉に発芽抑制物質が含まれているので、水洗いをして、果皮や果肉をきれいに取り除いておく

採りまきにしない場合は、乾かさないようにビニール袋などに入れ、冷蔵庫で保存しておく

乾果種

取り出したら紙袋などに入れ、湿らせないよう茶筒などで保存する

で保存します。

種は多肉種と乾果種に大別されます。果肉に包まれた多肉種は、その果肉や果皮に発芽を抑制する物質が含まれているので、採取したら果実をもみつぶし、水洗いをして果肉をきれいに取り除きます。乾燥させないようにビニールの小袋に入れ、翌春の種まきの適期まで冷蔵庫などで保存します。

または、台所のゴミ受けに使うネット状の袋に入れて、庭の隅に埋めておいてもよいでしょう。春の種まきの適期には、土中で果肉が腐ってなくなるので、水洗いしてそのまままくことができます。忘れないように結んだ袋の口を土の上に出し、立て札などの目印をつけておきましょう。

乾果種の種は、湿らせないように紙袋などに入れて、日陰の涼しいところや冷蔵庫で春まで保存します。

ムベの種は多肉種。果肉の中に並んでいる

種のまき方と適期

自然界に生えている植物は、種が熟して地上に落ちます。そして発芽するための温度、水、空気の3条件が適合してくると発根、発芽します。したがって、秋に熟した種は、採りまきにするのが自然な方法です。ただし、冬に寒害や凍害のおそれがある場合は、種を乾かさないように保存して、翌年の3月ごろにまきます。

まき床は、種が多いときは庭の隅などに土を盛って、そこにまきますが、種が少ないときやベランダで育てる場合は、鉢やプラスチック製の育苗箱などでよいでしょう。

用土は、保水性のある清潔なものなら、とくに選びません。

まき方は、種の大きさによってばらまき、すじまき、点まきなどを行います。

ふやし方 実生（種まき）は、このようにして行う

種のまき方

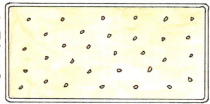

ばらまき
細かい種などをまくのに向いている。古ハガキなどにのせてまくのもよい

すじまき
線状に溝をつけて、そこにまく。中くらいの大きさの種まきに向く

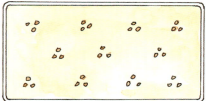

点まき
大きな種は、3粒くらいずつまく

園芸植物のふやし方の基本テクニック

種をまいたあとの管理のしかた

種まき後は半日陰に置き、用土を乾かさないように管理します。発芽後は徐々に日に当てて慣らしていきます。密植状態のときは、適当に間引きます。

生育状態にもよりますが、一般的には8月下旬～9月上旬に薄い液肥(えきひ)を施します。

移植は翌年の春、新芽が伸びる前に行います。移植の際は、側根(そっこん)を出させて根張りをよくするために、直根(ちょっこん)を切り詰めます。

なかには生長の早いもの、遅いものがあり、移植のタイミングも異なる場合があるので、2章以降の個別の育て方を参照してください。

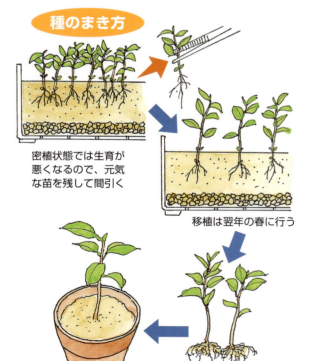

種のまき方

密植状態では生育が悪くなるので、元気な苗を残して間引く

移植は翌年の春に行う

直根が長く伸びたものは、適当な長さに切り詰めてから移植する

交配して、新しい品種を生み出す

異なった種類の雌雄2個体の間で、人工的に授粉を行うことを交配といいます。形質の異なる個体を人工的に交配してつくられた種で実生を行うと、新しい形質を持った個体が生み出されます。交配は、親よりも優れた形質を持った品種の作成を期待して行われています(40ページの「実生の楽しみ」を参照してください)。

サボテンの交配

❶ロビビア属の交配種。これに別の交配種をかけ合わせて、さらに変化のある個体を求める

花の中心部の拡大写真。中央にある赤く太いのがめしべで、その周囲に花粉をつけるおしべがある。交配に用いる花は、昆虫による受粉を防いでおく

❷ かけ合わせるエキノプシス属の交配種の花

❸ 脱脂綿やティッシュペーパーに花粉をつける

❹ めしべに花粉のついたティッシュペーパーを接触させる

ふやし方

実生（種まき）は、このようにして行う

❺ 今回の親木は交配してあまり年数はたっていないが、つぎ木をすることで開花を早めた

❻ うまく受粉すると、このような形で結実する（写真は別の交配による実）

❼ 種が熟した状態と種の拡大写真。三角形の印は、交配相手の名前を示す

❽ 種をまいたら土で覆わず、腰水で吸水させる。ガラス越しの明るい日光を当て、夏であれば２週間程度で発芽するものが多い

❾ １回目の移植を終えた実生苗（42ページも参照）

39

章末コラム
実生の楽しみ

長年、農業高校で後進の指導・育成に携わり、現在も群馬県前橋市の農園で新しい品種の作出に取り組んでいる、本書の監修者・矢端氏に、実生にはどんな楽しみがあるか、その奥深い魅力について語ってもらいました。

ツバキ

ツバキの花

〜庭に数種類のツバキが植えてある。毎年美しい花を咲かせ、秋にはたくさんの実をつける。種をまいてみた。4〜5年たって忘れたころに、庭にあるどのツバキとも違う花が咲いた。しかも、どの花より美しい。「新品種だ！」

さっそく、ツバキの品種に詳しい人に報告する。花を見てその人は言った。「確かにいい花ですね。世界にたった1本のあなただけの品種です。でも、これがすばらしい新品種だとだれからも認められるためには、既にある多くの品種と比較する必要があります」〜

彼はその後、ツバキの図鑑を熱心に眺め、開花期には各地のツバキ園を訪れ、多くの趣味家からツバキの栽培の知識、技術を学びました。ひと粒の種をまいたことが、彼を奥深いツバキの世界に導き、新進のツバキ育種家に育てたのです。育種家になるきっかけとして、よくある話です。

日本原産のヤブツバキは、江戸時代に品種改良が加えられ、さまざまな優良品種が生み出されました。また、欧米に持ち込まれ、優れた親品種として育種に利用されています。

欧米には数多くのカメリア（ツバキのこと）協会があり、主婦を中心としたアマチュア育種家が、趣味と実益を兼ねて品種改良を楽しんでいるそうです。

欧米からきた洋種ツバキと日本のツバキとの交配も盛んです。

また、アジア各地から原種のツバキが導入され、ツバキの育種はますます盛んになっています。

バラ

もっとも身近にある花のひとつです。育てている

バラの花

バラに実がついたら、その種をまいてみましょう。春にまけば、秋までに花を咲かせます。最初は樹が未熟なため、花も本来の特性を発揮できませんが、2年、3年と栽培するうちに、株がしっかりして本来の姿になります。親品種と比べていかがでしょうか。すべての点で親を超える品種はそう簡単には出ません。しかし、たとえ親ほど完璧でなくても、親と違った特徴は見られないでしょうか。自分が気に入った特徴を探してみましょう。あなたの品種ですから。

ある農業高校では、授業の一環としてバラの育種を取り上げています。2年生のとき、花壇のバラで交配をします。思い思いの花を選んで交配しながら、来年開花する自分の花に思いを馳せます。3年生になり、春先にまいたバラの苗が大きくなります。早く大きくなって花を咲かせてほしい。毎日学校へ行くのが楽しみです。待ちに待った実生のバラが開花しました。友達どうし、花を見せ合って自慢し合います。自画自賛、だれでも自分の花が一番かわいいのです。程よく咲いたところで、家に持ち帰り、今度は家族に見せます。「これは、私がつくった世界にたった1本のバラ。すてきでしょう」

すばらしい教育だと思います。

キク

これも農業高校の生徒の話です。長野県のキク栽培農家に生まれた彼は、「ホームプロジェクト」という教科で取り上げる教材に悩んでいました。ふと庭先のキク栽培農場をみると、1本のキクに種子がついていました。それを見た彼はプロジェクトのテーマにキクの実生栽培を選びました。このとき、彼が実生したキクの苗からこれまでにない優れた形質を持つ個体が出現し、これに「天寿」という名前をつけ

ました。天寿はその後、黄色キクの傑作として全国に普及しました。

キクはわが国の主要な切花であるため、全国の試験機関や栽培農家がその育種に取り組み、年間相当量の実生が行われています。当然、天寿を超える品種の作出・育成にも熱が入ります。しかし、30年以上にわたって天寿は黄色キクのトップの座に君臨していたのです。

彼は、新品種の作出まで考えて実生したわけではありません。たまたま、あるいは偶然に、優秀な品種が出現したのです。実生の楽しみは、こんなところにもあります。

シラネアオイ

群馬県では、上越国境の山々にシラネアオイが自生しています。以前、知人からシラネアオイの株をもらったのですが、前橋市の夏の暑さに耐えられなくて、数年で枯れてしまいました。「株を移植したのではだめ。種から育てなければ持たないよ」ということを、育種の知識がある人なら、だれでも言います。しかし、

シラネアオイの花

それを実行する人はそう多くありません。私もそのひとりでした。

標高300mのところにある村の知人宅に、シラネアオイが元気に繁殖しているのを見て、その種をもらってきました。少しでも標高の低いところから採取した種のほうが、わが家の環境に順応しやすいと考えたからです。

箱まきにして3年、苗がしっかりし、混んできたので庭に植えました。生育は順調です。さらに2年たち、多くの株で開花しました。いずれも自生地で見るほど花色は鮮やかではありませんが、元気に生育しているだけでよしとしました。

その年の秋、種を採取して実生しました。これから発芽して開花するまで再び5年の歳月を要しますが、そのとき、本当の意味で前橋市のわが家の環境に順化したシラネアオイが誕生するのだと思っています。実生の楽しみは、待つことにもあるのです。

リンゴ

環境への順化で、私がいつも注目しているのがリンゴです。リンゴの主産地は東北各県や長野県などです。群馬県でも利根、沼田地域が産地となっています。群馬県ではそれまで他の主産地で育成された品種を栽培していましたが、沼田市にある県園芸試験場北部試験地が、実生苗から利根、沼田に適したオリジナル品種を選抜育種しました。「陽光」「ぐんま名月」「スリム・レッド」などです。他所から持ち込んだ品種でなく、地元で実生して育てたというところに大きな意味があり、その分、地域に密着したつくりやすい品種となっています。

わが家のミニ果樹園でも、これらを栽培していますが、育種された場所は標高450mの沼田市であって、標高100mの前橋市南部ではありません。同じ県内で改良された品種とはいえ、やはり、前橋市南部に適した品種は、前橋市南部でまいた実生の中から選抜しなければならないでしょう。そうです、シラネアオイと同じです。

当時、試験場でリンゴの育種を指揮したNさんは既に退官されていますが、Nさんに前橋市南部での育種の話をしたことがあります。Nさんは「陽光やぐんま名月の親品種はゴールデン・デリシャスですが、再びゴールデンの実生から始める必要はありません。名月などの実生からスタートするのがよいでしょう」と言われました。

その通りだと思います。育種のよいところは、優秀な品種を土台として、その形質をさらに伸ばしていけるところです。育種は継続です。

矮性の台木につぎ木した「ぐんま名月」

サボテン

　サボテンは寒さに弱く、温室がないと育てられないものと、みなさんは思っていませんか。たしかに多くの品種は寒さに弱いのですが、一部のサボテンは戸外で十分越冬します。前橋市南部にあるわが農園は、このところ温暖化の影響で、昔ほど寒くはなりませんが、それでも年に数回は雪も降りますし、氷点下5～6℃まで気温は下がります。

　そのような条件の下、サボテンを野菜のように直接畑に植えて越冬試験をしています。そして、生き残った個体どうしを交配して種を採取し、実生します。これは耐寒性を確かめる選抜ですが、このほかにもいくつかの選抜目標を課しています。

　たとえば、耐寒性があること。刺がまったくないか、あっても極端に短く、触っても安全であること。花色が豊富で豪華であり、花茎が短いこと。多花性で、ひとつの花が3日以上咲いていること。開花期が長く、春から秋まで切れ目なく咲くことなどです。

　これまで選抜してきた親株どうしを交配して種を採取し、実生苗を育てますが、どのような花が咲くのか自分でもわからないというところが、実生のだいご味です（交配のしかたは、38ページを参照してください）。

キョウチクトウ

斑入りのキョウチクトウの葉

　夏は、意外と花の咲く花木が少ないものです。そのような中で、サルスベリ、ノウゼンカズラ、ムクゲ、キョウチクトウなどが夏を彩ります。

　キョウチクトウには八重咲き種、半八重咲き種、一重咲き種があります。八重咲き種の花色はピンクで、まれにオレンジ色が見られます。また、ピンクには、葉に斑が入るものもあります。

　半八重咲き種の花色は薄いクリーム色で、あまり鮮明ではありません。一重咲き種の花色は、濃い赤、濃いピンク、ピンク、薄いピンク、桜色、白などが豊富です。

　一重咲き種は、どれもたくさんの実をつけ、さやの中には無数の種が入っています。晩秋に熟してさやが割れるので、そのころが採種の適期です。紙袋に入れて保管し、春先にまきます。2～3年で開花しますが、いずれも親と同じ色の花が咲きます。私の場合、それぞれ数も少なかった上に、とくに変わったものもなく、期待外れでした。

　八重咲き種の種はなかなか見つけにくいものですが、丹念に探すと見つかります。20本ほどの苗を育てている中から、矮性種が1本見つかりました。キョウチクトウの矮性種の作出は、私の大きな育種目標でしたので、大喜びで開花を待ちました。しかし、咲く花すべてが奇形花で、花そのものに観賞価値はありません。交配親として使えないものかと今でも保存していますが、花粉が出ないのでどうにもなりません。

　キョウチクトウの実生で、今一番期待しているのは鮮明な黄色の作出です。現在ある薄いクリーム色は半八重咲き種なので、めったに種をつけません。さらに個体数が少ないので、実を探すのに時間がかかりました。あきらめず、根気よく探し回った結果、今年ようやく見つけることができました。さらに、うれしいことに八重咲きの斑入りの種も見つかりました。果たしてどのような結果になるのか、今からわくわくしています。

　ある程度予測して種をまき、結果を見ることも実生の楽しみですが、苦労して種を入手する過程も楽しみのひとつです。

キンカン

キンカンの実

　私の住む前橋市南部は、リンゴを栽培するには気温が高すぎるし、ミカンをつくるには低すぎます。おいしそうに真黄色に実った鉢植えのミカンやキンカンを買い求め、庭先に植えると、翌年からは皮が厚くて酸っぱい、色の悪い実がなります。

　最近は地球温暖化の影響でしょうか、群馬でも「ミカンの皮が薄くなって甘味が増してきた。キンカンの実がふっくらと黄色く色づくようになってきた」というような話を聞きます。それでも、産地のミカンやキンカンとは比べようもありません。やはり、この地でまいた実生から選抜するしかないようです。数年前、この地でまいた実生を育て、11本に実をならせましたが、期待したほどの成果はありませんでした。現在は、さらに大粒のキンカンの種子を実生して、再挑戦をしています。

　わずかな本数や回数でいい結果が出るような甘い世界ではありません。一度や二度の失敗にへこたれず、根気よく続けることに実生の楽しみを見出したいものです。

アケビ・ムベ

　近年、キンカン、ザクロ、ビワなどの種なし種が話題を呼んでいます。

　私と同じように育種にこっている知人のTさんはアケビがうまいといい、私はムベのほうがおいしいといって、お互いに譲りません。しかし、どちらにも種がなければいいのだが、という点では意見が一致しています。そこでTさんは種なしアケビを、私は種なしムベをつくることにしました。

　種なし種の作出には、いくつかの方法がありますが、私たちはオーソドックスな方法として、コルヒチンを使用することにしました。秋に採取した種を春にまき、発芽したものをコルヒチン液に浸すという方法で、まず4倍体をつくります。この4倍体と2倍体を交配して3倍体をつくります。

　この3倍体には微細な種子が含まれていますが、食べるとき邪魔にはなりません。

　このように、作業自体は難しくないのですが、結果が出るまでにはさまざまな困難や失敗が予想されます。しかし、何事も挑戦です。実生を通してその過程を楽しみたいと思います。

ムベの実生苗

ふやし方　章末コラム——実生の楽しみ

ヤツデ

　どこの庭にも1本や2本あるのがヤツデです。わざわざ苗を購入しなくとも、いつの間にか大きくなって居座ってしまいます。日なたでも日陰でも丈夫に育ち、一年中緑を提供しているのに、話題にもならない庭木です。変化が少ないのも人気のない理由でしょうか。

　ヤツデには斑入り種が3品種あります。もっとも多く見られるのがシロフ（白斑）と呼ばれる品種です。このシロフの枝変わりに叢雲錦（むらくもにしき）という品種がありますが、これは稀少です。

　もうひとつは紬絞り（つむぎしぼ）という品種です。斑入りとして固定された品種で、実生から斑が出ます。小さいときは白と緑のはでな斑が入りますが、生長するにつれて地味な散り斑になってしまいます。

　私はこれらを交配してもっとバラエティーに富ませ、地味なヤツデに脚光を浴びせたいと密かに目論んでいます。斑入りの変化とともに、斑入りの矮性種を出現させたいという夢も持っています。それには、あらゆる組み合わせで種を採取し、できるだけ多くの実生苗から選抜するしかありません。

斑入りのヤツデ2品種

ファッツ・ヘデラ

　耐寒性が強く、日陰で育つという理由で、ヤツデは日本よりむしろヨーロッパで高く評価され、人気があるそうです。

　1910（明治43）年、フランスのリゼ兄弟はヤツデの実生園芸品種モセリ（ヤツデ属）とヘデラ・フェリックス（キヅタ属）を交配して、属間雑種ファッツ・ヘデラ（ファッツ・ヘデラ属）を作出しました。日本には1957（昭和32）年にファッツ・ヘデラの斑入り種が紹介されましたが、日本では、ファッツ・ヘデラのことをハトスと呼んでいます。

　私は、100年ほど前にヤツデの品種改良が行われていたという事実に着目しています。

　改良された場所が、原産地でありながら人気のない日本でなく、フランスであったということについてはうなずけるような気がします。しかし、実生園芸品種にヘデラを交配して属間雑種を作出したということには驚きを隠せません。

　また、疑問がたくさんあります。リゼ兄弟が育種したヤツデの実生園芸品種モセリなどは、今でもフランスに残っているのでしょうか。日本には紹介されたのでしょうか。紹介されたとしたら、どこかにそれらが現存しているのでしょうか。

　リゼ兄弟は、ヤツデとキヅタとの属間交配を試みましたが、キヅタ属以外のウコギ科植物との属間交配も数多く並行して行っていたのではないかと思われます。その結果はどうなったのでしょうか。属間交配ですので、成功する確率は極端に低く、多くの偶然が重なってファッツ・ヘデラのみ誕生したというのが妥当のような気がします。

　私もリゼ兄弟に触発されて、ウコギ科植物の属間交配を試みています。開花期の異なる場合が多いので、乾燥させた花粉を冷凍庫で貯蔵して授粉を行っています。花粉の貯蔵に問題があるのか、交配の方法に問題があるのか、今のところ結果が出ず、暗中模索です。

　しかし、ファッツ・ヘデラの存在は、ほかのウコギ科植物との属間交配の可能性を示唆しており、ヤツデの育種を志す私たちに、大きな希望と勇気を与えています。

2章

落葉樹のふやし方

雨に映える花
アジサイ
紫陽花、七変化、テマリバナ、ハイドランジア(西洋アジサイ)

ユキノシタ科アジサイ属／落葉低木（高さ1〜2m）

梅雨期に咲く花として親しまれています。ふつう、アジサイといわれているものは、ガクアジサイから変化した園芸品種。ガクアジサイは中央に種子を結ぶ両性花があり、周辺部に飾り花がつきます。花全体が飾り花となったのがアジサイです。これが欧米に渡って品種改良され、逆輸入されたのがハイドランジア。いずれも多くの園芸品種があります。

栽培カレンダー

月	状態	管理	繁殖作業	肥料	ポイント
1				施肥	剪定は、花が終わったらできるだけ早く行うこと
2		剪定	株分け・さし木・植えつけ	施肥	
3			株分け・さし木・植えつけ		
4					
5					
6	開花		さし木		
7	開花	剪定	さし木		
8			さし木		
9					
10					
11					
12					

手入れのしかた

　植えつけ、移植は2月下旬〜3月が適期。植え場所は半日陰で、腐植質に富む肥沃なところが適しています。さらに、冬の寒風が防げるところが理想的です。
　剪定は、花が終わったらできるだけ早く行います。花芽は新梢の頂部2〜3節目に、9〜10月上旬につくられます。
　園芸品種は実がならないので、さし木、株分けでふやします。

さし木でふやす

　2月下旬〜3月の春ざしと6〜8月上旬の夏ざしがあります。春ざしには充実した前年枝を、夏ざしには節間の詰まった充実した新梢を用います。2〜3節のところで切ってさし穂にします。夏ざしは上の葉4〜5枚を残して下葉を取ります。残した葉も半分に切っておきます。1時間くらい水あげして、さし床にさします。用土は鹿沼土、バーミキュライト、パーライト、ピートモスの同量混合土を使います。さしたあとは半日陰に置き、乾かさないように水やりをします。

春ざしした場合は、霜に当たらないように注意します。新芽が動き、発根してきたら薄い液肥を施し、翌春に鉢上げします。

❹半日陰に置き、乾かさないように管理する。新芽が伸びてきたら、徐々に日当たりに慣らしていく

さし木

❶枝の充実した部分を2〜3節で切り、葉を4〜5枚残して、下葉は取り除く

❷残した葉は、半分くらい切り取る

❸葉が触れ合う程度の間隔でさす

落葉樹 アジサイ

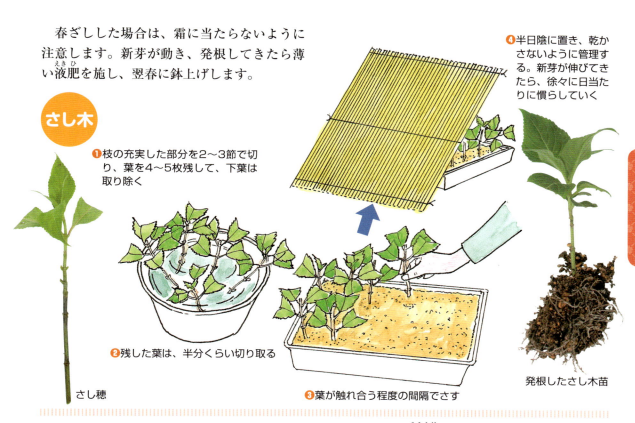

さし穂

発根したさし木苗

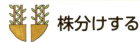

株分けする

2月下旬〜3月に行います。行う1年前から株元に盛り土をして、細根を多く出させておきます。幹枝3本くらいが1株になるように分けます。細根を傷めないように掘りあげ、植えつけます。

植えつけ後は腐葉土や敷きわらをして、乾燥を防ぎます。

株分け

❶株元からよく枝を伸ばす

株分けをする1年くらい前に、株元に盛り土をする

❷細根が多く出てくる。根を傷めないように掘りあげ、1株が3本立ちくらいになるように分ける

❸植えつけたら、根元を乾かさないように腐葉土やワラを敷いておくと効果的

47

黄葉が美しい
イチョウ　銀杏、公孫樹

イチョウ科イチョウ属／落葉高木（高さ30～40m）

秋の鮮やかな黄葉はイチョウならではのものです。中国原産でわが国には遣唐使が伝えたものとされています。大気汚染に強く、耐火性があるので、各地の社寺に老樹大木を見ることができます。雌雄異株。4月に雄株に淡黄色の短い穂状の雄花を咲かせます。雌株には緑色で裸の胚珠が2個あります。実は多肉質で黄色く熟し、悪臭があります。

栽培カレンダー

月	状態	管理	繁殖作業	肥料	ポイント
1		剪定	つぎ木	施肥	生命力が強く、どの方法でもふやせる
2		剪定	つぎ木	施肥	
3		植えつけ	つぎ木／さし木		
4	開花		つぎ木／さし木		
5					
6			さし木／とり木		
7			さし木／とり木／つぎ木		
8			つぎ木		
9			つぎ木／さし木		
10	熟期		つぎ木／さし木		
11		剪定／植えつけ			
12		剪定			

手入れのしかた

　植えつけや移植は、2月下旬～3月と11月が適期。植え場所は日当たりと水はけのよいところが適しています。樹勢が強いので、土質は選びません。

　剪定は落葉期（葉を落としている間）の11～2月が適期です。伸びすぎた枝を切り詰めます。

　生命力が強く、実生やさし木、つぎ木、とり木と、どの方法でもふやせます。

実生でふやす

　10月ごろに熟して落ちた実を拾い、網状の袋に入れて土中に埋めるか、水洗いするかして果肉を取り除きます。なお、人によっては、果肉の液に触れるとかぶれることがあるので注意しましょう。

　種は貯蔵しないで採りまきにするか、土と半々に混ぜて土中に埋め、春まで保存します。

　平鉢などに小粒の赤玉土を入れて種をまき、種が隠れる程度に土で覆います。

　日当たりのよいところに置き、乾かさないように注意します。翌春、3月に移植します。

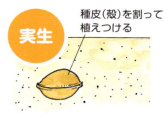

実生
種皮(殻)を割って植えつける

イチョウの種

果肉をきれいに洗い流して、平鉢などに小粒の赤玉土を入れてまく

黄熟するイチョウの実(ギンナン)

珍しい斑入りイチョウの実生苗。肥培して1年後につぎ穂として用いる

落葉樹 イチョウ

さし木でふやす

　3～4月の春ざし、6～7月の夏ざし、9～10月の秋ざしがあります。さし穂は、実なりのよい品種の雌株や葉の美しい斑入り種から選ぶのがよいでしょう。春ざしには充実した前年枝を用い、夏さしと秋ざしには節間の詰まった新梢を用います。かなり太い枝でもよく発根します。

　鹿沼土、バーミキュライト、パーライト、ピートモスの同量混合土を入れたさし床にさします。半日陰に置き、乾かさないように管理していれば、半年くらいで発根します。新しい芽が伸びはじめたら徐々に日に当てて育てます。2年くらいはそのまま管理してから移植します。

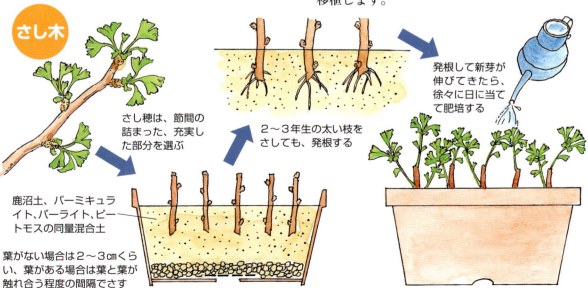

さし木

さし穂は、節間の詰まった、充実した部分を選ぶ

2～3年生の太い枝をさしても、発根する

発根して新芽が伸びてきたら、徐々に日に当てて肥培する

鹿沼土、バーミキュライト、パーライト、ピートモスの同量混合土

葉がない場合は2～3cmくらい、葉がある場合は葉と葉が触れ合う程度の間隔でさす

落葉樹 ── イチョウ

つぎ木でふやす

さし木と同様に、実なりのよい木や斑入り種からつぎ穂を選ぶとよいでしょう。

つぎ木は、4～5月の芽吹きの時期以外は周年行えます。

つぎ方は切りつぎです。台木には、1～2年生の実生苗を用います。

台木から出た芽はかき取る

普通種の実生2年生の台木に、実なりのよい品種（右写真のもの）から採穂してつぎ木したもの。約1か月たち、芽吹いている

小さいうちから実がなる品種。気に入ったものも枝さえもらえば自宅で楽しめる

とり木でふやす

成長期の6～8月に環状剥皮して、高とり法で行います（30ページ参照）。

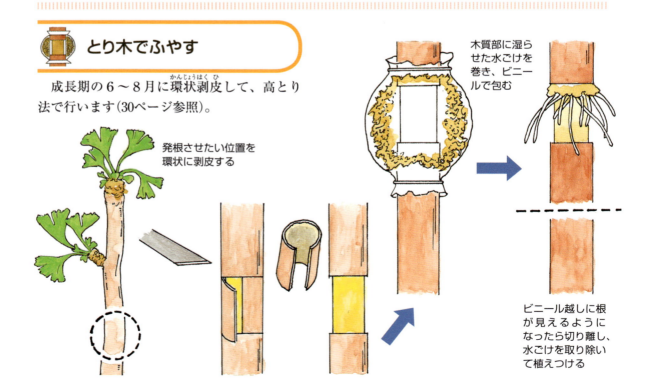

発根させたい位置を環状に剥皮する

木質部に湿らせた水ごけを巻き、ビニールで包む

ビニール越しに根が見えるようになったら切り離し、水ごけを取り除いて植えつける

実なりイチョウの盆栽仕立て

地植えで数年育てた木を、根元近くで切り、下部から新梢を芽吹かせます。これらを台木に用いて、実なりのよい矮性種から採穂してつぎます。

つぎ穂には、台木の枝の太さに見合ったものを選びましょう。

ついたら鉢に上げ、盆栽に仕立てていきます（2年目くらいから実がなります）。単にふやすだけではない、つぎ木の楽しみ方のひとつです。

落葉樹 イチョウ

❶盆栽用に育てた木。下枝の近くで幹を切る

❷切り込み口をつくるため、台木の角を下から斜めに削り上げる

❸表皮に沿って切り込みを入れ、形成層を出す

❹台木とつぎ穂の形成層が密着するように穂を差し込む

❺セルパラテープで固定する。乾燥も防げる

❻各枝を、元近くで切り、つぎ木をしておく

❼台木が太く、切り口が広いときは、癒合剤を塗る

癒合剤

51

開花期は白い花で覆われる
エゴノキ
イゴ、エゴ、チシャノキ、ロクロギ

エゴノキ科エゴノキ属／落葉高木（高さ7〜15m）

各地の山野に自生しており、5〜6月に白花を枝一面に咲かせます。開花期には木全体が真っ白に見えるほどです。近縁種に、淡紅色の美しい花を咲かせるベニバナエゴノキ、細い枝を下垂させて花を咲かせるシダレエゴノキなどがあります。

栽培カレンダー

月	状態	管理	繁殖作業	肥料	ポイント
1		剪定	つぎ木・実生／とり木	施肥	植え場所は、半日陰で水はけのよいところが適している
2		植えつけ	〃	〃	
3		植えつけ	〃		
4					
5	開花				
6	開花		さし木／つぎ木／実生／とり木		
7			〃		
8			〃		
9	熟期		〃		
10	熟期		〃		
11		植えつけ	〃		
12		剪定			

手入れのしかた

　植えつけや移植は、11〜3月中旬が適期。植え場所は半日陰の腐植質に富む、水はけのよいところが適しています。花芽は、基部が充実した短枝につくられます。剪定は、12〜2月が適期です。

　実生、さし木、つぎ木、とり木などが容易にできます。

実生でふやす

　10月ごろ、実の表皮が割れはじめたら採種します。鳥に食べられないように早めに採りましょう。採りまきにするか、種を保存して3月にまきます。種は乾燥させると発芽しなくなるので、ビニール袋に湿らせた川砂か少量の水とともに入れ、冷蔵庫で保存します。

　赤玉土や川砂などの用土を入れたまき床にまきます。霜に注意し、乾かさないように管理すれば、春には発芽します。

エゴノキの実と種

落葉樹 エゴノキ

実生

実の表皮が割れはじめたら採種する

種は乾燥させると発芽しないので採りまきがよい

乾かさないように管理する

さし木でふやす

6〜9月の生育期に充実した新梢をさし穂にします。鹿沼土、バーミキュライト、ピートモス、パーライトの同量混合土を入れたさし床にさします。乾かさないように管理して、翌春、移植します。

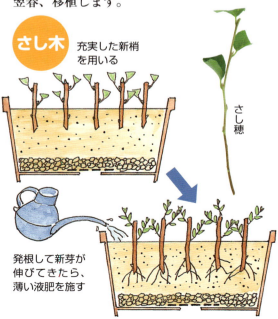

さし木　充実した新梢を用いる

さし穂

発根して新芽が伸びてきたら、薄い液肥を施す

つぎ木でふやす

4〜5月の葉が開く時期を除けば、周年行えます。台木には2〜3年生の実生苗を用います。

セルパラテープを使い、切りつぎや芽つぎを行います。

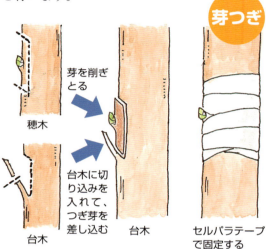

芽つぎ

穂木　芽を削ぎとる

台木　台木に切り込みを入れて、つぎ芽を差し込む

台木

セルパラテープで固定する

とり木でふやす

芽出し前か梅雨期に環状剥皮して、高とり法で行います。

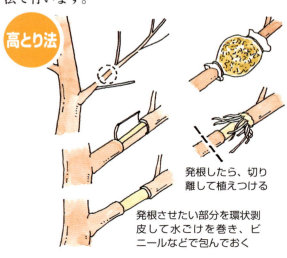

高とり法

発根したら、切り離して植えつける

発根させたい部分を環状剥皮して水ごけを巻き、ビニールなどで包んでおく

早春に咲く小さな黄花
オウバイ
黄梅、迎春花

モクセイ科ソケイ属／落葉低木（高さ1〜2m）

早春、ウメが咲くころに黄色い花を咲かせるので、ウメになぞらえて「黄梅」の名がつけられました。原産国の中国では迎春花として親しまれているそうです。ジャスミンの仲間ですがほとんど香りはありません。枝は四方に伸びてしだれます。石垣の上などに植え、外垣などに利用すると風情があります。

栽培カレンダー

月	状態	管理	繁殖作業	肥料	ポイント
1					伸びるに任せておくと雑然とした株姿になるので、花が終わった直後に剪定する
2	開花		さし木	施肥	
3	開花		さし木／とり木	施肥	
4		植えつけ	とり木	施肥	
5		剪定			
6			さし木		
7		剪定	さし木		
8					
9		植えつけ	とり木		
10		植えつけ	とり木		
11					
12					

手入れのしかた

植えつけや移植は3月中旬〜4月と9〜10月が適期。日当たりのよいところへ、排水をよくするようにできるだけ高く土を盛って植えます。寒さや乾燥に強く、樹勢は強健です。

花芽は新梢（しんしょう）の各節につきます。放任すると枝を四方に伸ばし、雑然とした株になるので、花が終わった直後に、庭の大きさに応じて剪定します。

繁殖力が旺盛で、枝の節からよく気根を出し、地面に接すると根づきます。さし木、とり木で容易にふやせます。

さし木でふやす

2月中旬〜3月（春ざし）と6〜7月中旬（梅雨ざし）が適期。春ざしには前年枝の充実した部分を、梅雨ざしには充実した新梢を用います。さし穂は30cmくらいの長いものでもよく発根します。適期以外でも3〜9月には随時可能です。風の当たらない半日陰に置き、新芽が伸びだしたら徐々に日に当てていきます。翌年の春に移植します。

さし穂

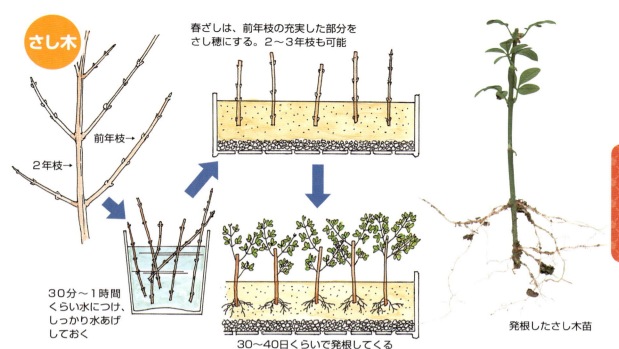

落葉樹 オウバイ

発根したさし木苗

とり木でふやす

枝が地面に接すれば、そこから発根します。根元に高く土を盛っておくか、枝を曲げて土中に埋めておき、発根したら切り離して植えつけます。

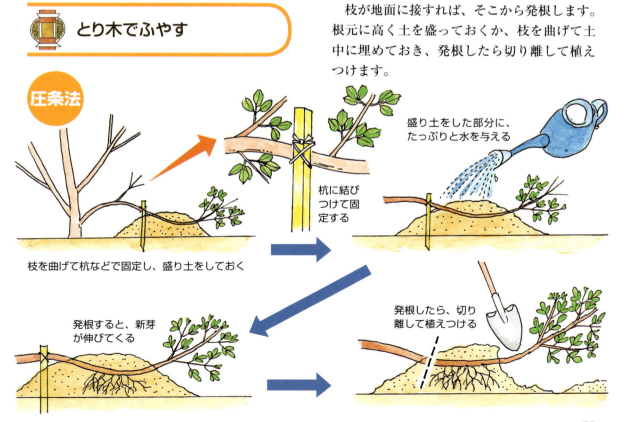

日本の秋を彩る代表樹
カエデ・モミジ 楓

カエデ科カエデ属／落葉高木（高さ5〜30m）

秋の紅葉をモミジといいますが、モミジ科という分類はありません。カエデの仲間のうち、一般に葉の切れ込みが深いものをモミジ、浅いものをカエデと呼んでいます。種類が豊富で、園芸品種も非常に多くあります。

栽培カレンダー

月	状態	管理	繁殖作業	肥料	ポイント
1		剪定／植えつけ	つぎ木		落葉していても、早くから樹液が動きはじめるので、剪定は1月中に
2			さし木／つぎ木		
3			実生		
4					
5				施肥	
6			さし木		
7			つぎ木		
8					
9				施肥	
10	黄紅葉		実生		
11	黄紅葉				
12		剪定／植えつけ			

手入れのしかた

　植えつけや移植の適期は落葉直後〜2月中旬です。植え場所は腐植質に富んだ、水はけのよいところを選びます。夏の西日が強いところは葉焼けを起こしやすいので、なるべく避けます。剪定は、落葉後の枝姿がよく見えるときに行いますが、樹液の活動が早いので、1月中には終わるようにします。

　園芸品種が多いので、実生苗を台木に用いたつぎ木がもっともふつうに行われています。中でもトウカエデは盆栽として人気の樹種で、種木はさし木でよくつくられています。

実生で台木をつくる

　10月ごろ、種が落ちる前に採って4〜5日陰干しし、手でもんで翼を取ります。採りまきにするか乾かさないように冷蔵庫で保存して、3月にまきます。霜に注意し、乾かさないように明るい日陰で管理すれば、4月には発芽します。本葉が開いたら薄い液肥を施します。1〜2年後の落葉期に直根（ちょっこん）を切り詰めて、鉢上げします。

カエデの種

落葉樹

カエデ・モミジ

つぎ木でふやす

1〜3月と6〜9月が適期。台木にはヤマモミジの2〜3年生の実生苗を用い、切りつぎをします。

さし木でふやす

2〜3月の春ざし、5月下旬〜6月の梅雨ざしがあります。春ざしには充実した前年枝を、梅雨ざしには節間の詰まった充実した新梢をさし穂に用います。

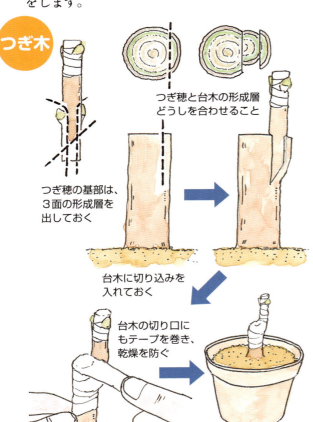

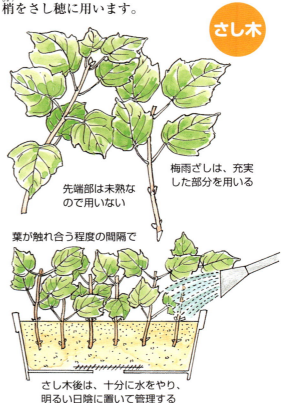

まりのような花のかたまりが美しい
コデマリ 小手鞠、スズカケ、テマリバナ

バラ科シモツケ属／落葉低木（高さ1〜2m）

小さな白い花が手まり状に集まって咲くところから、この名前がつけられました。一面に花をつけたしなやかな枝が春風になびいている姿には、独特の風情があります。園芸品種に、新枝が黄金色のキンバコデマリ、八重咲きのヤエコデマリなどがあります。

栽培カレンダー

月	状態	管理	繁殖作業	肥料
1			植えつけ／株分け	施肥
2			植えつけ／株分け／さし木	施肥
3			植えつけ／株分け／さし木	
4	開花			
5	開花	枝の更新		
6			さし木	
7			さし木	
8			さし木	
9				
10				
11				
12		剪定	植えつけ／株分け	

ポイント：枝がしなやかに伸びた姿を生かすため、枝の切り詰めは控える

手入れのしかた

　植えつけや移植は、落葉期の12〜3月が適期です。植え場所は日当たりがよく、腐植質に富む湿潤なところを好みます。

　そのまま伸びるに任せても自然に樹形を整えますが、花つきの悪くなった枝は花後に元から切り、新しい枝と更新します。弓状にしなやかに伸びた枝がこの木の特徴なので、枝の切り詰めは控えます。

　さし木と株分けでふやします。

さし木でふやす

　2月下旬〜3月（春ざし）と6〜8月（夏ざし）が適期です。春ざしには前年枝の充実した部分を、夏ざしには充実した新梢を用います。さし穂は30分〜1時間くらい水あげしておき、鹿沼土、バーミキュライト、パーライト、ピートモスの同量混合土を入れたさし床にさします。半日陰か、遮光して直射日光を避けたところに置き、乾かさないように管理します。発根して、新しい芽が伸びたら徐々に日に当て、薄い液肥を施します。翌春になったら移植します。

落葉樹 コデマリ

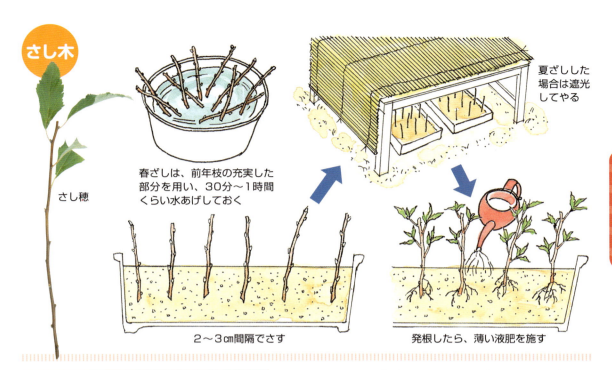

株分けでふやす

　落葉期の12〜3月に行います。根を傷めないように株を掘り起こしします。掘り起こしたら、ある程度土を落として根の部分を確かめます。幹枝3本くらいで1株になるように分割して植えつけます。植えつけたら十分に水やりをします。

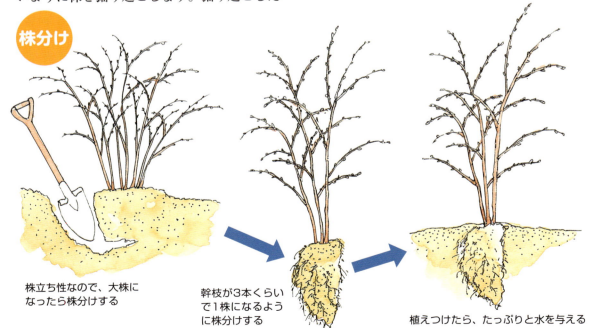

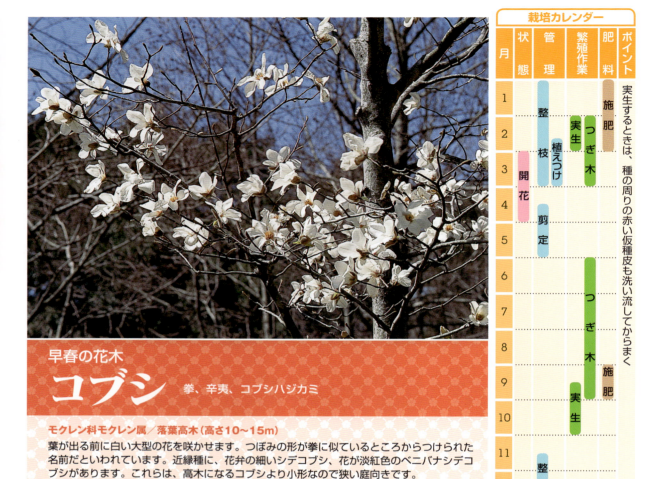

早春の花木
コブシ
拳、辛夷、コブシハジカミ

モクレン科モクレン属／落葉高木（高さ10〜15m）

葉が出る前に白い大型の花を咲かせます。つぼみの形が拳に似ているところからつけられた名前だといわれています。近縁種に、花弁の細いシデコブシ、花が淡紅色のベニバナシデコブシがあります。これらは、高木になるコブシより小形なので狭い庭向きです。

栽培カレンダー

月	状態	管理	繁殖作業	肥料	ポイント
1		整枝		施肥	実生するときは、種の周りの赤い仮種皮も洗い流してからまく
2		整枝	実生／つぎ木／植えつけ		
3	開花	整枝	つぎ木／植えつけ		
4	開花				
5		剪定			
6			つぎ木		
7			つぎ木		
8			つぎ木		
9			実生	施肥	
10			実生		
11		整枝			
12		整枝			

手入れのしかた

植えつけや移植は、2月下旬〜3月が適期です。日当たりと水はけがよければ、土質はとくに選びません。

落葉期に、樹形を乱している枝を整理します。花芽は枝先にできるので、花芽を確認して行います。大きくなりすぎたときは、花後に強い切り詰めを行って樹形を整えましょう。

コブシは実生で、シデコブシなどはつぎ木でふやします。

実生でふやす 台木をつくる

10月上旬になると、実が紅色に熟してきます。少し裂けてきたところで採り、2〜3日陰干しすると赤い種が出てきます。赤い仮種皮を水洗いして取り除き、赤玉土などのまき床へ採りまきにするか、湿らせた川砂と混ぜてビニール袋に入れて冷蔵庫などで保存し、翌春2月にまきます。日陰に置いて、乾かさないように管理します。本葉が4〜5枚になったら移植します。移植するときは直根を切り詰めて、細根を出させるようにします。地植えにすれば1〜2年で台木に利用できます。

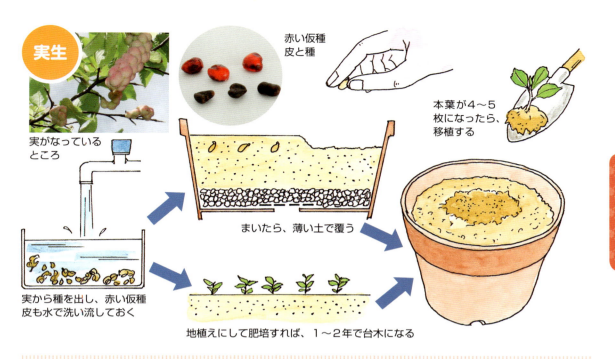

つぎ木でふやす

2～3月と6～9月が適期。コブシの1～3年生の実生苗を台木にして、セルパラテープを用いて切りつぎや芽つぎをします。

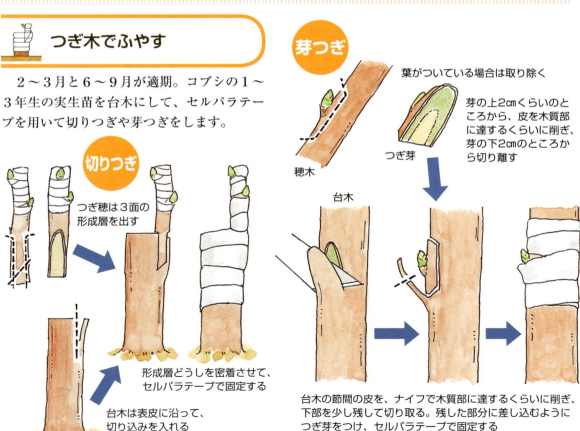

わが国の国花
サクラ
桜、サクラギ、ハツハナ

バラ科サクラ属／落葉高木（高さ2〜15m）

春の「お花見」など、古くから私たちの生活になじんできた花木です。ヤマザクラやオオシマザクラ、サトザクラ、フジザクラ、カンヒザクラ、ソメイヨシノ、シダレザクラなど、種類や園芸品種は数え切れないほど豊富です。

栽培カレンダー

月	状態	管理	繁殖作業	肥料	ポイント
1		剪定		施肥	切ったところから枯れてくるので、剪定をしたら、切り口に癒合剤を塗る
2		剪定	植えつけ／つぎ木／さし木／実生	施肥	
3	開花		つぎ木／さし木／実生		
4	開花				
5					
6			実生／つぎ木／さし木		
7			実生／つぎ木／さし木		
8			つぎ木／さし木		
9				施肥	
10					
11					
12		剪定	植えつけ		

手入れのしかた

植えつけや移植は、12月と2〜3月が適期です。植え場所は日当たりと水はけがよく、腐植質に富んだ肥沃なところが適しています。

剪定の適期は12〜2月です。枝は必ず枝元で切り、切り口には癒合剤（ゆごうざい）を塗って保護します。

ほとんどの園芸品種は、つぎ木でふやします。種類によっては、実生やさし木も行うことができます。

実生でふやす

種は6月ごろ、実が黒熟してポロポロと落ちるころに採ります。果肉を水できれいに洗い流し、採りまきにするか、乾かさないように湿らせた川砂と混ぜ、ビニール袋に入れて冷蔵庫で保存し、2月にまきます。

まいたら日陰に置いて、乾かさないように管理します。本葉が4〜5枚開いてきたら、徐々に日当たりに慣らしていきます。

実生

2〜3cm間隔に点まきする

種が隠れるように、やや深めに土をかける

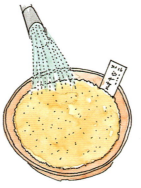

4月上旬には、発芽する。発芽したら徐々に日に当てる

落葉樹 サクラ

さし木でふやす

フジザクラやシダレザクラはさし木でよくつきます。2月下旬〜3月(春ざし)と6〜8月上旬(梅雨ざし)が適期。春ざしには前年枝の充実した部分を、梅雨ざしには充実した新梢をさし穂にします。

つぎ木でふやす

2〜3月と6〜9月が適期です。実生かさし木1〜3年生の苗木を台木にして、セルパラテープを用いて切りつぎや芽つぎをします。

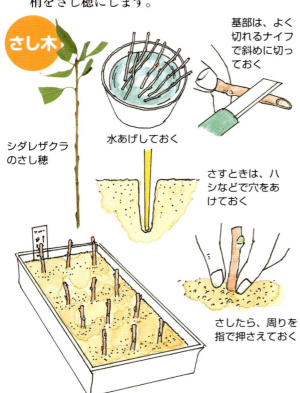

さし木
- シダレザクラのさし穂
- 水あげしておく
- 基部は、よく切れるナイフで斜めに切っておく
- さすときは、ハシなどで穴をあけておく
- さしたら、周りを指で押さえておく

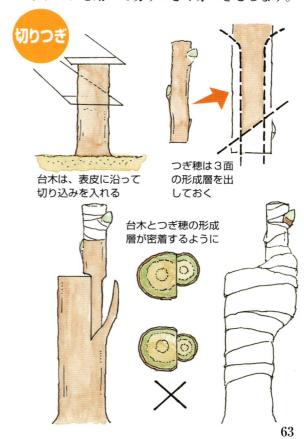

切りつぎ
- 台木は、表皮に沿って切り込みを入れる
- つぎ穂は3面の形成層を出しておく
- 台木とつぎ穂の形成層が密着するように

暑さに負けずに咲く花
サルスベリ
猿滑り、百日紅

ミソハギ科サルスベリ属／落葉高木（高さ5〜10m）

なめらかな幹肌がサルでも滑り落ちそうなところから、この名前がつけられました。花の少ない夏に、元気よく100日近くも咲いているところからヒャクジッコウ（百日紅）とも呼ばれています。矮性種や花色の濃淡が異なる品種、白花種など品種も多くあります。

栽培カレンダー

月	状態	管理	繁殖作業	肥料	ポイント
1					実生では花色の濃淡など、変異が多く出るので新品種づくりも楽しめる
2		剪定	さし木・実生		
3			植えつけ		
4					
5					
6			とり木・さし木		
7	開花				
8	開花				
9	開花				
10			実生	施肥	
11					
12		剪定			

手入れのしかた

植えつけや移植は、3〜4月が適期です。日当たりが悪いところに植えると、花つきが悪くなります。植え場所は水はけがよく、腐植質に富んだ肥沃なところが適しています。

花は新梢の先端に咲きます。花が咲いた枝は、12〜3月の落葉期に枝元から切り取り、剪定します。

手軽に行えるのはさし木ですが、とり木も容易です。交配・実生で新たな園芸品種を作出する楽しみもあります。

さし木でふやす

2〜3月（春ざし）と6〜9月（夏ざし）が適期。春ざしには剪定のときに切り取った前年枝の充実した部分をさし穂にし、日当たりがよくて暖かいところに置きます。夏ざしには充実した新梢を用い、半日陰に置きます。いずれも乾かさないように管理します。発根したら、半日陰から徐々に日当たりに慣らしていき、肥培します。翌春に移植します。

さし穂

さし木

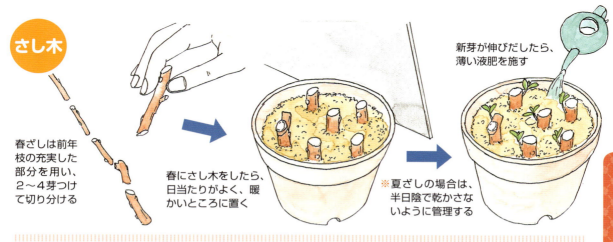

春ざしは前年枝の充実した部分を用い、2〜4芽つけて切り分ける

春にさし木をしたら、日当たりがよく、暖かいところに置く

※夏ざしの場合は、半日陰で乾かさないように管理する

新芽が伸びだしたら、薄い液肥を施す

落葉樹　サルスベリ

とり木でふやす

6〜7月が適期です。環状剥皮をして、高とり法で(30ページ参照)行います。

また、ひこばえがよく出るので、とり木をする1年くらい前に根元部分に盛り土をして、細根を出させるようにします。半年くらいで発根します。3〜4月に親木から切り離して植えつけます。

実生でふやす

10月ごろ、実が褐色に色づいてきたら採り、数日陰干しをしておくと裂けて種が出てきます。採りまきにするか、乾かさないようにビニール袋に入れて、冷蔵庫に保存し、春にまきます。

一才サルスベリという品種は、まいた年か翌年には花が咲きます。実生では変異が多く出ます。

盛り土法

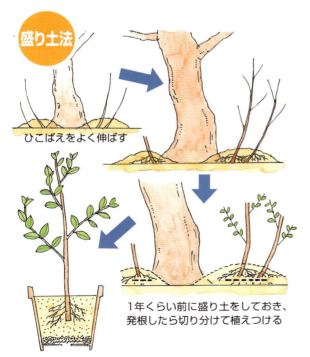

ひこばえをよく伸ばす

1年くらい前に盛り土をしておき、発根したら切り分けて植えつける

実生

熟した実

実を採取して数日陰干ししておくと、裂けて種が出てくる

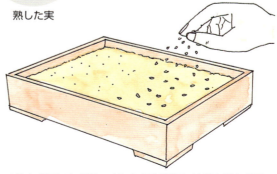

一才性など早いものは、まいた年か翌年には花を咲かせる

錦織りなす紅葉
ニシキギ
錦木、ヤハズニシキギ

ニシキギ科ニシキギ属／落葉低木（高さ1〜3m）

秋の紅葉が錦のように美しいところから、この名前がつけられました。枝にコルク質の矢羽根が出ることが、ニシキギの大きな特徴です。近縁種のコマユミには矢羽根が出ないので、容易に区別できます。

栽培カレンダー

月	状態	管理	繁殖作業	肥料	ポイント
1		整枝	植えつけ		とくに剪定する必要はない。不要な枝を整理するくらいでよい
2		整枝	植えつけ	施肥	〃
3			さし木・とり木・実生		〃
4					〃
5	開花				〃
6			さし木		〃
7			さし木		〃
8			さし木		〃
9	熟期・紅葉				〃
10	熟期・紅葉		実生		〃
11	熟期・紅葉				〃
12		整枝	植えつけ		〃

手入れのしかた

植えつけや移植は落葉期の12〜3月上旬が適期。植え場所は日当たりと水はけがよく、腐植質に富む肥沃なところが適しています。樹勢が強いので、土質は選びません。

そのまま伸びるに任せても樹形を整えるので、とくに剪定をする必要はありません。樹冠内部の細かい枝やとび枝、ひこばえを整理する程度で十分です。適期は12〜2月です。

一般に行われているのはさし木ですが、とり木や実生も行えます。

さし木でふやす

2月下旬〜3月（春ざし）と6〜9月（夏ざし）が適期です。春ざしには前年枝の充実した部分を、夏ざしには充実した新梢を用います。春ざしをしたら暖かいところに置き、霜に注意します。夏ざしの場合は半日陰に置き、乾かさないように管理すれば、1か月くらいで発根します。徐々に日当たりに慣らしていき、薄い液肥を施します。移植は翌春、3月上旬に行います。

さし木

さし穂には、充実した部分を用いる。矢羽根をつけたままでよい

発根して芽が伸びだしたら、薄い液肥を施す

発根したさし木苗

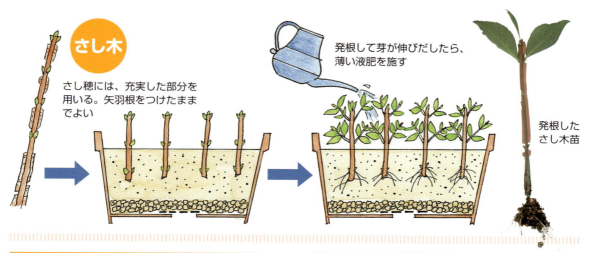

落葉樹 ニシキギ

 ## とり木でふやす

芽が動き出す前の3月が適期です。環状剥皮(かんじょうはく ひ)をして、高とり法で行います。

高とり法

節間を環状剥皮する

水ごけを巻いてビニールで包み、乾かさないように管理する

ビニール越しに根が見えるようになったら、切り離して植えつける

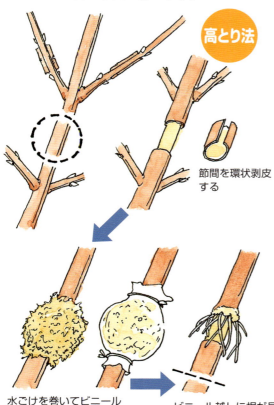

実生でふやす

10月ごろ果皮が少し裂けはじめたら採種します。果肉をよく洗い流して採りまきにするか、乾かさないようにビニール袋に入れて冷蔵庫に保存し、3月にまきます。

実生

採りまきにしない場合は、ビニール袋に入れて冷蔵庫で保存する

湿らせた水ごけなどに混ぜる

赤い仮種皮も水で洗い流すこと。まいたら薄く土で覆う

初夏の夕方に開く刷毛状の花
ネムノキ
合歓木、夜合樹、ネブ

マメ科ネムノキ属／落葉高木（高さ5～10m）

羽状複葉になっている左右の葉が、夜になると閉じて、眠るように見えるところからきた名前です。この睡眠運動は、葉のつけ根にある葉枕という運動器官の細胞の容積が変化することで起こるそうです。7～8月ごろに、淡紅色の刷毛を散らしたような花を咲かせます。矮性の一才ネム、シダレネムなどもあります。

栽培カレンダー

月	状態	管理	繁殖作業	肥料	ポイント
1					刷毛状の花が特徴。マメ科植物なので、少々やせた土地でもよく育つ
2		剪定		とくに必要ない	
3		剪定	実生		
4			植えつけ		
5			植えつけ		
6					
7	開花				
8	開花				
9					
10	熟期		実生		
11					
12					

手入れのしかた

植えつけは、4～5月上旬が適期です。日当たりがよく、適度に湿潤なところを好みます。

マメ科植物なので、丈夫で土質はとくに選びません。少々やせた土地でもよく育ちます。

花は新梢の先端に咲きます。枝の切り詰めは避け、不要な枝を枝元から切る、間引き剪定をします。適期は2～3月です。

主に実生でふやします。

実生でふやす

10月ごろ、果皮が淡い茶色に色づいてきたら、採種します。2～3日干してから、軽くたたくとさやが裂けて、種が出てきます。採りまきにするか、ビニール袋に入れて冷暗所に保存し、3月にまきます。採りまきにした場合は、寒害や凍害に遭わないように暖かいところに置きます。明るい日陰に置き、発芽してきたら徐々に日当たりに慣らしていき、薄い液肥を施します。翌春4月ごろに移植します。早いものは6～7年で花を咲かせます。一才ネムは2～3年で花が咲きます。

ハナミズキ

ヤマボウシ

華やかな花木
ハナミズキ／ヤマボウシ

花水木、アメリカヤマボウシ／山法師、ヤマグワ

ミズキ科ミズキ属／落葉高木（高さ5～12m）

ハナミズキは北アメリカ原産で、アメリカヤマボウシの別名があります。花に見えるのは花弁状をした4枚の苞葉で、実際の花は中心部にある黄緑色のものです。ハナミズキの苞の先端にはへこみがありますが、わが国自生のヤマボウシでは先がとがっています。赤花種や斑入り種などの園芸品種も出回っています。

栽培カレンダー

月	状態	管理	繁殖作業	肥料	ポイント
1		剪定			実生が簡単だが、園芸品種の種をまいても親と同じ形質は出ない
2		剪定	つぎ木／実生	施肥	
3			植えつけ		
4	ハナミズキ開花				
5	ハナミズキ開花				
6	ヤマボウシ開花		さし木／つぎ木		
7	ヤマボウシ開花		さし木／つぎ木		
8			さし木／つぎ木		
9					
10			実生		
11			植えつけ		
12		剪定	植えつけ		

手入れのしかた

　植えつけや移植は、芽が出る前の2月下旬～3月中旬と落葉後の11月中旬～12月が適期です。日当たりと水はけのよいところに植えれば、土質はとくに選びません。

　剪定は落葉後の12～2月に行います。長く伸びて花芽のない枝や、込みすぎた部分の枝を整理する程度にします。

　実生が簡単ですが、園芸品種は主につぎ木でふやしています。

実生でふやす

　10月ごろ、実が赤く色づいたら採取します。果肉をつぶして水できれいに洗い流し、種を出します。採りまきにするか、乾かさないようにビニール袋に入れて冷蔵庫で保存し、2月下旬～3月上旬にまきます。発芽してきたら、徐々に日当たりに慣らしていきます。1年後、直根を切り詰めて移植します。

　赤花種などの園芸品種の種をまいても、親の形質がそのまま出ることはほとんどありません。赤花が白花になるなど、形質が変わってしまうので実生は行いません。

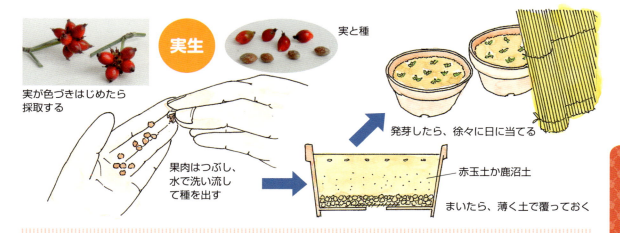

実生

実が色づきはじめたら採取する

実と種

果肉はつぶし、水で洗い流して種を出す

発芽したら、徐々に日に当てる

赤玉土か鹿沼土

まいたら、薄く土で覆っておく

落葉樹　ハナミズキ／ヤマボウシ

つぎ木でふやす

2〜3月と6〜9月が適期。春は前年枝の充実した部分を切りつぎします。夏から秋は新梢（しんしょう）つぎか新梢芽つぎをします。いずれの場合も台木にはハナミズキかヤマボウシの2〜3年生の実生苗を用います。

さし木でふやす

6〜7月に新梢の充実した部分をさし穂にします。さし木後は半日陰に置き、乾かさないように管理します。園芸品種にはさしたあとで鉢全体をビニール袋で覆う密閉ざしが効果的です。

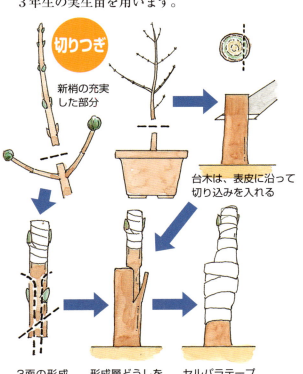

切りつぎ

新梢の充実した部分

台木は、表皮に沿って切り込みを入れる

3面の形成層を出す

形成層どうしを密着させる

セルパラテープで固定する

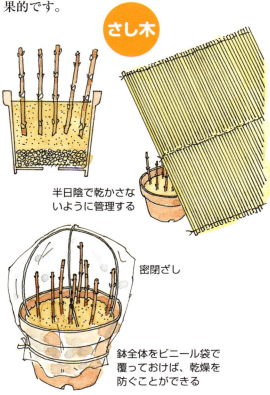

さし木

半日陰で乾かさないように管理する

密閉ざし

鉢全体をビニール袋で覆っておけば、乾燥を防ぐことができる

71

芳香を放つ花の女王
バラ
薔薇、ショウビ

バラ科バラ属／落葉低〜高木（高さ0.1〜10m）

わが国にも10種以上が自生していますが、庭木として一般的なのはセイヨウバラです。四季咲きでは、大輪系（ハイブリッドティー）、中輪房咲き系（フロリバンダ）、ミニチュア系、つるバラに大別されます。それぞれ、非常に多くの園芸品種があります。ハイブリッドティーが作出される以前のものを、オールドローズと呼んでいます。

栽培カレンダー

月	状態	管理	繁殖作業	肥料	ポイント
1		剪定	大苗植えつけ	施肥	日当たり、風通し、水はけのよい場所に、元肥を十分すき込んで植える
2			さし木・つぎ木・実生		
3					
4			新苗植えつけ		
5				施肥	
6	開花		さし木・つぎ木		
7				施肥	
8			さし木		
9	開花			施肥	
10			実生		
11			大苗植えつけ		
12		剪定		施肥	

手入れのしかた

植えつけの適期は、新苗の場合は4月下旬〜6月上旬。大苗は11〜2月。日当たりや風通し、水はけのよいところに元肥（もとごえ）を十分すき込んで植えます。

12〜2月に目的に応じた基本剪定を行います。以後、花の咲いた枝を3分の1くらい切り詰め、順次新梢（しんしょう）を伸ばすようにします。

病害虫の発生が多く、生長期の4〜10月にかけては、定期的に薬剤を散布します。

つぎ木、さし木が行われています。剪定で切り取った枝を利用したさし木が簡単です。

さし木でふやす

2〜3月（春ざし）、6〜7月（梅雨ざし）、9〜10月上旬（秋ざし）が適期です。

春ざしには前年枝の充実した部分を、梅雨ざしと秋ざしには充実した新梢をさし穂に用います。

さし穂は10〜15cmに切り分け、小葉（5枚葉）を2つ残して下葉を取り除きます。基部を斜めに切ってさし床にさし、春ざしと秋ざしは暖かいところで、梅雨ざしは明るい日陰で、乾かさないように管理します。

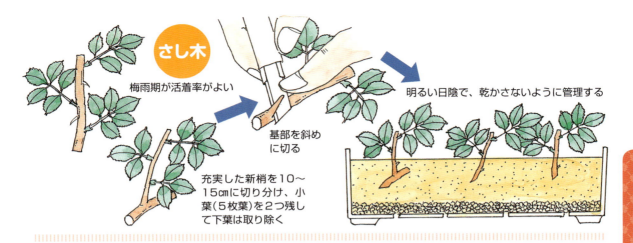

落葉樹 バラ

 つぎ木でふやす

　2～3月には、前年枝の充実した部分を用いて、切りつぎします。6～9月には、新梢つぎや芽つぎをします。台木には、ノバラの実生かさし木1～2年生の苗木を用います。

 実生で台木をつくる

　ノバラを実生して、台木に利用します。
　秋、実が赤く熟したら、小鳥に食べられないうちに採取します。果肉を水で洗い流し、採りまきにするか、乾かさないようにビニール袋に入れて冷蔵庫に保存し、2月下旬にまきます。本葉が4～5枚出たら移植します。早いものは、秋には台木に利用できます。

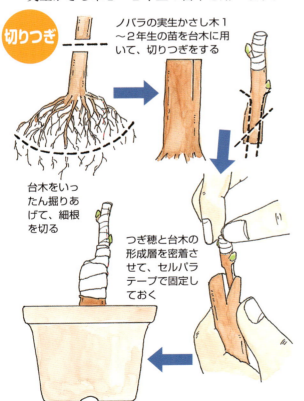

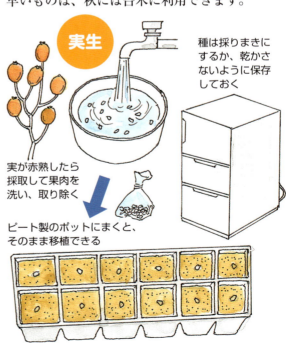

ナツツバキ

ヒメシャラ

栽培カレンダー

月	状態	管理	繁殖作業	肥料	ポイント
1		剪定		施肥	花芽は、その年に伸びた枝につく
2		剪定			
3		植えつけ	実生		
4					
5	開花				
6	開花		さし木		
7			さし木		
8					
9					
10			実生		
11					
12		植えつけ			

平滑で光沢のある幹肌が美しい
ヒメシャラ／ナツツバキ
姫沙羅／夏椿、シャラノキ

ツバキ科ナツツバキ属／落葉高木（高さ10〜20m）

ヒメシャラは関東以南に自生していますが、ナツツバキは東北あたりでも自生が見られます。どちらも夏にツバキに似た白い花を咲かせます。平滑で紅褐色の幹肌の美しさとともに、秋の黄紅葉も見事です。ナツツバキはシャラノキとも呼ばれています。ヒメシャラはナツツバキに比べて花、葉ともに小ぶりです。

手入れのしかた

　植えつけや移植は、12月と2月下旬〜3月が適期です。植え場所は日当たりと水はけがよく、腐植質に富んだ肥沃なところが適しています。

　剪定は落葉期の1〜2月に、目的に応じて不要な枝を元から切り取ります。花芽は、その年に伸びた、充実した短枝や中程度の枝につきます。

　実生、さし木でふやします。

実生でふやす

　10月ごろに実が濃褐色に熟してきます。実が裂ける前に採り、陰干しにすると種が出てきます。採りまきにするか、乾かさないようにビニール袋に入れて冷蔵庫で保存し、3月にまきます。まき床は霜や凍害に遭わないところに置き、乾かさないように管理します。本葉が4〜5枚開いてきたら薄い液肥を施し、翌春に移植します。

ヒメシャラの実と種

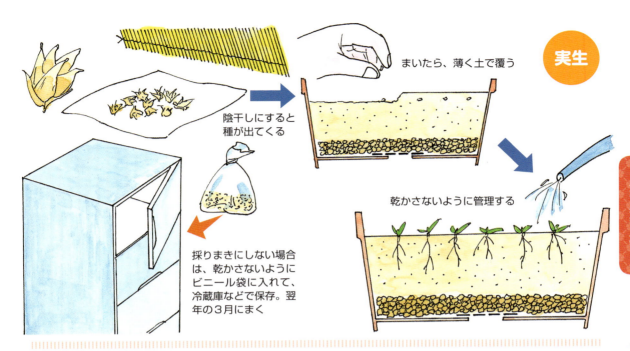

落葉樹 ヒメシャラ／ナツツバキ

さし木でふやす

　6～7月の梅雨期が適期。節間の詰まった充実した新梢をさし穂にします。明るい日陰に置き、乾かさないように管理します。さし床に支柱を立て、ビニール袋で覆って密閉すると、乾燥しにくくなるので効果的です。新芽が伸びはじめたら、徐々に外気に慣らします。翌年3月に移植します。

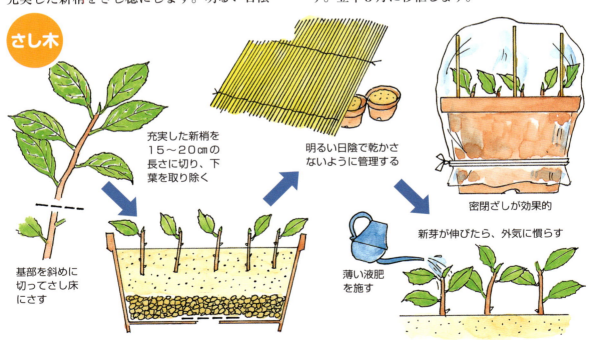

薫風になびく長い花房
フジ
藤、ウィステリア

マメ科フジ属／落葉つる性（高さ0.3〜2m）

青紫色の蝶形花を長い房の一面に咲かせ、微風になびいている姿は壮観であり、優雅です。フジは日本固有の花木です。花房の長いノダフジ、花が純白色のシロバナフジ、淡桃色のアケボノフジ、花房はやや短いが、花が大きく花色の濃いヤマフジ、幼木で開花する一才フジなど種類、園芸品種とも数多くあります。

栽培カレンダー

月	状態	管理	繁殖作業	肥料	ポイント
1			つぎ木		主に1〜3月に行うつぎ木でふやす
2		剪定	つぎ木・さし木・実生	施肥	
3			植えつけ		
4	開花				
5	開花				
6			さし木		
7			さし木		
8				施肥	
9					
10	熟期		実生		
11			植えつけ		
12		剪定			

手入れのしかた

　植えつけの適期は、2月下旬〜3月中旬と11〜12月です。植え場所は日当たりがよく、やや湿潤な粘土質のところが適しています。花芽はその年に伸びた充実した短枝の葉腋につき、翌年に花を咲かせます。剪定は落葉後の12〜3月ごろ。花芽を確認し、ついていない長枝は基部から4〜5芽残して切ります。

　実生、さし木はそれほど難しくはありませんが、花がつくまでに年数がかかるので、主につぎ木の台木をつくるために行われています。フジの繁殖の多くはつぎ木です。

実生で台木をつくる

　10月ごろ、果皮が茶褐色に色づいたら採取します。実を4〜5日干すと果皮が裂け、種が出てきます。採りまきにするか、ビニール袋に入れ、乾燥させないようにして常温で保存し、3月にまきます。苗は大きくなるので、大きめの箱か畑をまき床にします。畑は日当たりのよいところで、堆肥を入れておきます。10cm間隔でまき、1〜2cm土で覆います。

　翌春に掘りあげ、根を半分くらい切り詰めて移植します。

実生

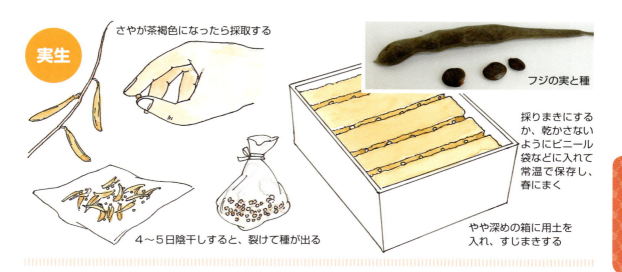

さやが茶褐色になったら採取する

4～5日陰干しすると、裂けて種が出る

フジの実と種

採りまきにするか、乾かさないようにビニール袋などに入れて常温で保存し、春にまく

やや深めの箱に用土を入れ、すじまきする

落葉樹 フジ

さし木で台木をつくる

2月下旬～3月中旬の春ざし、6～7月の梅雨ざしができます。春ざしには前年の充実した部分を、梅雨ざしにはその年に伸びたつるを12～15cmに切り、葉を半分くらい切り落として、さし床にさします。明るい日陰に置き、乾かさないように管理します。新芽からつるが伸びてきたら、薄い液肥を施します。翌年の3月に移植します。

つぎ木でふやす

1～3月が適期。前年枝の充実した部分をつぎ穂に用います。実生かさし木2～3年生の苗木を選び、切りつぎをします。新芽が伸びるとともに台木の芽も出てくるので、かき取ります。

さし木 / 切りつぎ

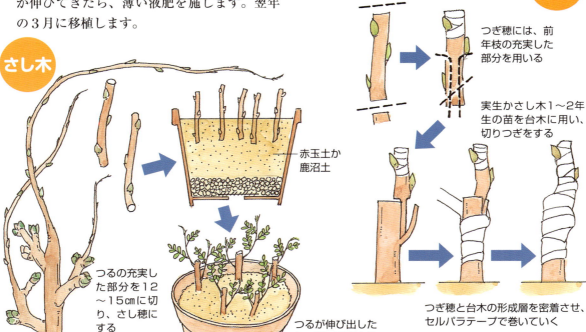

つるの充実した部分を12～15cmに切り、さし穂にする

赤玉土か鹿沼土

つるが伸び出したら、薄い液肥を施す。移植は翌春

つぎ穂には、前年枝の充実した部分を用いる

実生かさし木1～2年生の苗を台木に用い、切りつぎをする

つぎ穂と台木の形成層を密着させ、セルパラテープで巻いていく

街路樹の王者
プラタナス・スズカケノキ
アメリカスズカケノキ、スズカケノキ(鈴掛の木)

スズカケノキ科スズカケノキ属／落葉高木(高さ15〜30m)

わが国で街路樹としてもっとも多く植えられているのがスズカケノキだそうです。プラタナスはスズカケノキ属の総称。地中海沿岸〜アジア原産のスズカケノキ、アメリカ原産のアメリカスズカケノキ、スズカケノキとアメリカスズカケノキとの雑種といわれるモミジバスズカケノキがあります。街路樹としてはほとんどがモミジバスズカケノキです。

栽培カレンダー

月	状態	管理	繁殖作業	肥料	ポイント
1					枝を横に張り出す性質を生かした垣根仕立てがおもしろい
2			さし木		
3	開花	植えつけ	さし木		
4	開花	植えつけ			
5		植えつけ			
6					
7		剪定			
8		剪定	さし木		
9	熟期		さし木		
10	熟期				
11		植えつけ			
12		剪定			

手入れのしかた

　植えつけは、3〜5月と10〜12月が適期です。日当たりと水はけがよく、腐植質に富む肥沃で適度に湿潤なところを好みます。大気汚染に強く、土質はとくに選びません。剪定は年2回、7〜8月と12月に行います。枝は横に張り出します。7〜8月は、伸びすぎた枝を切り詰め、込みすぎた部分は枝抜きし、台風などで枝が折れないように整理します。落葉後の12月は樹姿を整えます。

　実生もできますが、一般的にはさし木でふやします。

さし木でふやす

　2〜3月の春ざしと8〜9月の夏ざしができます。春ざしには前年枝の充実した部分を、夏ざしには充実した新梢をさし穂にします。15〜20cmに切り、葉を2〜3枚残して下葉は取り除きます。残した葉が大きいときは半分くらい切り落としておきます。1〜2時間水あげし、赤玉土などを入れたさし床にさします。明るい日陰に置き、乾かさないように管理します。新しい芽が伸びてきたら徐々に日当たりに慣らしていき、肥培します。翌年の3月に移植します。

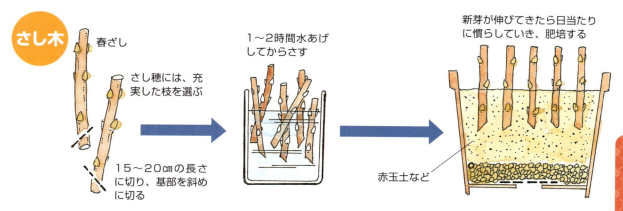

落葉樹 プラタナス・スズカケノキ

スズカケと「鈴懸」「篠懸」

　スズカケノキの和名は、山伏の着る「篠懸衣」にちなんでいます。篠懸は篠（山に群生する細い竹）につく露を避けるために、衣の上に羽織るものですが、この装束の前についている玉の飾りが、プラタナスの長い柄をつけた果実の形に似ているところからきた名前といわれています。これが鈴を下げた姿に連想され「鈴懸け」となったのではといわれています。

　前述したように、都市の街路樹としてもっとも多いスズカケノキですが、わが国に導入されたのは明治の末ごろ、東京の新宿御苑に植えられてからといわれます。公園や街路樹に登場したのは1904（明治37）年、白沢保美林業試験場長が東京市内の公園に苗木を寄贈したことに始まるといわれています（上の写真が、その新宿御苑の老木です。風格のある幹から、縦横に太い枝を張り出しています）。

79

落葉樹 ── プラタナス・スズカケノキ

スズカケノキの垣根仕立て

「友と語らん、鈴懸けの小道」── スズカケノキには、青春のロマンを呼び起こすようなところがあります。木自体にも、幹を直立させ、枝は太く横に思い切り張り出す性質があります。

30mくらいになる高木なので、自宅の庭で並木を再現するのは無理なことです。そこで、少しでもスズカケノキのもつダンディーな雰囲気を生かしてみようと思い、垣根仕立てにしました。枝どうしでの十字つぎです。癒合させたい部分の表皮を削いで形成層どうしを密着させ、セルパラテープをゆるまないように巻きつけて固定します。癒合したころにはテープも風化します。

❶下側の横に張り出した枝から伸びた新しい枝。上側の張り出し枝とのつぎ位置を決める

❷つぎ位置が決まったら、上側の張り出し枝の表皮を削ぎ、形成層を出す

❸下側の張り出し枝から伸びた新しい枝も、つぎ位置の表皮を削ぎ、形成層を出す

❹下側から伸びた新枝と上側の張り出し枝の形成層どうしを密着させる

❺密着させた箇所をしっかりと押さえ、セルパラテープで巻いて固定する。ゆるまないように、テープを引っ張りながら巻くこと

❻うまく活着したら、上に出た部分を切り取る

❼上下の張り出し枝の間を、下側から伸びた新しい枝でつぎ、垣根がつくられる

下の張り出し枝から出た新芽。これを伸ばして、上側の枝とついでいく

落葉樹

プラタナス・スズカケノキ

81

花色豊かに春を迎える
ボケ
木瓜、シドミ
クサボケ（矮性種）

バラ科ボケ属／落葉低木（高さ1〜2m）

中国原産で、わが国では江戸時代から盛んに栽培されるようになり、園芸品種も多くつくられています。初冬から開花し、春を迎える花として親しまれています。花色は白やピンク、紅、緋などを基本とし、絞り、咲き分け、八重咲きなど変化に富んでいます。クサボケは、わが国に自生する唯一のボケで矮性種です。

栽培カレンダー

月	状態	管理	繁殖作業	肥料	ポイント
1				施肥	剪定は、花が終わったらできるだけ早く行うこと
2	開花		実生・つぎ木		
3			実生・つぎ木		
4					
5					
6			さし木		
7			さし木		
8			さし木		
9			さし木・とり木		
10		剪定・植えつけ	とり木・実生		
11		剪定・植えつけ	とり木・実生		
12					

手入れのしかた

　植えつけや移植は9月中旬〜11月が適期です。植え場所は日当たりがよく、腐植質に富んだ保湿性の高いところを好みます。樹勢が強いので、土質はとくに選びません。

　秋には花芽がふくらんできます。9月下旬〜11月に花芽を確認しながら剪定をします。

　現在つくられているボケの多くは園芸品種です。実生では親の形質をそのまま受け継ぐことはほとんどないので、繁殖はさし木で行います。さし木が難しい種類はつぎ木でふやします。

さし木でふやす 台木をつくる

　2月中旬（春ざし）と6月下旬〜9月（夏ざし）が適期。春ざしには前年枝〜3年枝の充実した部分を、夏ざしには新梢（しんしょう）の充実した部分を用います。

　春は暖かいところに、夏は半日陰に置き、乾かさないように管理します。

　そのまま肥培して翌年の秋に移植します。2〜3年枝をさし穂に用いれば、1年で台木に利用できます。

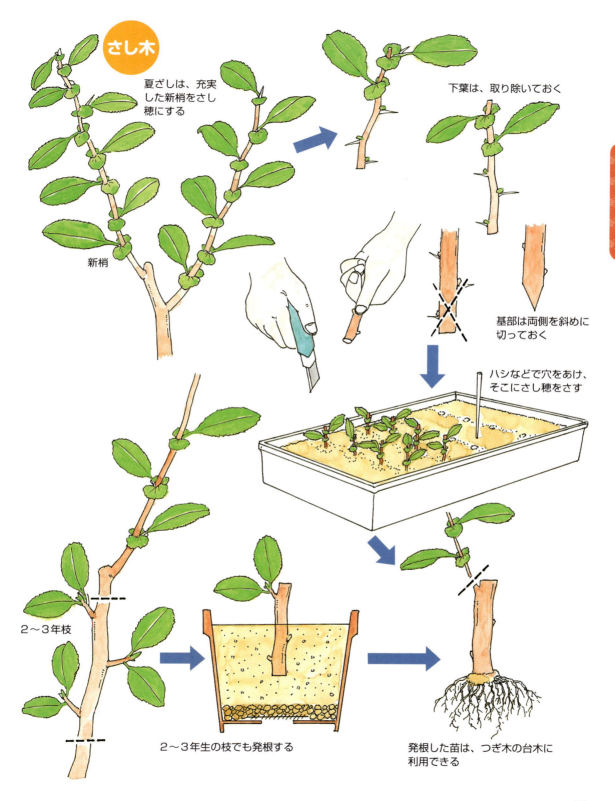

落葉樹 — ボケ

つぎ木でふやす

切りつぎ

3月に前年枝の充実した部分を用いて、切りつぎします。台木には、実生かさし木1～3年生の苗木を利用します。

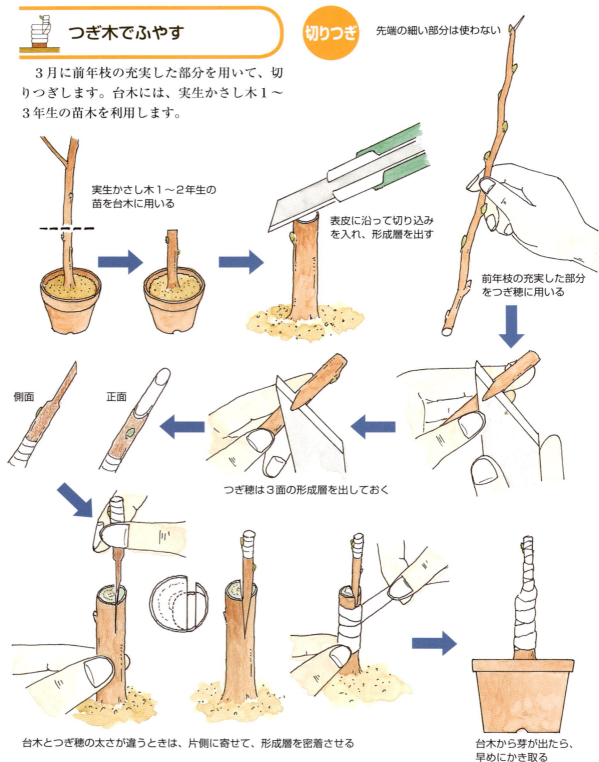

- 先端の細い部分は使わない
- 実生かさし木1～2年生の苗を台木に用いる
- 表皮に沿って切り込みを入れ、形成層を出す
- 前年枝の充実した部分をつぎ穂に用いる
- 側面
- 正面
- つぎ穂は3面の形成層を出しておく
- 台木とつぎ穂の太さが違うときは、片側に寄せて、形成層を密着させる
- 台木から芽が出たら、早めにかき取る

とり木でふやす

ボケは株立ち性で、盛り土法によるとり木ができます。細根が出たら、親株から切り離します。

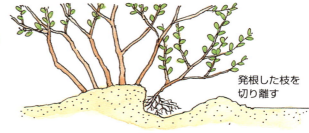

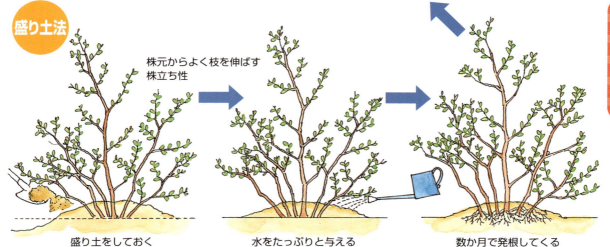

落葉樹 ボケ

 ## 実生で台木をつくる

11月ごろ、実が黄色く熟してきたら採り、種を取り出します。採りまきにするか、乾かさないようにビニール袋に入れて冷蔵庫で保存し、3月にまきます。本葉が4～5枚開いてきたら、薄い液肥を施します。翌年の春に移植します。

ボケの実

赤い実が愛らしい
マユミ
檀、真弓、ヤマニシキギ

ニシキギ科ニシキギ属／落葉低木（高さ1〜5m）

各地の山野に自生しています。弓の素材に使われたところから、この名前がつけられました。この木の魅力は、秋の紅葉とともに、淡紅色の実が4つに裂けて赤い仮種皮に包まれた種子を露出させている姿です。マユミは雌雄異株で、実は雌木につきます。実のつきかたを確認して、苗木を選ぶようにしましょう。

栽培カレンダー

月	状態	管理	繁殖作業	肥料	ポイント
1		剪定			剪定は、不要な枝を整理する程度で十分
2		剪定	植えつけ	施肥	
3			さし木・実生・根伏せ		
4	開花		とり木		
5	開花		とり木		
6			さし木		
7			さし木		
8				施肥	
9	熟期				
10	熟期		実生		
11	熟期		植えつけ		
12		剪定			

手入れのしかた

　植えつけや移植の適期は、11〜12月か2〜3月です。植え場所は日当たりと水はけのよいところを好みます。樹勢が強いので、土質はとくに選びません。実を多くつけさせるには、日当たりのよいことが大切です。

　そのまま伸びるに任せても、あまり樹形は乱れません。落葉期に不要な枝を整理して、樹冠内への採光と通風を図る程度で十分です。

　実生やさし木、とり木、根伏せなどでふやせます。

実生でふやす

　10月ごろ、実が熟し、半分くらい裂けて開いたら採取します。赤い仮種皮を洗い流して種を出します。

　採りまきにするか、乾かさないようにビニール袋に入れて冷蔵庫に保存し、翌春3月にまきます。

　マユミは雌雄異株です。3年目の開花期に雌木を選びます。

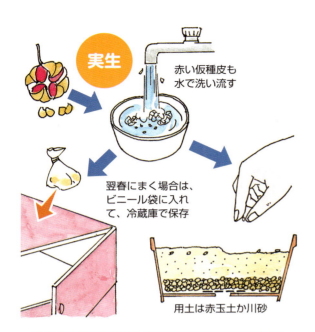

根伏せでふやす

　3月に株元を掘り、四方へ伸びている直径1cmくらいの根を15〜20cmの長さに切って、根元のほうを上にして、2cmくらい表面に出る程度にさします。

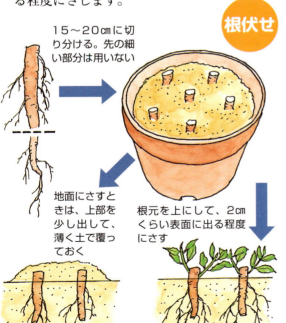

  さし木でふやす

　2〜4月中旬（春ざし）と6〜8月（夏ざし）が適期。春ざしには前年枝の充実した部分を、夏ざしには充実した新梢を用います。葉を3〜5枚つけて（大きい葉は半分に切る）さし穂をとり、数時間水あげしてからさします。春ざしは暖かいところに、夏ざしは半日陰に置き、発根してきたら、徐々に日当たりに慣らしていきます。

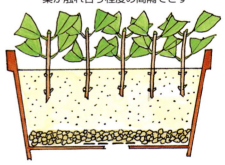

落葉樹　マユミ

  とり木でふやす

　4〜6月が適期です。環状剝皮して、圧条法で行います（31ページ参照）。

87

盛夏に次々と花を咲かせる
ムクゲ
木槿、キハチス

アオイ科ヒビスクス属／落葉低木（高さ3〜4m）

中国原産。花は朝咲いて、夕方にはしぼむ一日花ですが、次から次へと花をつけます。夏から秋にかけて、ハイビスカスに似た美しい花を長期間楽しめます。花色も白やピンク、紫、白の中心に赤が入るものなど多彩です。

栽培カレンダー

月	状態	管理	繁殖作業	肥料	ポイント
1		剪定			樹勢が強く、日当たりと水はけがよければ、やせ地でも育つ
2		剪定		施肥	
3			植えつけ／さし木／実生		
4					
5					
6			さし木		
7	開花		さし木		
8	開花		さし木		
9				施肥	
10			実生		
11			実生		
12		剪定			

手入れのしかた

植えつけや移植は、3〜4月上旬が適期です。樹勢が強く、日当たりと水はけがよいところであれば、あまり土質は選ばず、多少のやせ地でもよく育ちます。

花芽は春から伸びる枝の節につけ、下から上へと次々に咲いていきます。冬の間にどの枝を切っても花芽を切り落とす心配はありません。

実生かさし木でふやします。芽の出る力が強いので、さし木で容易にふやせます。

さし木でふやす

3月（春ざし）と6〜8月（夏ざし）が適期。春ざしには前年枝の充実した部分を、夏ざしには充実した新梢(しんしょう)をさし穂に用います。夏ざしの場合は半日陰に置いて、遮光します。新芽が伸びはじめたら、徐々に外気に慣らしていきます。翌年の春に移植します。

フヨウも同属の植物

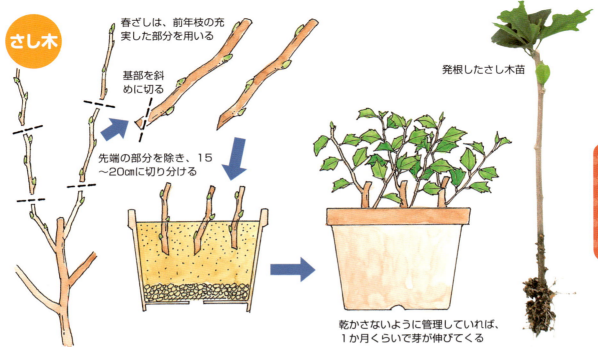

実生でふやす

10月ごろ、実が黄茶色に色づきはじめたら摂取します。さやごと手でもみほぐして種を出します。採りまきにするか、乾かさないように種をビニール袋に入れて冷蔵庫に保存し、3月にまきます。

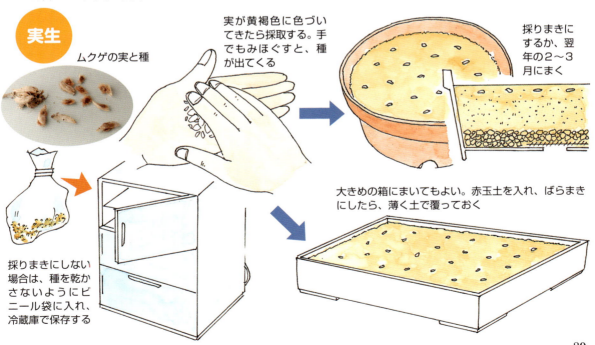

そよ風にゆれる姿が春を呼ぶ
ヤナギ／シダレヤナギ 柳／枝垂柳

ヤナギ科ヤナギ属／落葉高木（高さ8〜20m）

ヤナギはヤナギ属の総称です。もっとも親しまれているのがシダレヤナギ。長く垂れ下がった枝が風にゆれる姿は、春の季節感をよく表わします。ウンリュウヤナギは枝がねじれながら上に伸びます。最近人気の「ハクロニシキ」はイヌコリヤナギの変種。新梢が帯紅色から白色になります。ほかにも、花の美しいネコヤナギなど多くの種があります。

栽培カレンダー

月	状態	管理	繁殖作業	肥料	ポイント
1		剪定／植えつけ			落葉期に剪定し、その枝をさし穂に用いる。ほかの時期でもさし木はできる
2	開花・芽吹き	剪定／植えつけ	さし木	施肥	
3	開花・芽吹き		さし木		
4	開花・芽吹き				
5					
6					
7					
8					
9					
10					
11					
12		剪定／植えつけ			

手入れのしかた

植えつけや移植は落葉期の12〜3月中旬が適期です。植え場所は日当たりがよく、腐植質に富み、適度に湿潤なところを好みます。

剪定も落葉期の12〜3月中旬が適期です。枝の切り詰めや、込み合った部分の枝抜きをします。よく枝を伸ばすので、大きく切り詰める強剪定ができます。

ふやし方は、さし木が容易です。

さし木でふやす

生命力が旺盛で、小枝を切って水につけておけば、すぐに発根するといわれているくら

シダレヤナギのさし穂　　ヤナギのさし穂

いです。一般的には2～3月に、剪定枝を利用した休眠枝ざしを行いますが、ほかの時期でも容易に発根します。赤玉土などのさし床にさしますが、水ざしもできます。

鮮やかな黄色い花がまぶしい
レンギョウ
連翹、レンギョウウツギ

モクセイ科レンギョウ属／落葉低木（高さ2〜3m）

中国原産。春、葉が出る前に花冠が4つに裂けた鮮黄色の花を枝一面に咲かせます。開花時は周りを明るい雰囲気に包みます。花が下向きに開くシナレンギョウ、花がやや大きめのチョウセンレンギョウ、わが国に自生するヤマトレンギョウなどがあります。

栽培カレンダー

月	状態	管理	繁殖作業	肥料	ポイント
1		剪定			剪定時に、あまり短く切り詰めると、花数が少なくなるので注意
2			株分け・とり木／さし木／植えつけ		
3	開花				
4	開花	剪定		施肥	
5		剪定		施肥	
6			さし木		
7			さし木		
8			さし木		
9				施肥	
10					
11					
12		剪定	植えつけ		

手入れのしかた

植えつけや移植は12月と2〜3月が適期です。植え場所は日当たりと水はけがよく、肥沃なところを好みます。樹勢が強いので土質はとくに選びません。

花芽は新梢の各葉腋につきます。放任すると枝がつるのように伸びて、からまってきます。切り詰めて樹形を整えますが、あまり短く切ると花が少なくなります。剪定は花の終わった直後か12〜1月に行います。

さし木が容易です。株分けやとり木でもふやせます。

さし木でふやす

2〜3月（春ざし）と6〜8月（夏ざし）が適期。春ざしには前年の充実した枝を、夏ざしには充実した新梢を用いますが、太枝でもよく発根します。15〜20cmの長さに切り、数枚の葉を残して下葉は取り除きます。十分に水あげしてから、赤玉土などのさし床にさします。

半日陰で乾かさないように管理します。発根したら徐々に日当たりに慣らしていき、薄い液肥を施します。水ざしもできます。

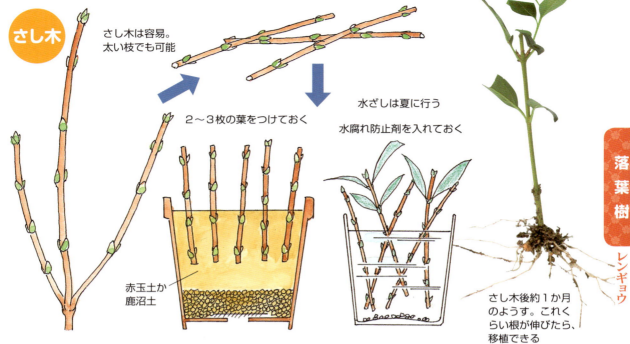

落葉樹 レンギョウ

株分け・とり木でふやす

２～３月が適期。株立ち状になるので、根のある枝を切り離して植えつけます。

また、枝が土に接すれば発根します。盛り土法でとり木をしてもよいでしょう。

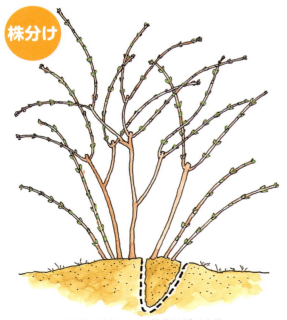

落葉樹 ── その他の落葉樹

ウメモドキ 梅擬

モチノキ科モチノキ属／落葉低木（高さ1〜3m）

枝一面につけた赤い実は、霜とともに輝きを増し、冬の庭を彩ってくれます。雌雄異株。実を楽しむには雌木を選ぶようにします。仲間にモチノキやソヨゴなどがあります。植えつけは落葉後の11〜3月、整枝は2〜3月が適期。ふやし方は、実生が容易です。実が赤く色づきはじめたら採種し、取りまきか翌春にまきます。実生3年くらいで開花がみられます。雌雄を選別し、雄の苗はつぎ木の台木に利用します（P.132のモチノキ参照）。

エニシダ 金雀枝

マメ科エニシダ属／落葉低木（高さ1〜3m）

ヨーロッパ原産。4〜5月ごろ蝶形の黄色い小花を枝いっぱいに群がって咲かせます。紅花や白花など園芸種も多くあります。植えつけは4〜5月上旬と9〜10月が適期。放任しておくと枝が下垂して樹形を乱します。花後に整枝剪定を。一般的にはさし木でふやします。3〜4月、6〜8月が適期。春ざしは前年枝、夏ざしは充実した本年枝をさし穂に用います。実生、株分けも可能です。

カイドウ・ハナカイドウ 海棠・花海棠

バラ科リンゴ属／落葉小高木（高さ2〜4m）

リンゴの仲間。実を楽しむミカイドウもありますが、ふつうカイドウといえば、ハナカイドウをさします。明るい紅色の花が枝一面に垂れ下がって咲く姿が、中国では美人の形容にされたりします。植えつけは12〜3月が適期。整枝、剪定は11月下旬〜2月が適期。花芽を確認し、樹形を整えます。ふやし方は、つぎ木が一般的です。マルバカイドウのさし木1〜3年生の苗を台木に用います。適期は1〜3月（P.166のリンゴ参照）。

キングサリ 金鎖

マメ科キングサリ属／落葉低木〜高木（高さ5〜10m）

初夏に、鮮黄色の蝶形花が房状に長く垂れ下がる姿は華麗、フジが咲いたように見えるところからキバナフジの別名があります。植えつけは2〜3月が適期。移植を嫌うので植えつけ場所の検討を。花芽は充実した短枝につくられます。落葉期に長枝を切り詰め、短枝をふやすと花つきがよくなります。ふやし方は、さし木が一般的です。2月、剪定で切り落とした長枝の充実している部分を15〜20cm切ってさし穂に利用します。

サンシュユ 山茱萸

ミズキ科ミズキ属／落葉中高木（高さ2〜5m）

早春に、黄金の花で株を埋めつくすところからハルコガネの別名もある、春を代表する花木。植えつけは厳寒期を除く落葉期であれば行えます。整枝も落葉期が適期です。ふやし方は実生、つぎ木が一般的です。実は、10月になれば赤熟します。採取し、果肉を洗い流し、採りまきするか、乾燥しないように翌春まで保存してまきますが、発芽まで2年要します。つぎ木は2〜3月が適期。実生2〜3年生の苗を台木に利用します。

スモークツリー

ウルシ科ハグマノキ属／落葉小高木（高さ1～3m）

花後に花柄が糸状に伸びて、枝先に群がり煙状になる姿からきた名。雌雄異株で、煙ができるのは雌株のみ。雄株は開花しても花柄が伸びません。葉色や樹高の異なる多くの品種があります。植えつけは3～4月上旬が適期。剪定は花後すぐに切り戻すか、落葉期に枝を整理し、樹形を整えます。ふやし方は実生が一般的です。7月ごろ花柄の先に結実した実を採りまきします。ウルシの仲間に弱い人は扱いに気をつけます。

ドウダンツツジ <small>灯台躑躅、満天星躑躅</small>

ツツジ科ドウダンツツジ属／落葉低木（高さ1～3m）

春、つぼ状の小花を樹冠いっぱいに咲かせている姿は愛らしい。秋の紅葉も見事。紅花種などもあります。植えつけは厳寒期を除く11月中旬～4月上旬まで行えます。紅葉を楽しみたいときは花後すぐに刈り込みをします。落葉期に間引き剪定をして樹形を整えます。ふやし方はさし木を行います。3～4月と6～8月が適期です。春ざしは前年枝の充実した枝、夏ざしは新梢が充実したころの枝をさし穂に用います。

トサミズキ／ヒュウガミズキ <small>土佐水木／日向水木</small>

マンサク科トサミズキ属／落葉低木（高さ1～3m）

葉の開く前に、黄色い小花を7～8個穂状に垂れ下げて咲く早春の代表的花木。ヒュウガミズキはトサミズキに比べ全体に小形で、根元から枝を叢生し、株立ち状になります。植えつけは厳寒期を除き、落葉している12～3月が適期。開花中でも可能です。放任すると地際からたくさんの枝を伸ばします。1～2月に不用な枝は整理し、樹形を整えます。ふやし方はつぎ木が一般的です。3月中～下旬、6月中旬～7月、9月が適期です。

ノウゼンカズラ <small>凌霄花</small>

ノウゼンカズラ科ノウゼンカズラ属／落葉つる性木本

猛暑の中で咲く数少ない花木。下垂した枝先にラッパ状のオレンジ色の花を咲かせます。一日花ですが、枝のつけ根から次々と咲き、夏中楽しませてくれます。茎から付着根を出し、ほかのものに絡みつきながら伸びていきます。植えつけは、3～4月上旬が適期。整枝剪定は、落葉期の12～3月上旬。込み合った小枝はすべて切り取ります。ふやし方は、さし木が容易です。3～4月上旬、6月中旬～7月上旬が適期です。

バイカウツギ <small>梅花空木</small>

ユキノシタ科バイカウツギ属／落葉低木（高さ2～3m）

5～6月ころ、香りのよいウメに似た4弁の白花を房状に咲かせます。大輪種や八重咲き種など園芸品種なども多数あります。植えつけは厳寒期を除く11～3月が適期。半日陰にも耐えます。放任しても樹形は整います。落葉期に、徒長枝や込み合った部分を整枝します。ふやし方は、さし木が容易です。3～4月上旬、6～7月が適期です。春ざしは前年に伸びた充実した枝を、夏ざしは本年生の充実した枝をさし穂に用います。

落葉樹　その他の落葉樹

95

落葉樹 ── その他の落葉樹

ハギ 萩

マメ科ハギ属／落葉低木（高さ1〜2m）

身近な山野に生えており、秋の七草として親しまれている花木。植えつけは12〜3月中旬が適期。地中での芽の動きが早いので、春先の植えつけは早めに。ハギの魅力はしなやかに伸びた新枝に花を咲かせている姿にあります。枝数が多くなり、株が雑然としてきたら適宜間引いてやります。株分けとさし木でふやします。さし木は3月と6〜7月上旬が適期です。春ざしは前年枝、夏ざしは本年生枝の充実した枝をさし穂に用います。

ハナズオウ 花蘇芳

マメ科ハナズオウ属／落葉低木（高さ2〜4m）

葉に先立って、枝一面に紫紅色の花で株を埋めつくし、周囲を明るくしてくれます。花はマメ科らしく蝶形。植えつけは厳寒期を除く、11月中旬〜3月中旬が適期。整枝は12〜2月。花芽を確認し、樹形を整えます。ふやし方は実生がふつうです。10月ごろ褐色に色づきはじめたさやをもぎ取り、3日くらい陰干しして種を取り出します。採りまきにするか、乾かさないようにビニール袋に入れて冷蔵庫で保存し、翌春まきます。

ブッドレア

フジウツギ科フジウツギ属／落葉低木（高さ2〜4m）

夏から秋にかけて、枝先に甘い香りのする花房をつぎつぎと咲かせます。花色は紫のほか、紅、白など園芸種もあります。植えつけは、厳寒期を除く11〜3月が適期。花がらは早めに切り取るようにし、落葉期の11月下旬〜3月に強剪定を行い、樹形を整え、新しい枝を伸ばすようにします。ふやし方はさし木が容易です。3〜4月、5〜8月が適期。春ざしは前年枝の充実した枝。夏ざしは新梢の充実した枝を用います。

ベニバナトチノキ／トチノキ 紅花栃／栃

トチノキ科トチノキ属／落葉高木（高さ10〜15m）

マロニエとアメリカ原産のアカバナアメリカトチノキの交配種。5〜6月、枝先に朱紅色の小花を多数穂状に咲かせます。トチノキは各地に自生し、食用に利用されていました。植えつけは、厳寒期を除く11〜3月中旬が適期。整姿は落葉期。ベニバナトチノキはつぎ木でふやします。トチノキの実生2〜3年生苗を台木にします。適期は2〜3月。トチノキの実生は10月ごろ実が褐色に色づいたら採取し、採りまきします。

ボタン 牡丹

ボタン科ボタン属／落葉低木（高さ1〜2m）

華やかな花容から「百花の王」といわれています。花色は多彩で、花形も変化に富み、多数の園芸品種が作出されています。植えつけは、9月下旬〜11月上旬が適期。花が終わったら、花がらを早めに切り取っておきます。特に整枝の必要はありません。冬期に花芽のない小枝や不要枝を整理する程度です。つぎ木、株分けでふやします。つぎ木はボタンの実生苗やシャクヤクの根を台木に用います。8月下旬〜9月中旬が適期です。

マンサク <small>満作、万作</small>

マンサク科マンサク属／落葉低木〜小高木（高さ1.5〜6m）

早春に葉に先立って、黄色のちぢれたような花弁の花が群がって咲きます。紅花をはじめ園芸種もいろいろあります。植えつけは、11月下旬〜厳寒期を除き花が終わるころまでが適期です。放任しても樹形は整いますが、年々株が大きくなります。12〜1月に整枝、剪定します。実生、つぎ木でふやします。つぎ木は2〜3年生の苗を台木に用います。適期は2〜3月。実生は10月に種を採取し、採りまきか翌春にまきます。

ムラサキシキブ／コムラサキ <small>紫式部／小紫</small>

クマツヅラ科ムラサキシキブ属／落葉低木（高さ2〜3m）

秋に光沢のある小さな紫の実を、枝一面につけた姿には風情があり、紫式部にたとえられた木の名です。庭木としては、ムラサキシキブより全体に小ぶりで、実つきのよいコムラサキが多く植栽されています。植えつけは、厳寒期を除く11月〜3月が適期。放任しても樹形はある程度は整います。一般にさし木、実生でふやします。さし木は3月の春ざしと5〜9月の夏ざしが適期です。実生は、10月に熟した実を採取します。

ライラック <small>紫丁香花</small>

モクセイ科ハシドイ属／落葉低木〜小高木（高さ2〜6m）

リラの名で親しまれている花木。リラは仏名で、英名がライラック。和名はムラサキハシドイ。4〜5月に咲く花には芳香があります。植えつけは、落葉期の11〜2月中旬が適期。放任すると雑然とした株になります。落葉期の12〜2月に花芽を確認し、間引き剪定をして樹姿をととのえます。一般的にはつぎ木でふやしています。適期は2〜3月。台木には繁殖の容易なイボタノキの実生か、さし木1〜2年生苗を用います。

ロウバイ <small>蠟梅</small>

ロウバイ科ロウバイ属／落葉低木（高さ2〜3m）

春に先駆けて、黄色の蝋細工のような香りのよい花を咲かせます。ロウバイは内弁が暗紫色で花は小さく、ソシンロウバイはロウバイより大きく花全体が黄色です。植えつけは、厳寒期を除く11月下旬〜3月が適期。放任しても樹形は整います。11〜12月に花芽のない枝を切り詰め、不要枝を整理し、樹姿を整えます。ふつうはつぎ木でふやします。適期は2〜3月。2〜3年生の実生苗を台木に用います。実生は8月に熟果を採取します。

落葉樹　その他の落葉樹

ライラックの品種「レッドピクシー」

落葉樹

章末コラム
「育種の父」ルーサー・バーバンクの偉業❶

● バーバンク・ポテト

　どこの研究機関にも属さず、数々の有用植物を世に送り出すことに心血を注いだ、ルーサー・バーバンクという民間育種家がいます。

　1849年、マサチューセッツ州に生まれた彼は、母の家のジャガイモ畑で1個の果実を見つけました。当時、その地方で広く栽培されていた「アーリー・ローズ」という品種で、気候の関係上、絶対に種ができないといわれているものでした。

　ちょうど「もう少し優良な品種はないものか」と考えていた彼は、その果実に入っていた23個の種を実生してみました。1872年のことです。

　進化論で有名なチャールズ・ダーウィンの「すべての生物は小さな変化によって段階的に進化したものであり、種は固定的ではなく不安定である。種は環境の変化の影響を大きく受け、変幻自在である」という考えに大きな感銘を受けていた彼は、何か変わった個体が得られるのではないかと、期待しながら種をまいたのでした。

　秋には収穫できましたが、彼の予想をはるかに超えた、異形のイモがついていたのです。ある株には奇妙な小型のイモ、ある株には芽が深くくぼんだ大型のイモ、そのほかにも皮が紅色のものやざらざらのもの、こぶが一面にできたものなど千差万別でした。

　それらの中に、一見してすばらしいと思えるものが2株ありました。いずれも大型で皮が白く、その表面は滑らかで均整がとれており、彼がこれまで見たこともない優良なイモでした。

　彼はこれらを種イモとして栽培を繰り返し、大きさがそろっていて収穫量も多く、親種をはるかにしのぐすばらしい形質を持っていることを確かめました。このジャガイモは「バーバンク・ポテト」と名づけられ、世界中の食料問題の解決に大きな役割を果たしました。

　彼は、このイモの権利を売ったお金で植物の育種に適したカリフォルニア州に移住し、本格的な植物の改良に取り組みはじめます。

● 核なしプラム

　フランスに核のないプラムがあることを知った彼は、それを取り寄せてみました。ところがその木は貧弱で実もツルコケモモのように小さく、おまけにひどく酸味が強くて、生どころか煮ても食べられないようなものでした。そのうえ、核も不完全ながら残っていたのです。

　それでも彼は、核をなくすことを目ざし、ほかの優良品種との交配・選抜を繰り返して、15年後に完全な核なしプラム「コンケスト」を世に送り出しました。核のないプラムに世界の園芸界は驚きを隠せませんでしたが、実際にこの品種が広まることはありませんでした。残念ながら外観や味がよくなくて、珍しいだけに終わってしまったのです。

　彼は、核なしプラムと並行して、ふつうのプラムの育種も行っています。アメリカをはじめ、ヨーロッパや日本、中国などからさまざまな品種を取り寄せて、交配・選抜を繰り返し、「サンタ・ローザ」「ビューティー」などを生み出しました。これらは私たちにもおなじみの品種です。ちなみに「サンタ・ローザ」は彼の農場のあるカリフォルニア州の地名です。なお、日本から送られたのは「ケルセイ」「サツマ」などのスモモの品種で、彼の育種に大きな役割を果たしました。

● プラムコット

　プラムコットは、プラム（スモモ）とアプリコット（アンズ）の雑種です。1900年代の初頭では絶対不可能といわれていた種間雑種をつくり出すことに、彼は挑戦しました。

　失敗の連続に、一時は根気強い彼でさえあきらめかけたほどでした。しかし、その彼を救ったのは日本のスモモ「サツマ」でした。彼は、「サツマ」とさまざまなアンズを交配して、たくさんの実を採ることに成功したのです。

　この成功に気をよくした彼は、さらに交配・選抜を繰り返し、「ルットランド」「エイベックス」「トライアンフ」などの品種を生み出しました。

　これらは日本の果樹カタログにも紹介されることがあります。私もわがミニ果樹園で、ユスラウメにつぎ木して栽培しています。その実はスモモとアンズの両方のよさを持ち合わせたまろやかさがあり、とてもおいしいものです。ただ、実のつきが悪いなどの欠点もあるので、さらに品種改良が望まれるところです。育種を志す人にとっては、格好の素材といえるでしょう（142ページに続く）。

3章
常緑樹のふやし方

日陰に強い常緑樹
アオキ
青木、アオキバ

ミズキ科アオキ属／常緑低木（高さ1〜2m）

葉だけでなく、幹も枝も一年中青々としているところから、この名前がつけられました。耐陰・耐寒性があり、大気汚染にも強いので、日陰の植栽には欠かせない木のひとつです。雌雄異株。雌木は晩秋から冬にかけて艶やかな赤い実をつけ、冬枯れの庭に彩りを添えてくれます。白や黄色の斑が入った品種などがあります。

栽培カレンダー

月	状態	管理	繁殖作業	肥料	ポイント
1			実生	とくに必要ない	日陰で腐植質に富み、湿り気のあるところを好む
2	熟期		実生		
3		剪定	さし木・つぎ木		
4	開花	植えつけ	さし木・つぎ木		
5	開花	植えつけ			
6			さし木・つぎ木		
7			さし木・つぎ木		
8			さし木・つぎ木		
9		植えつけ			
10		植えつけ			
11	熟期				
12	熟期		実生		

手入れのしかた

植えつけや移植は暖かくなった4月中旬〜5月と9〜10月が適期です。植え場所は日陰で腐植質に富む、やや湿り気のあるところが適しています。著しく乾燥するところは避けます。日なたでも育ちますが、日陰のほうが葉色が美しく出ます。

そのまま伸びるに任せても樹形は自然に整います。剪定は長すぎる枝を切り詰め、込み合った部分を間引く程度でよいでしょう。適期は芽吹き前の3月です。

実生、さし木、つぎ木でふやします。

実生でふやす 台木をつくる

実は12月ごろから赤く熟し、開花期の4〜5月ごろまで木に残っています。熟しはじめから3月ごろまでに採取し、果肉を洗い流して種を出したら採りまきにします。

霜や寒害に遭わないよう暖かいところに置き、乾かさないように管理して、翌春に移植します。

ただし、実生では親の形質がそのまま伝わることがないので、斑入り種はさし木かつぎ木でふやすようにします。

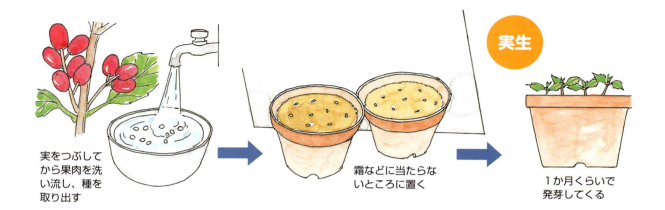

実をつぶしてから果肉を洗い流し、種を取り出す

霜などに当たらないところに置く

1か月くらいで発芽してくる

実生

 ## さし木でふやす

3〜4月(春ざし)と6〜9月(夏ざし)が適期。春ざしには充実した前年枝を、夏ざしには充実した新梢を用います。斑入り種は斑がきれいに出ている部分を用います。雌雄異株なので、実を楽しむ場合は実つきのよい雌木からさし穂を選びます。

 ## つぎ木でふやす

3〜4月と6〜9月に切りつぎをします。台木には、生育旺盛な青葉種の実生やさし木の1〜2年生苗か、斑入り種を実生して斑が出なかったものを利用すると効率がよいようです。

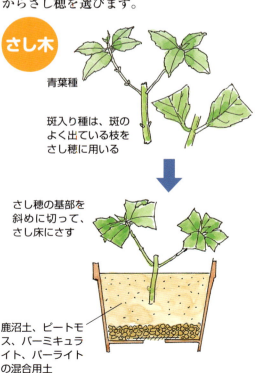

さし木

青葉種

斑入り種は、斑のよく出ている枝をさし穂に用いる

さし穂の基部を斜めに切って、さし床にさす

鹿沼土、ピートモス、バーミキュライト、パーライトの混合用土

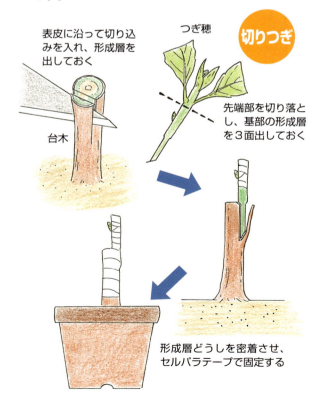

切りつぎ

表皮に沿って切り込みを入れ、形成層を出しておく

台木

つぎ穂

先端部を切り落とし、基部の形成層を3面出しておく

形成層どうしを密着させ、セルパラテープで固定する

常緑樹 アオキ

イチイ

キャラ

針葉群に存在感が
イチイ・キャラ

一位、アララギ、オンコ
伽羅、キャラボク

イチイ科イチイ属／常緑高木（高さ10〜15m）

イチイは寒い地方によく植えられています。キャラはイチイの変種。東北以南の都市部でよく見られます。イチイは一本立ちで高木になるのに対し、キャラは株立ちで横に広がる低木です。葉もイチイは枝の左右に2列につきますが、キャラはらせん状に四方につくので、容易に区別できます。

栽培カレンダー

月	状態	管理	繁殖作業	肥料	ポイント
1					芽の出る力が旺盛なので、強い刈り込みができる
2			さし木／実生	施肥	
3			植えつけ		
4			植えつけ		
5	葉の更新				
6	葉の更新	剪定	さし木		
7		剪定	さし木		
8				施肥	
9	熟期		植えつけ／さし木／実生		
10	熟期		植えつけ／さし木／実生		
11		剪定			
12		剪定			

手入れのしかた

植えつけは3〜5月下旬と9〜11月が適期です。半日陰でも育ちますが、なるべく日当たりと水はけのよい、腐植質に富んだ肥沃なところに植えます。

芽の出る力が旺盛で、強い刈り込みができます。年2回、6月下旬〜7月と11〜12月に刈り込んで剪定します。

さし木、実生でふやします。雌雄異株なので実を楽しみたいときは、雌株をふやすようにします。

さし木でふやす

2〜3月の春ざし、6月中旬〜7月中旬の夏ざし、9〜10月の秋ざしがあります。春ざしには前年枝の充実した部分を、夏ざしと秋ざしには充実した新梢を用います。雌株をふやしたいときは、実のなっていることを確認してさし穂をとります。

風の当たらない半日陰で、乾かさないように管理します。冬は凍害に遭わないように保護して、翌春3月に移植します。

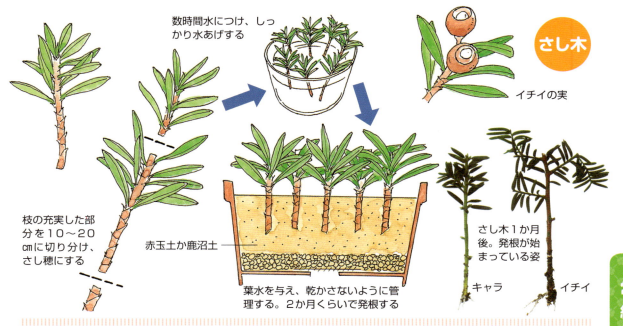

 ## 実生でふやす

実は9月ごろから紅熟しはじめます。実が落ちる前に早めに採取しましょう。遅れると発芽率が悪くなります。採取したら果肉と赤い仮種皮を水洗いして取り除き、採りまきにするか、乾燥しないように湿らせた水ごけなどと混ぜてビニール袋に入れ、冷蔵庫に保存して翌春にまきます。

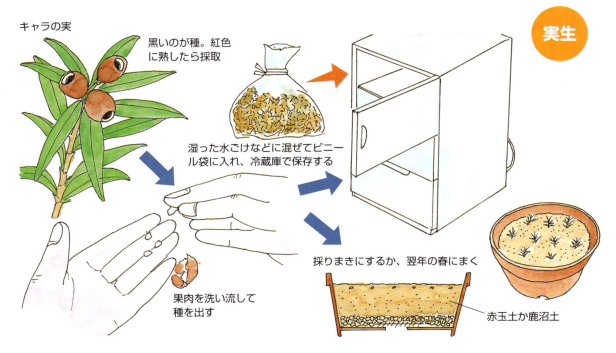

大気汚染に強い庭木
イヌツゲ
犬柘植、犬黄楊

モチノキ科モチノキ属／常緑小高木（高さ1〜6m）

一般にツゲと呼ばれているのは、葉が互生のイヌツゲのことです。ツゲの葉は対生なので容易に判別できます。イヌツゲの名は葉がツゲに似て、材質が劣るところからきています。葉が丸いマメツゲ、フイリイヌツゲ、芽先が黄金色のキンメイヌツゲ、枝が直上するホウキイヌツゲ、実が黄熟するキミノイヌツゲ、赤熟するアカミノイヌツゲなどがあります。

栽培カレンダー

月	状態	管理	繁殖作業	肥料	ポイント
1					こまめに刈り込んで、美しい樹形を維持する
2			実生	施肥	
3		植えつけ	さし木		
4					
5	開花	剪定			
6					
7			さし木		
8					
9		植えつけ			
10	熟期		実生		
11					
12					

手入れのしかた

　樹勢が強く、大気汚染や日陰にも耐えるので庭木として広く利用されています。植えつけは3〜5月上旬と9〜10月が適期です。半日陰を好みますが、日当たりでもよく生育します。土質はとくに選びませんが、根が細かく密生するので、腐植質に富む肥沃なところが適しています。

　こまめに刈り込み、美しい樹形を維持することが大切です。3〜10月に2〜3回は刈り込みを行いましょう。

　実生、さし木で容易にふやせます。

実生でふやす

　10〜11月ごろ、実が黒く熟してきたら採取します。果肉を水洗いして種を出し、採りまきにするか、乾かさないようにビニール袋に入れて冷蔵庫で保管し、2月下旬にまきます。凍害に遭わないように暖かいところで、乾かさないように管理します。発芽したら徐々に日当たりに慣らしていき、肥培（ひばい）します。

　苗が5〜10cmくらいに伸びたら移植します。

イヌツゲの実

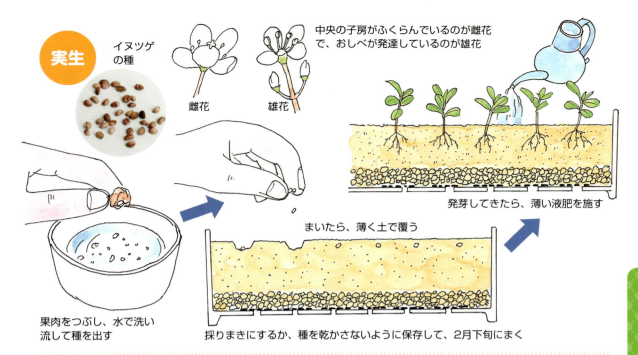

さし木でふやす

3〜4月中旬と6月下旬〜9月が適期。春ざしには前年枝を、夏ざしと秋ざしには充実した新梢を用います。斑入り種などは、その品種の特徴が明らかなものをさし穂に選ぶようにします。

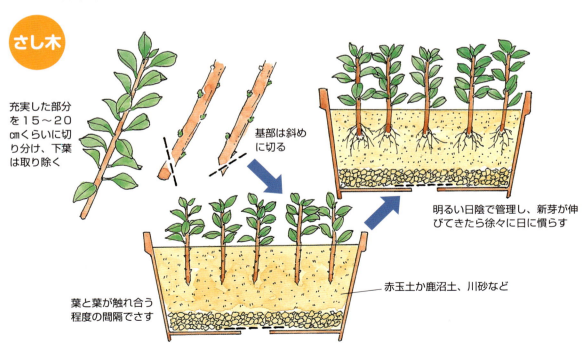

葉にも観賞価値のある果樹
オリーブ
オレイフ、オーレア

モクセイ科オリーブ属／常緑小高木（高さ0.3〜8m）

神話や聖書に登場する木で、葉は平和のシンボルとして親しまれています。春に黄色みを帯びた芳香のある白い小花を咲かせます。葉表は濃緑色、葉裏は銀白色で美しく、観葉樹としても価値があります。果実は緑色から、秋熟すにつれて黄色、黒色と変化します。オードブルやつけ合わせ、また、オリーブ油として食用・薬用などに利用されています。

栽培カレンダー

月	状態	管理	繁殖作業	肥料	ポイント
1			つぎ木		3〜4年に1度、枝抜きと切り詰めをして樹形を整える
2		剪定	つぎ木／さし木	施肥	
3			実生／さし木		
4	開花		植えつけ／さし木		
5	開花		さし木		
6			さし木		
7			さし木		
8			さし木		
9	熟期		植えつけ／さし木		
10	熟期		実生／さし木		
11	熟期		実生／さし木		
12		剪定	さし木		

手入れのしかた

植えつけは、4〜5月上旬と9〜10月中旬が適期です。日当たりと水はけがよく、肥沃で冬の乾いた風を防げるところが適しています。

そのまま伸びるに任せても樹形は整います。内部の細かい枝を整理するくらいで十分です。3〜4年に一度、枝抜きと切り詰めをして樹形を整えます。適期は2〜3月上旬です。

実生、さし木、つぎ木でふやします。

実生でふやす

10月ごろ、実が黒色になりはじめたら採取します。果肉を水で洗い落とし、採りまきにするか、ビニール袋に入れて冷暗所で保存し、3月にまきます。採りまきにした場合は、寒害や凍害に遭わないところに置きます。

春まきは明るい日陰に置き、発芽してきたら徐々に日当たりに慣らしていき、薄い液肥を施して、乾かさないように管理します。翌年の4月に移植します。

さし木でふやす

品種が多く、1000種以上ともいわれています。品種により、発根に難易があります。さし穂には充実した新梢を用います。3〜4月と6〜9月、12月が適期。さし穂が採れたら、試してみてください。

つぎ木でふやす

1〜3月が適期。前年枝の充実した部分をつぎ穂に用いて、実生1〜3年苗を台木にして、切りつぎをします。

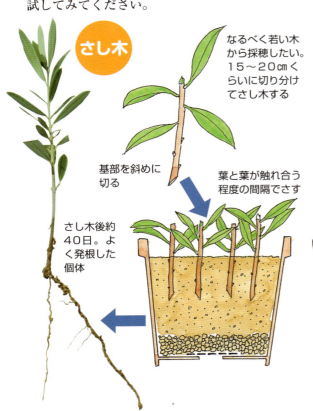

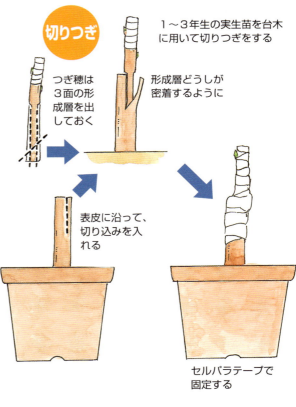

常緑樹 オリーブ

107

盛夏に咲き誇る花木
キョウチクトウ 夾竹桃

キョウチクトウ科キョウチクトウ属／常緑小高木（高さ3〜5m）

花の少ない盛夏、7月から9月過ぎまで花を咲かせ続けます。葉がタケのように細く、花がモモに似ているところから、この名前がつけられました。インド原産。わが国では東北以南で植えられています。花が紅色で八重咲きのヤエキョウチクトウや白色一重のシロバナキョウチクトウなど、園芸品種もいろいろあります。

栽培カレンダー

月	状態	管理	繁殖作業	肥料	ポイント
1					日当たりと水はけがよく、寒風の当たらないところに植える
2					
3			さし木	施肥	
4			さし木・株分け・とり木		
5		植えつけ	とり木・さし木		
6					
7					
8	開花				
9	開花	剪定			
10		剪定			
11				施肥	
12					

手入れのしかた

植えつけや移植は暖かくなる4月中旬〜9月が適期です。暖地性なので、植え場所は日当たりと水はけがよく、寒風の当たらないところが適しています。土質はとくに選びません。

枝が込みすぎた部分は花が終わったあとに剪定し、樹冠（じゅかん）内部の採光と通風を図ります。

株元から多くの枝を伸ばして株立ちになります。株分け、とり木でふやします。さし木も容易です。施肥はとくに必要ありませんが、与える場合は3月か11月ごろに少量すきこみます。

さし木でふやす

3〜4月（春ざし）と6〜9月（夏ざし）が適期です。春ざしには前年枝か2年枝を、夏ざしには充実した新梢（しんしょう）か前年枝を用います。

水ざしも簡単です。5〜7月、水を入れたコップなどにさし穂を入れ、室内の日当たりのよいところに置きます。根が20cmくらいに伸びてきたら土に植えます。

矮性種のさし木苗

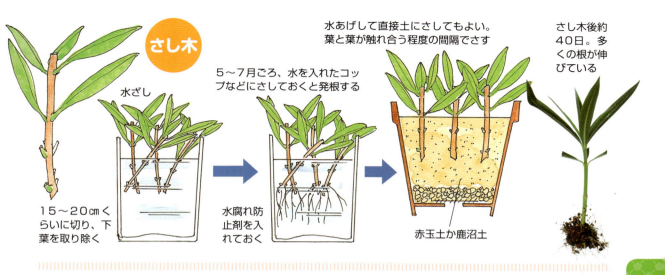

株分け・とり木でふやす

株元から枝が多く伸びて大株になったら、株分けをします。掘り起こして土をできるだけ落とし、2〜3株に分けます。

とり木は、枝を土中に埋めて、盛り土をしておきます。発根したら、切り離して植えつけます。

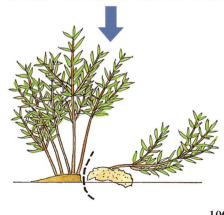

常緑樹 キョウチクトウ

キンモクセイ

ギンモクセイ

芳香のある花木の代表種
キンモクセイ

金木犀、銀木犀（白花種）

モクセイ科モクセイ属／常緑小高木（高さ4～10m）

芳香のある花が咲く木としてよく知られています。街中にいてもキンモクセイの甘い香りが漂ってくると、秋の到来を身近に感じます。中国原産。花が黄金色のキンモクセイがもっとも普及しています。花が白色のギンモクセイ、黄味がかったウスギモクセイなどがあります。

栽培カレンダー

月	状態	管理	繁殖作業	肥料	ポイント
1					開花した枝を2～3節残して切り詰めると、新枝が伸びて花芽がつく
2		剪定		施肥	
3		剪定			
4			植えつけ／とり木		
5			さし木／とり木		
6			さし木／とり木		
7			さし木／とり木		
8			とり木		
9	開花		植えつけ		
10	開花	剪定	植えつけ		
11		剪定			
12					

手入れのしかた

　植えつけの適期は、4～5月上旬と9～10月中旬です。植え場所は日当たりと水はけがよく、肥沃なところが適しています。土質はとくに選びません。剪定は花の終わった直後か2～3月に行います。開花した枝を2～3節残して切り詰めると、4月ごろに新しい枝が伸び、これに花芽がつきます。

　雌雄異株ですが、わが国には雄株が多く渡来しました。ふやすのはさし木、とり木が主になります。施肥は窒素分が多いと花がつかないので要注意。

さし木でふやす

　5月中旬～7月が適期。充実した新梢を選び、15～20cmくらいの長さに切ります。葉を3～5枚くらい残し、下葉は取り除きます。残した葉が大きいときは半分に切ります。

　鹿沼土、バーミキュライト、パーライト、ピートモスの同量混合土を入れたさし床にさし、明るい日陰に置いて、乾かさないように管理します。さし床をビニール袋で覆い、密閉ざしにすると活着しやすくなります。移植は翌年の春に行います。

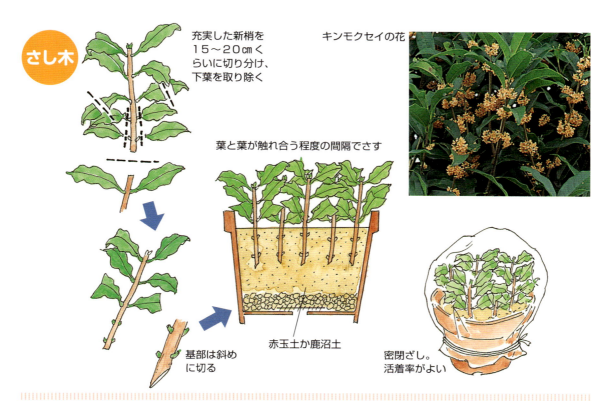

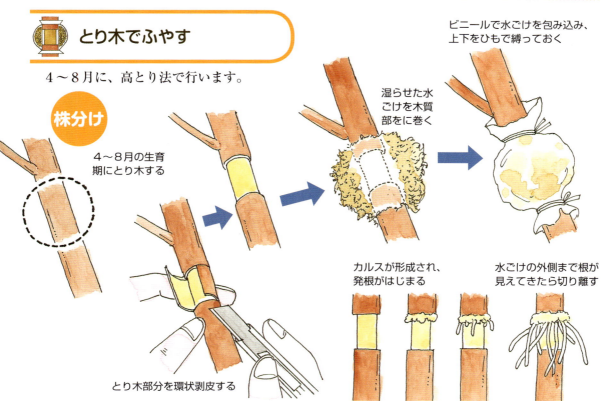

とり木でふやす

4～8月に、高とり法で行います。

甘い香りを放つ花
クチナシ

梔、梔子、山梔子、口無、ガーデニア（西洋クチナシ）

アカネ科クチナシ属／常緑低木（高さ0.2～1m）

初夏、花が少なくなりはじめるころに、甘い香りの花を咲かせます。実が熟しても裂けて開かないところからこの名前がつけられました。秋に橙赤色に熟す実は、薬や染料に利用されています。オオヤエクチナシは八重咲きの大型の花が咲く西洋種。属名のガーデニアで呼ばれ、広く植えられています。

栽培カレンダー

月	状態	管理	繁殖作業	肥料	ポイント
1					葉を食い荒らすイモムシに要注意。見つけしだい捕殺する
2				施肥	
3					
4					
5		植えつけ	とり木・株分け		
6	開花	剪定	さし木		
7					
8		植えつけ	とり木・株分け	施肥	
9					
10	熟期				
11					
12					

手入れのしかた

　暖地性なので、植えつけは暖かい5～6月と8月下旬～9月が適期です。水はけがよくて腐植質に富み、肥沃で湿潤な、寒風が防げるところが適しています。

　剪定は、花が終わったらできるだけ早く行います。クチナシの大敵はイモムシ（オオスカシバというガの幼虫）です。一晩で株を丸坊主にするので、見つけしだい捕殺します。

　さし木、とり木、株分け、実生とどれでもふやせますが、一般的なのはさし木です。

さし木でふやす

　6～8月が適期。充実した新梢（しんしょう）を選び、15～20cmに切ります。葉は3～5枚残し、下葉は取り除きます。残した葉が大きいときは半分に切ります。さし穂は2～3時間水につけ、水あげしてからさします。

　明るい日陰に置き、乾かさないように管理します。新しい芽が動きはじめたら、徐々に日当たりに慣らしていきます。

　冬は寒風の当たらない暖かいところに置きましょう。

　翌年5月に移植します。

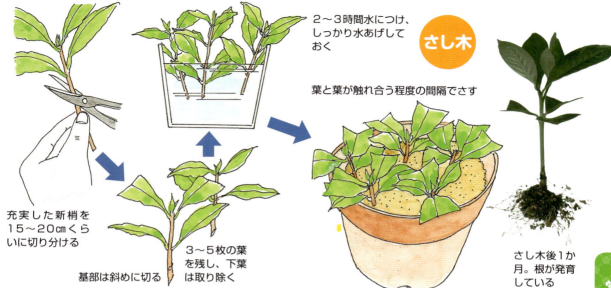

株分け・とり木でふやす

株元から枝を伸ばして株立ちになるので、大きくなったら掘り起こし、2〜3株に分けます。

とり木は、5〜6月と8月中旬〜9月に株元から伸びている枝を曲げて地面に固定し、土を盛っておきます。1か月ほどたって発根したら、切り離して植えつけます。

常緑樹 クチナシ

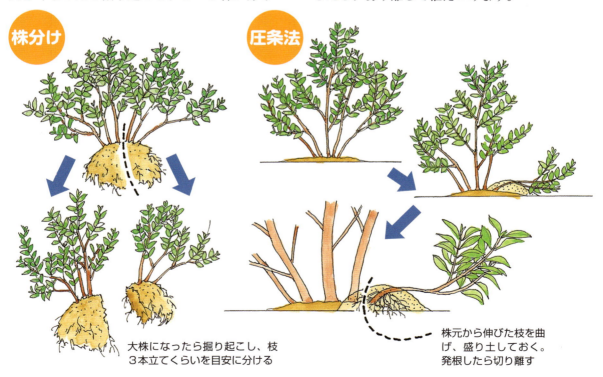

ハーブの代表樹
ゲッケイジュ
月桂樹、ローレル、ベイ

クスノキ科ゲッケイジュ属／常緑高木（高さ5〜12m）

地中海沿岸地方原産。古代ギリシャではこの枝で冠をつくり、競技の勝利者に捧げられました。この風習はいまでも受け継がれています。葉をもむとよい香りがします。香辛料のベイ・リーフはこの乾燥葉です。新梢がかたまる6〜7月に小枝ごと切り取り、日陰につるして干しておけば、一般家庭でも容易にベイ・リーフをつくることができます。

栽培カレンダー

月	状態	管理	繁殖作業	肥料	ポイント
1				とくに必要ない	芽の出る力が強いので、目的に応じた樹形に刈り込むことができる
2			実生		
3			さし木・とり木		
4	開花		植えつけ		
5					
6		剪定	さし木		
7					
8					
9					
10	熟期		実生		
11		剪定			
12					

手入れのしかた

植えつけは、暖かくなった4月中旬〜5月が適期です。日陰でも育ちますが、寒さに弱いところがあるので、冬の寒風が防げ、水はけのよい腐植質に富むところが適しています。

そのまま伸びるに任せても樹形は整います。芽が出る力が強いので、円柱形や長円形など、目的に応じた刈り込みができます。適期は6月と11〜12月です。

さし木、とり木、実生などでふやします。施肥はほとんど不要です。

 ## さし木でふやす

3〜4月（春ざし）と6〜9月（夏ざし）が適期ですが、周年可能です。春ざしには前年枝の充実した部分を、夏ざしと秋ざしは充実した新梢を用います。10〜20cmに切って、さし床にさします。管理は密閉ざしが効率的です。

さし穂

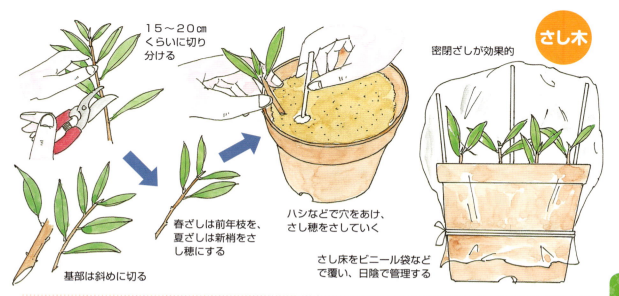

とり木でふやす

株元から枝をよく伸ばします。盛り土をしておき、植えつけの適期4月中旬〜5月に、発根している枝を切り離してとり木します。

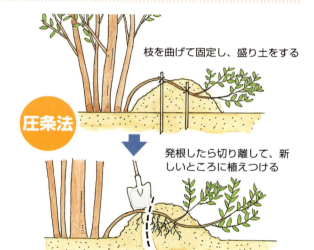

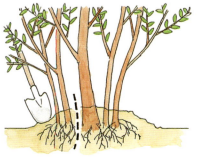

実生でふやす

10月ごろ、実が紫黒色になりはじめたら採取します。果肉を水で洗い落とし、採りまきにするか、乾かさないようにビニール袋に入れて冷蔵庫で保存し、2〜3月中旬にまきます。霜などの寒害や凍害に遭わないようなところに置き、乾かさないように管理します。発芽したら2回くらい液肥を施します。翌年の4月に移植します。

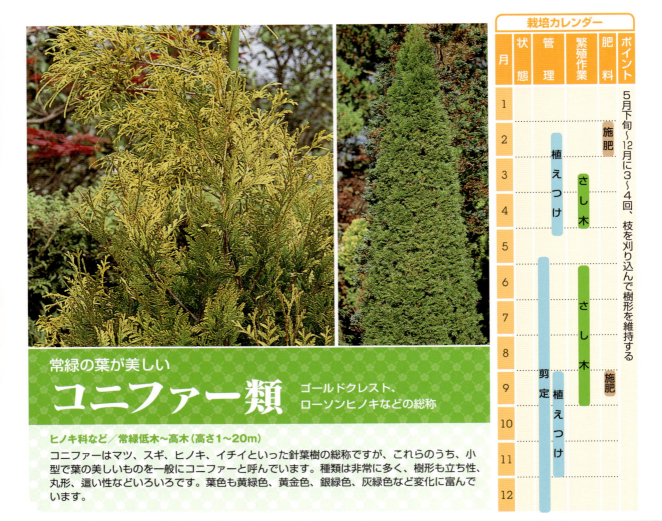

常緑の葉が美しい
コニファー類
ゴールドクレスト、ローソンヒノキなどの総称

ヒノキ科など／常緑低木〜高木（高さ1〜20m）

コニファーはマツ、スギ、ヒノキ、イチイといった針葉樹の総称ですが、これらのうち、小型で葉の美しいものを一般にコニファーと呼んでいます。種類は非常に多く、樹形も立ち性、丸形、這い性などいろいろです。葉色も黄緑色、黄金色、銀緑色、灰緑色など変化に富んでいます。

栽培カレンダー

月	状態	管理	繁殖作業	肥料	ポイント
1					5月下旬〜12月に3〜4回、枝を刈り込んで樹形を維持する
2		植えつけ		施肥	
3		植えつけ	さし木		
4		植えつけ	さし木		
5					
6			さし木		
7			さし木		
8		剪定	さし木		
9		剪定／植えつけ		施肥	
10		植えつけ			
11		植えつけ			
12					

手入れのしかた

　植えつけの適期は、2月中旬〜5月上旬と9〜11月です。植え場所は日当たりと通風、水はけのよいところが適しています。土質はとくに選びません。そのままでも自然に樹形は整いますが、美しい樹形を維持するには、5月下旬〜12月に3〜4回、枝先を刈り込みます。
　いろいろな樹種があり、ふやし方もさまざまです。園芸品種の中にはさし木できないものもありますが、ほとんどのものは可能です。施肥はよほど葉色が悪かったり、樹勢が弱っている場合のみ。ふつうは不要です。

コニファー類

さし穂のつくり方（ニオイヒバ）

❶ニオイヒバの充実した枝を15〜20cmくらいの長さに切り取る

❷下葉を半分くらい切り取っておく

❸残した葉のうち、伸びすぎた部分などを間引く

❹葉のつき具合を考えて、15〜20cmくらいのさし穂にする

❺基部をよく切れるナイフで斜めに切り戻しておく

❻基部の切り口を傷めないようにして、指で土をしっかり押さえておく

常緑樹　コニファー類

さし木でふやす

　3月中旬〜4月（春ざし）と6〜9月（夏ざし）が適期。春ざしには充実した前年枝を、夏ざしには葉肉が厚くしまって充実した新梢をさし穂に用います。15〜20cmくらいの長さに切って、下半分の枝葉を取り除き、切り口をよく切れるナイフできれいに切り戻します。2〜3時間水につけ、しっかりと水あげしてから、さし床にさします。

　風が当たらず、日当たりのよいところに置き、夏は遮光します。乾かさないように管理します。翌年、芽が動きはじめたら少しずつ液肥を施します。2年目の春に移植します。

さし木

2〜3時間水につけ、しっかり水あげしておく

夏は遮光し、乾かさないように管理する

葉と葉が触れ合う程度の間隔でさす

117

芳香木の代表
ジンチョウゲ
沈丁花、リンチョウ

ジンチョウゲ科ジンチョウゲ属／常緑低木（高さ1〜2m）

春、枝先に紅紫色の四弁花がかたまって咲きます。香気の沈香（じんこう）と丁字（ちょうじ）を合わせたほど強く香るところからつけられた名前といわれています。中国原産。雌雄異株ですが、わが国には雄株が多く渡来しました。シロバナジンチョウゲや、葉に斑が入るフイリジンチョウゲなどもあります。

栽培カレンダー

月	状態	管理	繁殖作業	肥料	ポイント
1				施肥	移植を嫌うので、はじめにきちんと植える場所を選ぶこと
2					
3	開花		さし木		
4	開花	植えつけ	さし木		
5		剪定			
6			さし木		
7			さし木		
8			さし木	施肥	
9		植えつけ			
10		植えつけ			
11					
12					

手入れのしかた

　植えつけの適期は、4月と9〜10月です。暖地性なので、寒風が当たらず、日当たりと水はけのよい、腐植質に富んだ肥沃なところが適しています。移植を嫌うので、はじめに植える場所を選びましょう。

　そのまま伸びるに任せておいても樹形をよく整えるので、剪定はほとんど必要ありません。切り詰めたいときは花後に行います。

　移植は嫌いますが、苗はさし木で容易にふやせます。

さし木でふやす

　3〜4月上旬（春ざし）と6月中旬〜9月（夏ざし）が適期です。春ざしは花が終わった直後に花がらをとって、その枝をさし穂にします。夏ざしと秋ざしには充実した新梢（しんしょう）を用います。頂枝でも中間の枝でもかまいません。

　10〜15cmくらいに切り、葉を2〜5枚くらい残して、下葉は取り除きます。1〜2時間水あげをしてからさします。

　明るい日陰に置いて、乾かさないように管理します。新しい芽が動いてきたら徐々に日当たりに慣らしていき、少量ずつ液肥を施し

ます。冬は寒風の当たらない、暖かいところに置きます。翌春の4月に移植します。

さし木

15〜20cmくらいに切り分ける

1時間くらい水あげしておく

天ざしのさし穂

管ざしのさし穂

天ざしでも管ざしでも発根は容易。葉を2〜5枚残し、下葉を取り除く

咲き分け種「源平」
開花時よりつぼみのときのほうが紅白のコントラストが強く、見ごたえがある。赤色が優勢で、ほうっておくとすべて赤色になってしまうのでつねに白色の枝をさし木して、更新する必要がある

鉢底にはゴロ土を入れておく

赤玉土、鹿沼土の単用か、バーミキュライト、ピートモス、パーライトの同量混合土を入れておく

ハシなどで穴をあけ、さし穂をさす

明るい日陰で乾かさないように管理していれば、新芽が伸びてくる

さし木1か月後の発根のようす

常緑樹 ジンチョウゲ

常緑性のヤマツツジ

落葉性のレンゲツツジ

栽培カレンダー

月	状態	管理	繁殖作業	肥料	ポイント
1		落葉植えつけ	実生		根が浅く張り、酸性の土を好む。剪定は、花後なるべく早く行う
2	開花	落葉植えつけ	実生 さし木		
3	開花	常緑植えつけ	さし木		
4	開花	常緑植えつけ	さし木		
5	開花				
6		剪定	さし木	施肥	
7			さし木		
8				施肥	
9		常緑植えつけ			
10		常緑植えつけ	実生		
11		落葉植えつけ			
12					

豊富な品種群
ツツジ／サツキ
躑躅、アザレア（西洋種）／皐月、サツキツツジ

ツツジ科ツツジ属／常緑・落葉低木（高さ0.5〜3m）

わが国はツツジの種類が非常に多く、世界一ではないかといわれています。大きくはヤマツツジやクルメツツジのような常緑性と、レンゲツツジやミツバツツジのような落葉性のグループに分けられます。サツキはツツジの一種。一般に春に咲くのがツツジ、初夏にさくのがサツキというように区別しています。

手入れのしかた

　植えつけは、常緑性のものは3〜6月と9〜11月が、落葉性は落葉期が適期です。植え場所は日当たりと水はけのよいところを選びます。浅根性で酸性の土を好むところから、用土は鹿沼土やピートモスなどがもっとも適しています。

　剪定は、花が終わったらなるべく早く行います。遅れると花つきが悪くなります。

　さし木が容易ですが、落葉性のレンゲツツジやミツバツツジ類は、さし木では発根しにくいので、実生でふやします。

 ## さし木でふやす

　3月中旬〜4月（春ざし）と6〜7月（梅雨ざし）が適期。春ざしには充実した前年枝。梅雨ざしは充実した新梢を用います。絞り花が咲く品種は、絞り花が咲いた枝からさし穂を採ります。

　8〜10cmくらいの長さに切り、葉を3分の1くらい取り除きます。1時間くらい水あげしてから、さし床にさします。

　風雨が避けられる、明るい日陰に置き、乾かさないように管理します。10〜40日くらいで発根します。9月には移植できます。

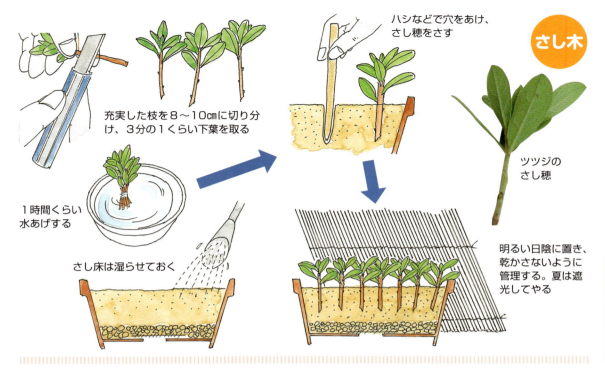

 実生でふやす

10〜11月ごろ実が熟して茶色味を帯びてきたら採種します。容器に入れて乾燥させると、裂けて種がこぼれます。採りまきにするか、乾燥した状態で保存しておき、翌春の2〜3月にまきます。

常緑樹　ツツジ／サツキ

ツバキ

サザンカ

気品に満ちた花
ツバキ／サザンカ　椿／山茶花

ツバキ科ツバキ属／常緑低木～高木（高さ0.3～10m）

古くから花を愛でる花木として親しまれてきました。非常に多くの品種や変種があり、花の形や色も多種多様です。ツバキの多くは春に花が咲き、散るときは丸ごとぽとりと落花します。サザンカは主に秋から冬に咲き、花弁がぱらぱらと散っていくので、簡単に区別できます。

栽培カレンダー

月	状態	管理	繁殖作業	肥料	ポイント
1	ツバキ開花				チャドクガが発生するので、定期的に防除する
2	ツバキ開花			施肥	
3	ツバキ開花	剪定	実生／つぎ木／さし木／植えつけ		
4	ツバキ開花	剪定	植えつけ		
5		剪定		施肥	
6			つぎ木／さし木		
7			つぎ木／さし木		
8				施肥	
9			植えつけ／実生／さし木	施肥	
10	ツバキ開花		植えつけ／実生		
11	ツバキ・サザンカ開花				
12	ツバキ・サザンカ開花	剪定			

手入れのしかた

植えつけは、4月と8月下旬～10月上旬が適期。半日陰でも育ちますが、日当たりと水はけがよく、肥沃なところに植えます。

剪定は花の終わった直後が適期。また、チャドクガが発生するので、定期的に防除します。

一般的にはさし木が容易ですが、さし木で発根しにくいものはつぎ木か実生でふやします。ただし、実生では開花までに時間がかかるので、つぎ木用の台木づくりが主な目的になります。施肥は寒肥、花後のお礼肥え8～9月の追肥の3回施します。

さし木でふやす

3月中旬～4月上旬（春ざし）、6月中旬～8月上旬（夏ざし）、9月（秋ざし）が適期。春ざしには前年枝を、夏ざしと秋ざしには充実した新梢(しんしょう)を用います。10～15cmくらいの長さに切り、葉を2～3枚残して下葉は取ります。葉が大きければ、3分の1ほど切ります。2～3時間水あげして、さします。明るい日陰で、乾燥させないように管理します。発根したら徐々に日当たりに慣らしていき、薄い液肥を施します。冬は凍害に遭わないように保護します。翌年の4月に移植します。

つぎ木でふやす

3月上旬～4月上旬と6～7月が適期。春は充実した前年枝を、夏は充実した新梢をつぎ穂にします。ヤブツバキの実生か、さし木でつくった台木に切りつぎをします。

実生でふやす 台木をつくる

9～10月、実の一部が裂けるころに採種します。数日干しておくと、果皮が裂けて種が出ます。採りまきにするか、乾かさないように湿った水ごけなどと混ぜ、ビニール袋に入れて冷蔵庫に保存し、翌年の3月にまきます。

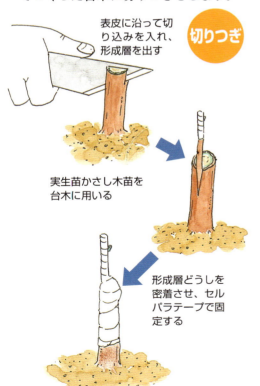

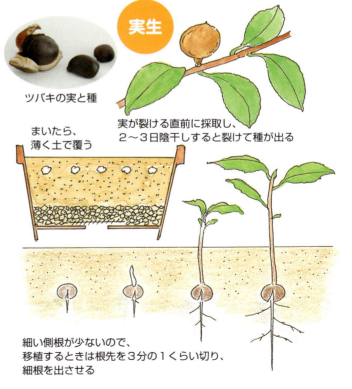

冬を彩る縁起木
ナンテン 南天

メギ科ナンテン属／常緑低木（高さ1〜3m）

ナンテンは音が「難を転ずる」に通じるので、縁起木として昔から栽培されています。葉は食品の腐敗を防ぎ、毒消しの作用があると信じられ、赤飯や魚に添えられます。6月に小さな六弁の白花がかたまって咲きます。実は赤色に熟し、冬枯れの庭を彩ります。果実が黄味がかった白色のシロミナンテン、橙色のウルミナンテンなどの品種があります。

栽培カレンダー

月	状態	管理	繁殖作業	肥料	ポイント
1	熟期	剪定	実生		一度実をつけた枝には、3年くらい結実しない
2	熟期	剪定	実生	施肥	
3			実生／さし木／株分け		
4		植えつけ	株分け		
5	開花				
6	開花				
7			さし木		
8			さし木		
9		植えつけ	株分け	施肥	
10					
11	熟期		実生		
12	熟期	剪定	実生		

手入れのしかた

植えつけは、3月下旬〜4月中旬と9〜10月上旬が適期です。日陰でも育ちますが、日当たりと水はけのよいところが適しています。土質はとくに選びません。

そのまま伸びるに任せておくと、枝が込み合って雑然としてくるので、枝幹を5〜7本に整理し、伸びすぎた枝は切り戻します。一度実をつけた枝には3年くらい結実しません。剪定は生け花材を兼ねて12月〜3月上旬に行うとよいでしょう。

さし木、実生、株分けなどでふやします。

さし木でふやす

2月下旬〜3月（春ざし）と6月下旬〜9月（夏ざし）が適期。春ざしには前年枝か2〜3年枝を、夏ざしには充実した新梢を用います。さし穂は2〜3個の芽をつけた状態で、10〜15cmの長さにします。葉はついていなくてもかまいません。1〜2時間水あげしてさします。春ざしは寒害や凍害に遭わない暖かいところに、夏ざしは明るい日陰に置き、乾かさないように管理します。1〜2か月後、発根したら徐々に日当たりに慣らしていきます。翌春の3月に移植します。

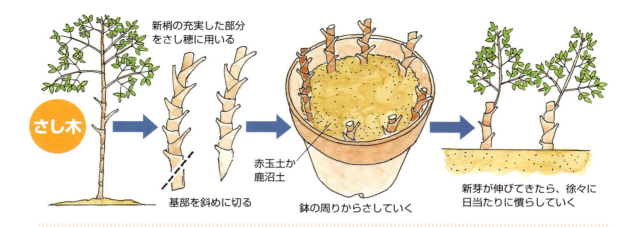

実生でふやす

　11〜翌2月ごろまで採取できますが、鳥に食べられないうちに採ります。採取したら、果肉を水で洗い流し、採りまきにします。夏ごろには発芽しますが、生育はゆっくりしています。3年目の春に移植します。冬は寒害や凍害に遭わないように保護しましょう。

株分けでふやす

　株元から枝をよく伸ばすので、大株になったら掘り起こし、株分けします。

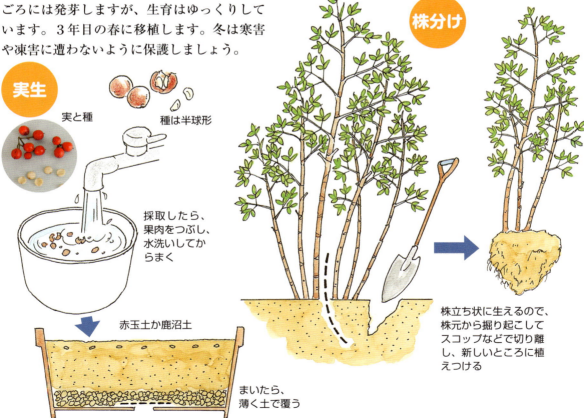

常緑樹 ナンテン

トキワサンザシ

タチバナモドキ

鮮やかな色の実が冬の庭を彩る
ピラカンサ
トキワサンザシ
タチバナモドキ

バラ科ピラカンサ属／常緑低木（高さ1〜2m）

冬枯れの季節に、濃緑の葉の間から真っ赤な実を房状につけるピラカンサはひときわ目立ちます。ピラカンサはトキワサンザシ属の総称です。一般にピラカンサと呼ばれているものには、秋に実が橙黄色に熟すタチバナモドキと鮮紅色に熟すトキワサンザシがあります。トキワサンザシのほうが大きな実をよくつけるので広く植えられています。

栽培カレンダー

月	状態	管理	繁殖作業	肥料	ポイント
1	熟期		実生		暖地性なので、日当たりがよく、冬の寒風が防げるところに植える
2		剪定	実生	施肥	
3			さし木		
4	開花	植えつけ	さし木		
5	開花		とり木／さし木		
6			とり木／さし木		
7			さし木		
8			さし木	施肥	
9		植えつけ		施肥	
10					
11	熟期		実生		
12	熟期		実生		

手入れのしかた

　暖地性なので、植えつけは4月および9〜10月上旬が適期です。植え場所は日当たりと水はけがよく、冬の寒風が防げるところに。

　花芽はその年伸びた枝の基部のほうの短枝につくられます。株は大きくなっても、元気よく長い枝を伸ばしますが、つけ根から切らずに切り詰めて、実を結ぶ枝をつくります。剪定は2月が適期です。

　さし木、とり木、実生と、いずれの方法でも容易にふやせます。施肥は2月と8〜9月の2回行います。

さし木でふやす

　3月中旬〜4月（春ざし）と、6〜9月中旬（夏ざし）が適期。春ざしには前年枝か2年生枝を、夏ざしには充実した新梢を用います。10〜20cmの長さに切り、下部3分の1くらいの葉を取り除いて、1時間ほど水あげしてからさします。風の当たらない、明るい日陰に置き、乾かさないように管理します。

　1か月くらいで発根します。発根したら徐々に日当たりに慣らしていき、薄い液肥を施します。移植は翌春、芽が動き出す直前に行います。

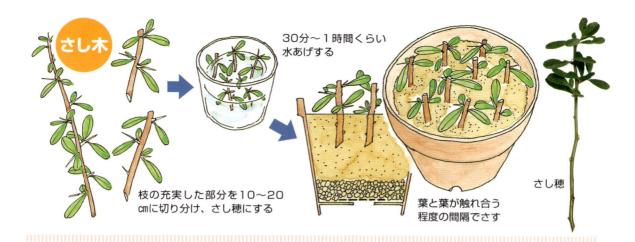

実生でふやす

11～2月ごろまで採取できますが、鳥に食べられないうちに採りましょう。果肉を水洗いして取り除き、採りまきにします。寒害や凍害に遭わないように管理します。苗が5～6cmくらいに伸びてきたら移植します。

とり木でふやす

5～6月に、高とり法で行います。

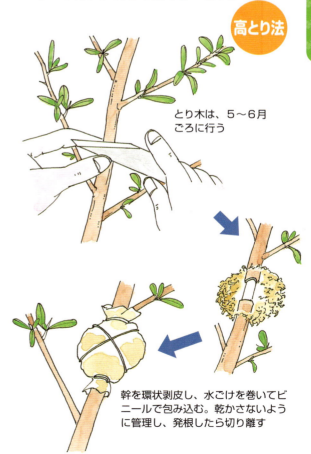

常緑樹　ピラカンサ

形状が独特で鮮明な花
ブラシノキ
カリステモン、キンポウジュ（錦宝樹、赤花種）、ボトルブラッシュ

フトモモ科ブラシノキ属／常緑低木〜小高木（高さ1〜5m）

5〜6月ごろ、枝先に濃紅色の花を咲かせます。ビンを洗うブラシに花の形が似ているところから、この名前がつけられました。果実は丸く虫の卵のようで、先端は空洞です。枝の回りに木化して硬くなり、いつまでもついています。庭木としては、葉がやや広いマキバブラシノキが普及していますが、矮性で花つきのよい一才ブラシノキもあります。

栽培カレンダー

月	状態	管理	繁殖作業	肥料	ポイント
1		剪定			植えつけは、十分に暖かくなる4月中旬から、9月下旬ごろまでに行う
2		剪定			
3			さし木	施肥	
4			さし木／実生		
5	開花				
6	開花		植えつけ／さし木		
7			植えつけ／さし木		
8			植えつけ／さし木		
9			植えつけ		
10					
11		剪定			
12		剪定			

手入れのしかた

　暖地性（オーストラリア原産）の木なので、植えつけは十分に暖かくなる4月中旬から、9月まで可能です。冬の寒風が防げるところを選びます。日当たりと水はけがよく、腐植質に富む肥沃でやや粘土質のところを好みます。そのまま伸びるに任せても、樹形は整います。花は元気よく伸びた新梢につくられます。11〜翌2月に樹冠内部の細かい枝などを整理し、通風と採光を図ります。

　実生、さし木でふやします。施肥は3月上〜中旬。

実生でふやす

　花が終わると5mmくらいの扁平な球のような実が、枝を包み込むような状態につきます。その形はまるで虫の卵が枝にへばりついたようです。この種は、木についていれば2〜3年は発芽力があるといわれています。4月に採取します。さやを割ると細かい種がたくさん出てきます。小粒の赤玉土を入れたまき床にまきます。明るい日陰に置き、乾かさないように管理します。発芽してきたら徐々に日当たりに慣らしていき、肥培します。元気のよいものは3〜4年で花が咲きます。

さし木でふやす

3〜4月の春ざしと6〜9月の夏ざしができます。春ざしには前年枝の充実した部分を、夏ざしには充実した新梢を用います。花芽はあらかじめ除いておきます。乾かさないように管理し、冬は寒害や凍害に遭わないように保護します。翌年の春に移植します。

充実した枝を選んで切り取る

さし穂の長さは15〜20cmくらい。先端の葉を残して下葉は取り除く

花を咲かせているブラシノキ(キンポウジュ)

常緑樹　ブラシノキ

さし木

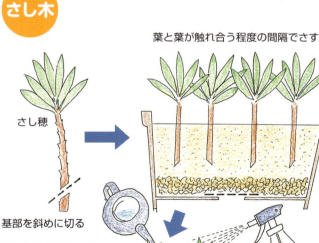

基部を斜めに切る

夏ざしは充実した新梢を15〜20cmくらいに切り分けてさし穂にする

葉と葉が触れ合う程度の間隔でさす

葉水もこまめに与える

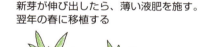
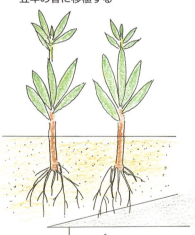
新芽が伸び出したら、薄い液肥を施す。翌年の春に移植する

明るい日陰に置き、乾かさないように管理する

129

濃赤色の芽吹きが美しい
ベニカナメモチ

紅要黐、カナメモチ、アカメモチ、レッドロビン（西洋種）、ソバノキ

バラ科カナメモチ属／常緑小高木（高さ5〜10m）

芽吹きの姿と光沢のある赤色の若葉が魅力です。5〜6月、小枝の先に白い小花を多数咲かせます。そのさまがソバの花と似ているので、ソバノキの別名があります。実は秋に赤く熟します。とくに若葉が燃えるような濃赤色で美しいものをベニカナメモチと呼んでいます。萌芽力があり、刈り込みに耐えるので、生け垣などによく植えられています。

栽培カレンダー

月	状態	管理	繁殖作業	肥料	ポイント
1					3月と8月に刈り込んで、芽吹きの鮮やかな色彩を楽しむ
2				施肥	
3		剪定	さし木		
4			植えつけ		
5	開花				
6			さし木		
7					
8		剪定			
9			植えつけ		
10	熟期				
11					
12					

手入れのしかた

　植えつけは、4〜5月上旬と9〜10月上旬が適期です。植え場所は日当たりと水はけがよく、腐植質に富み、肥沃で適度に湿潤なところを好みます。

　芽吹きの鮮やかな色彩が見どころです。年2回ほど、3月と8月に刈り込みを行い、春と秋の美しい葉色を楽しみます。一度に強く刈り込むと枝枯れを起こしたりするので、軽くこまめに行うようにします。

　一般的には、さし木でふやします。2月に寒肥えとして施肥をします。

さし木でふやす

　3月の春ざしと6〜9月の夏ざしができます。春ざしには前年枝の充実した部分を、夏ざしには充実した新梢(しんしょう)をさし穂にします。15〜20cmの長さに切り、葉を3〜4枚残して下葉は取り除きます。3時間くらい水あげして、赤玉土などを入れたさし床にさします。明るい日陰に置き、乾かさないように管理します。

　新しい芽が伸びてきたら徐々に日当たりに慣らしていき、肥培します。翌年の4月に移植します。

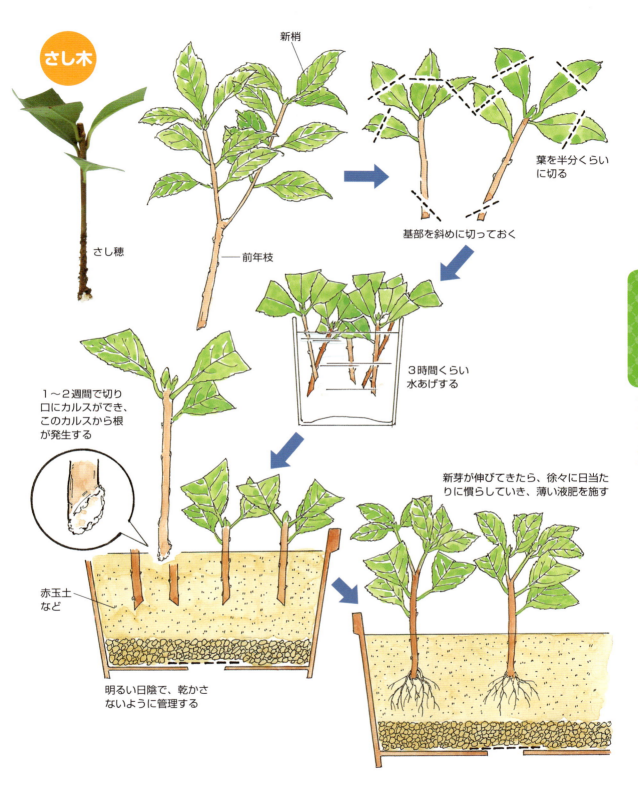

131

暮らしの身近にある木
モチノキ 黐の木

モチノキ科モチノキ属／常緑高木（高さ5〜20m）

樹皮から鳥もちをつくったところからきた名前だといわれています。雌雄異株。4月ごろに黄緑色の小花を群がった状態で咲かせます。実は秋に赤熟します。葉は厚く光沢があり、常緑です。近縁種に、実がモチノキより少し小さいクロガネモチや、実が下垂するソヨゴ、小鳥の給餌木として人気のウメモドキなどがあります。

栽培カレンダー

月	状態	管理	繁殖作業	肥料	ポイント
1					年2回、7月と11月に強い刈り込みができる
2			つぎ木	施肥	
3			つぎ木／実生		
4	開花		植えつけ		
5			植えつけ		
6			さし木		
7		剪定	さし木		
8				施肥	
9			植えつけ		
10	熟期		植えつけ		
11	熟期	剪定	実生		
12					

手入れのしかた

　植えつけは、十分に暖かくなった4〜5月上旬か9月が適期です。大気汚染にも強く、日陰でも育ちますが、日当たりと水はけのよい、肥沃で適度に湿潤なところを好みます。

　芽の出る力が旺盛なので、強い刈り込みができます。整枝は年2回、7月と11月が適期です。夏の整枝は、長く伸びた枝を2〜3節残して切り詰めます。冬は密生した部分の枝を整理します。

　一般的には実生でふやしますが、さし木、つぎ木でもふやせます。

実生でふやす

　11月ごろ、実が紅色に熟してきたら採種します。果肉を水洗いして取り除き、採りまきにするか、乾かさないようにビニール袋に入れて冷蔵庫に保存し、翌春の3月にまきます。明るい日陰で、乾かさないように管理します。発芽してきたら徐々に日当たりに慣らしていきます。2〜3年目の春に移植します。

モチノキの実

 ## さし木でふやす

6月中旬〜7月上旬が適期です。充実した新梢(しんしょう)をさし穂にして、密閉ざしをします。

 ## つぎ木でふやす

2〜3月が適期です。2〜3年生の実生苗に切りつぎをします。

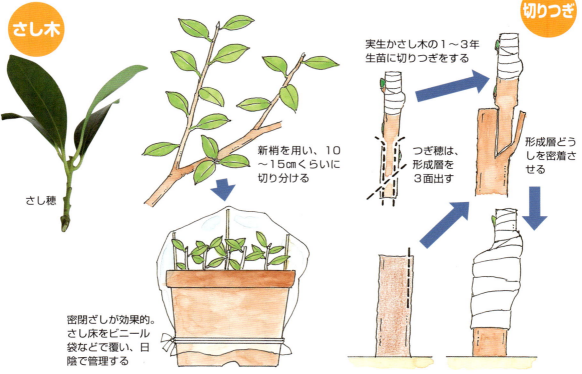

庭木の王様
モッコク <small>木斛</small>

ツバキ科モッコク属／常緑高木（高さ10〜15m）

四季を通して整った樹形を保ち、庭木の王様と呼ばれるほどの存在感があります。また、昔からモチノキ、モクセイとともに庭の御三家ともされています。光沢のある肉厚な葉を輪状につけている姿には風格があります。6月ごろ、葉腋に白い小花を咲かせます。果実は秋に赤熟します。

栽培カレンダー

月	状態	管理	繁殖作業	肥料	ポイント
1					年1回、剪定の適期に枝透かしを行う。ハマキムシの防除に努める
2				施肥	
3			実生／さし木		
4		剪定	植えつけ		
5					
6	開花		さし木		
7		剪定			
8				施肥	
9			植えつけ		
10	熟期	剪定	実生		
11					
12					

手入れのしかた

　暖地性の植物なので、植えつけは十分に暖かくなった4〜5月上旬か9月が適期です。大気汚染に強く、日陰にも耐える樹勢の強い木ですが、日当たりと水はけがよく、寒風が防げるところに植えるのが理想的です。

　そのまま伸びるに任せても樹形は整いますが、小枝が密生します。4月か6月下旬〜7月、10〜11月のいずれか1回、枝透かしを行って通風と採光を図ります。

　実生、さし木でふやします。順調に生育していれば、施肥はほとんど必要ありません。

実生でふやす

　10〜11月ごろ、実が赤く熟してきたら裂ける前に採り、日陰で2〜3日干すと裂けて種が出てきます。採りまきにするか、乾かさないように湿らせた川砂などと混ぜてビニール袋に入れ、保存しておいて、翌春の3月にまきます。5〜6月には発芽します。移植は翌春に行います。

モッコクの実

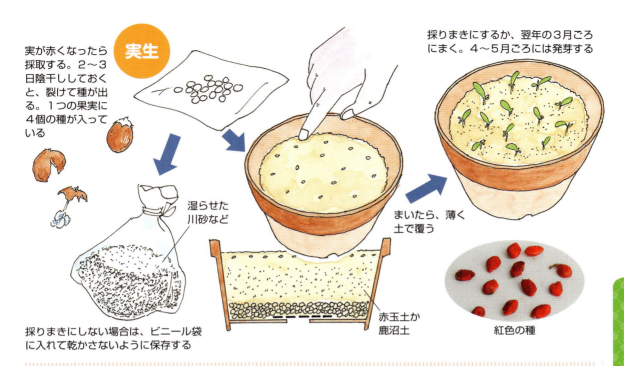

さし木でふやす

3月中旬～4月上旬に、前年枝を用いて春ざしもできますが、6～7月中旬の夏ざしのほうがよく活着します。充実した新梢を10～15cmに切り、葉を4～5枚残して、下葉は取り除きます。1～2時間水あげしてからさします。明るい日陰に置き、乾かさないように管理します。

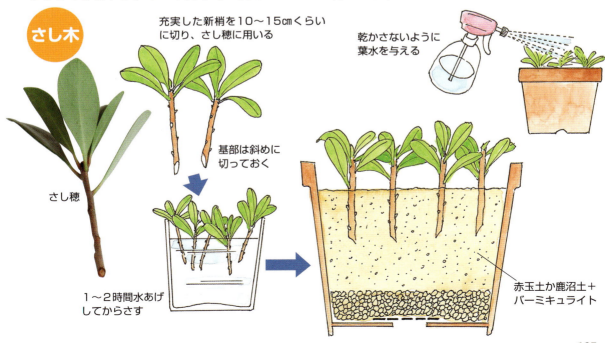

常緑樹 モッコク

135

日陰に強い植物
ヤツデ
八手、テングノハウチワ

ウコギ科ヤツデ属／常緑低木（高さ1〜3m）

日陰に強い庭木として重宝されています。大きな手のひらのような葉が特徴で、テングノハウチワの別名があります。晩秋には白い小花が球状に集まって咲き、庭に彩りを添えます。葉に黄色みを帯びた白色の大きな斑が入るフイリヤツデがあります。ファッツヘデラはヤツデとセイヨウキヅタの交配種で、観葉植物として楽しまれています。

栽培カレンダー

月	状態	管理	繁殖作業	肥料	ポイント
1		剪定			日陰や大気汚染には強いが、日の強く当たる、乾燥したところを嫌う
2		剪定		施肥	
3			さし木	施肥	
4	熟期		実生		
5	熟期		植えつけ／とり木		
6			植えつけ／とり木		
7			さし木		
8			さし木		
9		剪定			
10	開花	剪定		施肥	
11	開花	剪定			
12		剪定			

手入れのしかた

植えつけは5〜6月ごろが適期です。腐植質に富む、湿潤なところを好み、日が強く当たり、乾燥したところを嫌います。日陰や大気汚染に強いので、建物の北側の庭などには欠かせません。株元からよくひこばえを伸ばします。幹立ちは3〜5本くらいがすっきりした株になります。9〜翌2月ごろに不要なものは整理します。

実生、さし木、とり木ができます。施肥は2〜3月と10月下旬の2回。

実生でふやす

4月中旬ごろ、実が黒色になってきたら採取します。果肉を水洗いで取り除き、赤玉土や鹿沼土のような保水性のよい用土を入れたまき床にまきます。日陰に置き、乾かさないように管理します。生育はゆっくりしています。葉が重なるようなら間引きします。冬は寒害や凍害に遭わないように保護し、2年目の5月に移植します。

ファッツヘデラ

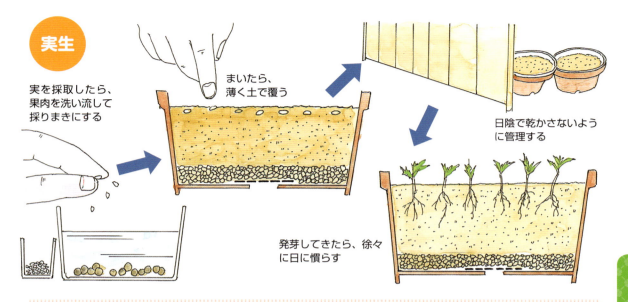

さし木でふやす

　3～4月上旬の春ざしと7～8月の夏ざしができます。春ざしには前年枝の充実した部分を、夏ざしには主幹から出た側枝をさし穂に用います。大きい葉はできるだけ切り落とします。赤玉土や鹿沼土のような排水性、保水性のよい用土を入れたさし床にさします。日陰で乾かさないように管理します。元気のよいものは翌年の5月には移植できます。

とり木でふやす

　株元から枝をよく伸ばします。株元に盛り土をしておき、植えつけの適期（5～6月）に発根している枝を切り離してとり木します。

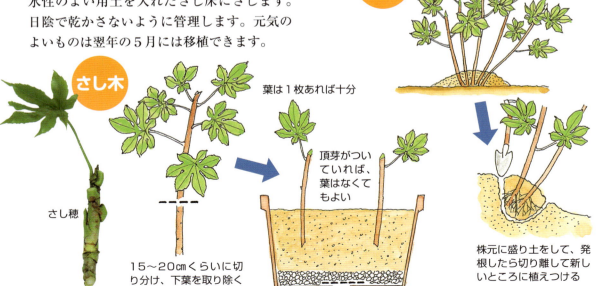

正月飾りになる縁起木
ユズリハ　譲葉

ユズリハ科ユズリハ属／常緑高木（高さ5～10m）

新しい葉と古い葉の入れかわりが著しく目立つところから「譲り葉」の名前がつけられました。その謙譲の美徳を尊んで、正月飾りによく用いられます。葉柄に赤味があり、4～5月ごろに緑黄色の花を咲かせます。雌雄異株。葉に斑が入るフイリユズリハ、葉柄が緑色のアオジクユズリハなどがあります。

栽培カレンダー

月	状態	管理	繁殖作業	肥料	ポイント
1					込みすぎた部分や伸びすぎた枝の整理は、6月下旬～7月と11月と12月に行う
2			つぎ木・実生		
3			つぎ木・実生		
4	開花	植えつけ			
5	開花	植えつけ			
6			さし木・つぎ木		
7		剪定	さし木・つぎ木		
8			さし木・つぎ木		
9		植えつけ	さし木・つぎ木		
10	熟期		実生		
11	熟期	剪定			
12		剪定			

手入れのしかた

植えつけは、4月中旬～5月上旬と9～10月上旬が適期です。日陰でも育ちますが、日当たりと水はけがよく、腐植質に富み、肥沃な適度に湿潤なところを好みます。

そのまま伸びるに任せても樹形は整います。込みすぎた部分や伸びすぎた枝の剪定は、6月下旬～7月と11～12月が適期です。

実生、さし木、つぎ木でふやします。

実生でふやす

10月ごろ、実が暗青色に熟しはじめたら採取します。果肉を水で洗い流して種を出し、採りまきにするか、乾燥しないようにビニール袋に入れて冷蔵庫で保存し、2月下旬～3月上旬にまきます。明るい日陰に置き、乾かさないように管理します。発芽してきたら徐々に日当たりに慣らしていき、薄い液肥を施します。翌春に移植します。

ユズリハの実

ライトグリーンの斑が美しい、ユズリハの斑入り種

ヒメユズリハの斑入り種3種。それぞれに斑の入り方が異なっている。ヒメユズリハは、本州中南部より南の暖地に自生している

さし木でふやす

春ざしもできますが、6月中旬～7月上旬の梅雨ざしのほうがが活着率がよいようです。雌雄異株なので、実を楽しみたいときは雌木の充実した新梢（しんしょう）をさし穂にします。10～15cmに切り、葉を3～4枚残して、下葉は取り除きます。残した葉も、先を3分の1くらい切っておきます。1～2時間水あげして、さし床にさします。

つぎ木でふやす

2～3月に前年枝を用いて、2～3年生の実生苗に切りつぎをします。また、6～9月には、新梢つぎや新梢芽つぎも行えます。葉の美しい斑入り種を、ふつうの青葉種に高つぎしてもおもしろい姿が楽しめます。

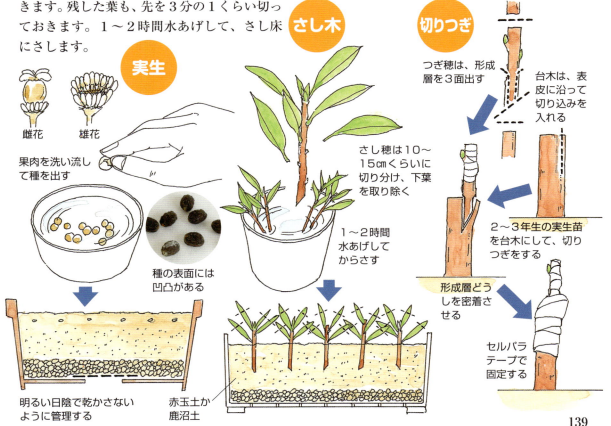

実生
- 雌花
- 雄花
- 果肉を洗い流して種を出す
- 種の表面には凹凸がある
- 明るい日陰で乾かさないように管理する

さし木
- さし穂は10～15cmくらいに切り分け、下葉を取り除く
- 1～2時間水あげしてからさす
- 赤玉土か鹿沼土

切りつぎ
- つぎ穂は、形成層を3面出す
- 台木は、表皮に沿って切り込みを入れる
- 2～3年生の実生苗を台木にして、切りつぎをする
- 形成層どうしを密着させる
- セルパラテープで固定する

常緑樹　ユズリハ

常緑樹 ── その他の常緑樹

アセビ　馬酔木

ツツジ科アセビ属／常緑低木（高さ1〜3m）

春、スズランに似た白い小花を穂状に垂れ下げて咲かせます。白花のほか花色がピンクのものなど多くの園芸品種があります。植えつけは、3〜4月と10月が適期。放任しておいても樹形は整います。整枝は花が終わった直後に行います。樹形を乱す飛び枝や不要枝を整理する程度です。ふやし方は、さし木が容易で3〜4月と6〜8月が適期です。春ざしは前年生の充実した枝、夏ざしは元気のよい新梢をさし穂に用います。

アベリア

スイカズラ科ツクバネウツギ属／半常緑低木（高さ1〜2m）

夏から秋まで淡紅色の小花を咲かせます。長く花が楽しめ、甘くただようほのかな香りも魅力です。暖地では常緑ですが、関東以北では半常緑か落葉します。植えつけは、3月下旬〜4月と9〜10月が適期です。剪定は11月〜3月。樹冠から飛び出した枝は適宜切り詰め、樹形を整えます。ふつうはさし木でふやします。3〜10月上旬までなら随時行えます。春ざしは前年枝、夏、秋ざしは充実した新梢をさし穂に用います。

オガタマノキ／カラタネオガタマ　招霊／唐種小賀玉

モクレン科オガタマノキ属／常緑小高木（高さ3〜10m）

オガタマノキは日本に自生する常緑高木、花に香りはありませんが、神木として神社などに植えられています。一般ではバナナのような甘い香りのするカラタネオガタマが多く植栽されています。植えつけは、気温が安定する5月上旬〜中旬が適期です。花後に樹形を乱す枝などを整理しておきます。ふやし方は、さし木ととり木があります。さし木は6〜7月、固まりはじめた新梢をさし穂に用います。とり木は4〜8月の生育期が適期。

シャクナゲ／セイヨウシャクナゲ　石楠花／西洋石楠花

ツツジ科シャクナゲ属／常緑低木（高さ1〜3m）

わが国の高山に自生するシャクナゲと、欧米で品種改良されたセイヨウシャクナゲに分けられます。セイヨウシャクナゲは花色が多彩で、多くの園芸品種があるうえ、丈夫で育てやすいので、庭木として多く植栽されています。植えつけは2月下旬〜5月、9〜10月が適期。整枝は特に必要ありません。実生、つぎ木、さし木でふやします。実生は、10月ごろ色づいた果実を採取し、冷蔵庫に保存し、翌春に種をとり出してまきます。

センリョウ　千両

センリョウ科センリョウ属／常緑低木（高さ1m）

6〜7月ごろ、枝先に黄緑色の細かい花を多数咲かせます。実は12〜1月に赤熟します。植えつけは、4月および8月下旬〜9月が適期。放任しても樹形は整います。12月に実をつけない貧弱な枝は切り取り、実をつけた枝は切り花を兼ねて切り詰めます。さし木、実生で容易にふやせます。さし木の適期は3月中旬〜5月上旬、6月中旬〜7月です。春ざしは前年枝、夏ざしは本年生の充実した枝をさし穂に用います。

トキワマンサク 常葉万作

マンサク科トキワマンサク属／常緑小高木（高さ2〜5m）

5月ごろ、黄緑色の花を葉腋に3〜5個群がって咲かせます。花は細いひも状の4弁花。花つきがよく、開花期にはしだれた枝が花で覆われ、株全体が冠のように見えます。植えつけは、4月中旬〜5月上旬、9〜10月上旬が適期。放任しても樹形は整いますが、徒長枝などの整枝は花後に行います。ふやし方はさし木が一般的です。適期は6〜8月。春から伸びた充実した枝を選び、8〜10cmに切り、下葉を少し取り除いてさし穂にします。

ブーゲンビレア

オシロイバナ科イカダカズラ属／常緑つる性低木（高さ2〜3m）

熱帯性で、花に見えるのは苞（ほう）です。赤や白の花色のほか、斑入り葉などの品種もあります。花は5〜11月。ときどき休みながら咲き続けます。植えつけは、5〜6月が適期。花は新梢の先につきます。花が終わった枝は切り詰めます。ふやし方は、さし木がふつう。さし木の適期は4〜9月。充実した新梢をさし穂にします。発根しにくいので、根を傷めないように、赤玉土か川砂を入れた2号ポットにさすのがよいでしょう。

さし木

根が切れやすいので、最初からポットにさすとよい

充実した新梢をさし穂にする

10cmくらい

マンリョウ／ヤブコウジ 万両／藪柑子

ヤブコウジ科ヤブコウジ属／常緑低木（高さ0.1〜1m）

マンリョウは6月ごろに白い花を咲かせ、実は秋に赤熟します。その名から縁起木として利用されたりします。ヤブコウジは夏ごろ白または淡紅色の花を開き、実は秋に赤熟します。地下茎を伸ばして広がるので、グランドカバーなどに用いられたりします。植えつけは4〜5月上旬および8月下旬〜9月が適期。ふやし方は、さし木、実生が一般的です。実生は3〜4月に前年の実を採りまきします。ヤブコウジは株分けも容易です。

常緑樹　その他の常緑樹

ヤブコウジの実

常緑樹

章末コラム

「育種の父」ルーサー・バーバンクの偉業❷

● とげのないクリ

バーバンクは、幼いころから森の中でクリの実を拾うことが好きでした。そして、木によってクリの実に大きな違いがあることにも気づいていました。

彼はカリフォルニア州に移住して、さっそくクリの育種を始めます。

彼は、アメリカの栽培種や野生種、外国から取り寄せた各種のクリを交配すればさまざまな形質のクリができるに違いないと考えていました。日本からも25個のクリが送られてきましたが、それらは彼の想像をはるかに超えるすばらしいものでした。

彼はそれらを実生して、適当な太さになったときに、すべてをクリの成木につぎ木しました。これはプラムなどの育種にも使った手法で、開花・結実までの期間を大幅に短縮します。

咲いた花どうしを受粉させて、さまざまな雑種をつくり出しましたが、そうしてできた種をまいてから18か月目に、大粒の実が大量になる矮性種が生まれました。さらにその中から、四季なり性の個体まで現れました。

四季なり性という点では、日本の「七立」(161ページ参照)と似ていますが、実の大きさに違いがあるようです。ところでこのすばらしい矮性グリは、今どうなっているのでしょうか。まだあれば、ぜひ手に入れたいと考えています。

さて、彼は「とげのないクリがあればどんなにいいだろう」という率直な願いから、その育種に取り組みます。交配に交配を重ね、少しずつとげの少ないクリを選抜し続けたのです。でも、とげがほとんどなくなったものは、肝心の食味が悪く、果実としての価値がありませんでした。彼は味もよいものをと、意欲を見せましたが、残念ながらその存命中に完成することはありませんでした。

なお、この「とげのないクリ」は日本にもあり、入手することができます。育種を志す人にとっては、興味ある素材です。

● シャスター・デージー

少年時代の彼が愛した花に「オックス・アイ・デージー」という草花があります。これは道ばたで一重の白い花を咲かせる野生のキクの一種で、農民からはやっかいがられている雑草でした。

彼はこの花の育種を思い立ち、イギリスからは園芸種を、ドイツからは野生種を取り寄せました。

この3種を使って、5～6年、交配・選抜を繰り返し、花の大きさ・美しさ、花数の豊富さ、性質の強さなどを兼ね備えた1個体を得ることに成功しました。でも、彼にはひとつだけ不満な点がありました。それは、理想とした、ノギクの特徴である澄み切った純白さを欠いていることでした。

彼はその後も交配・選抜を繰り返しましたが、理想の花は現れませんでした。何か方法はないかと思いあぐねていたときに知ったのが、日本に自生するコハマギクでした。

この野生のキクは、多くの点でオックス・アイ・デージーに劣っていましたが、その澄み切った純白の花は、彼に期待を抱かせるに十分なものでした。

彼はこの両種を交配しましたが、第1世代には何の変化も見られませんでした。ところが翌年、これらの雑種どうしを交配させた中から、待望の個体が1株現れたのです。これを品種として固定するのにさらに数年をかけ、ついに完成させたのです。思い立ってから世に発表するまで、17年もの歳月がたっていました。彼はこれに「シャスター・デージー」と名づけました。彼の農場からはるか彼方に見えるシェラ・ネバダ山脈の高峰、シャスターの峰に積もる純白の雪にちなんだものです。

● その他の育種

彼は「サボテンで砂漠に緑を取り戻す」ことを志し、とげに悩まされながら、18年の歳月をかけて、耐寒性があってどんな環境でも育ち、家畜が好んで食べ、生長が早くて収穫量が多い「とげなしウチワサボテン」をつくり出しました。

現在、ブラジル北東部の乾燥地帯では、この「とげなしウチワサボテン」が家畜の飼料として大規模に栽培され、その総栽培面積は55万haに達しています。また、メキシコでは食用に、米国ではダイエット食品の原料として利用されています。

バーバンクは、77歳で亡くなるまで、果樹、穀物、野菜、牧草などさまざまな有用植物の育種に取り組み、世界中に送り出しました。私欲はなく、すべて世の中で役に立つ植物をつくり出すことに心血を注いだ生涯でした。

(参考文献:『実験園のバーバンク』高梨菊次郎)

4章
果樹のふやし方

野趣豊かな秋の味覚
アケビ／ムベ

木通、蘭、通草、山女／
郁子、トキワアケビ

アケビ科 アケビ：アケビ属、つる性落葉／ムベ：ムベ属、つる性常葉

日本の秋には欠かせない果実のひとつです。アケビは落葉つる性で、全国各地の山野に自生しています。ふつう小葉が5枚ですが、小葉が3枚のミツバアケビもあります。大きな実は秋に薄紫色に熟し、果皮が縦に長く割れて果肉が現れます。ムベは関東以南の暖地に自生し、常緑です。果実はアケビに似ていますが、熟しても果皮は割れません。

栽培カレンダー

月	状態	管理	繁殖作業	肥料
1			植えつけ（アケビ）	
2		剪定	植えつけ（アケビ）	施肥
3			さし木／実生	
4	開花		とり木／植えつけ（ムベ）	
5	開花		植えつけ（ムベ）	
6				
7			さし木	
8				施肥
9	熟期		実生	
10	熟期		実生	
11	熟期		植えつけ（アケビ）	
12			植えつけ（アケビ）	

ポイント　アケビ・ムベともに、その年に伸びた太い短枝に花芽をつける

手入れのしかた

植えつけの適期は、アケビは寒さに強いので厳寒期を除く11〜3月、ムベは暖かくなった4〜5月です。日当たりと水はけのよいところを好みます。土質はとくに選びません。ムベは冬の寒風が防げるところを選びます。

どちらもその年に伸びた太い短枝に花芽をつけます。ムベは太く長いつるを伸ばすので、不要な枝は2月に基部から数芽残して剪定します。

実生、さし木、とり木ができます。施肥は2月と8月の終わりに1〜2握り与えます。

実生でふやす

9月下旬ごろ、ムベは果実が紫色に熟してきたら、アケビは果実が裂ける直前に採取します。果肉を水洗いして取り除き、採りまきにするか、乾かさないようにビニール袋に入れて冷蔵庫に保存し、3月中旬〜4月上旬にまきます。

まき床には赤玉土に2割くらい桐生砂を混ぜた用土を入れておきます。明るい半日陰に置き、乾かさないように管理します。新しい芽が伸びてきたら徐々に日当たりに慣らしていき、薄い液肥を施します。アケビは翌年の

3月中旬～4月上旬に移植します。ムベは少し遅めに移植します。

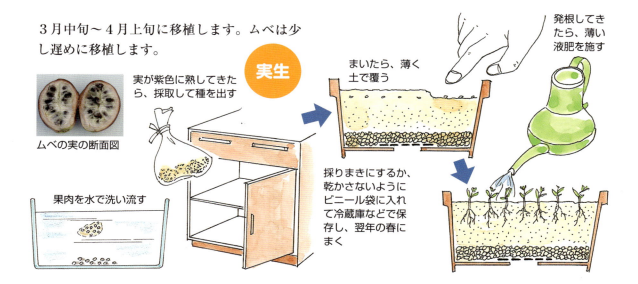

ムベの実の断面図

さし木でふやす

3月の春ざしと6月中旬～7月の梅雨ざしができます。春ざしには前年枝の充実した部分を、梅雨ざしには充実した新梢をつぎ穂に用います。さし木は案外発根しにくい点があります。ムベよりもアケビのほうが発根率がよいようです。

とり木でふやす

ムベはとり木が容易です。つるを地面に伏せて、盛り土をしておきます。植えつけの適期（4～5月）に発根したつるを切り離し、とり木します。

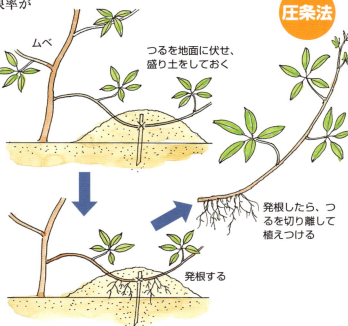

果樹

アケビ／ムベ

145

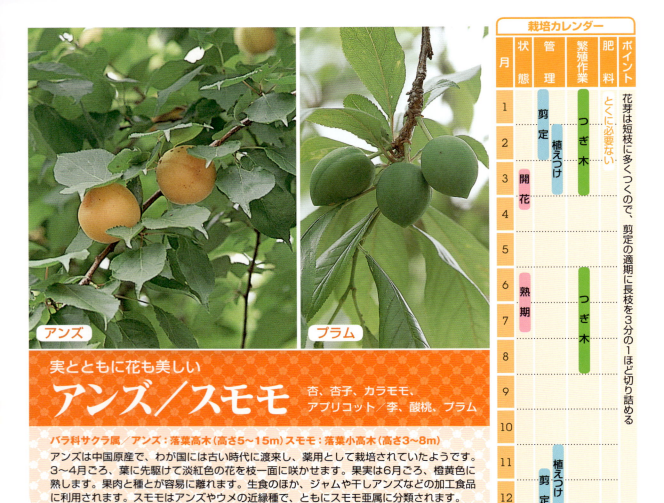

実とともに花も美しい
アンズ/スモモ

杏、杏子、カラモモ、アプリコット/李、酸桃、プラム

バラ科サクラ属／アンズ：落葉高木（高さ5～15m）スモモ：落葉小高木（高さ3～8m）

アンズは中国原産で、わが国には古い時代に渡来し、薬用として栽培されていたようです。3～4月ごろ、葉に先駆けて淡紅色の花を枝一面に咲かせます。果実は6月ごろ、橙黄色に熟します。果肉と種とが容易に離れます。生食のほか、ジャムや干しアンズなどの加工食品に利用されます。スモモはアンズやウメの近縁種で、ともにスモモ亜属に分類されます。

栽培カレンダー

月	状態	管理	繁殖作業	肥料	ポイント
1		剪定	つぎ木	とくに必要ない	花芽は短枝に多くつくので、剪定の適期に長枝を3分の1ほど切り詰める
2		剪定	つぎ木／植えつけ		
3	開花		植えつけ		
4	開花				
5					
6	熟期		つぎ木		
7	熟期		つぎ木		
8			つぎ木		
9					
10					
11		剪定	植えつけ		
12		剪定	植えつけ		

手入れのしかた

植えつけは落葉期の11～12月と2～3月が適期です。植え場所は日当たりと水はけのよいところが適しています。土質はとくに選びません。

花は、長い枝にはあまりつきません。長枝は3分の1くらい切り詰めて、短枝を出させるようにします。剪定は11月下旬～2月が適期です。

ふやし方は、つぎ木が一般的です。アンズの施肥はあまり必要ありません。

ドライフルーツでおなじみのプルーンは、コーカサス地方原産の西洋スモモの一種。3月下旬～4月上旬ごろに淡紅色の花を咲かせ、7月下旬～8月ごろに実が熟す。生で皮ごと丸かじりしたときの味わいは、まさに家庭果樹ならではのもの。手入れのしかたは、アンズ・スモモとほぼ同じ。

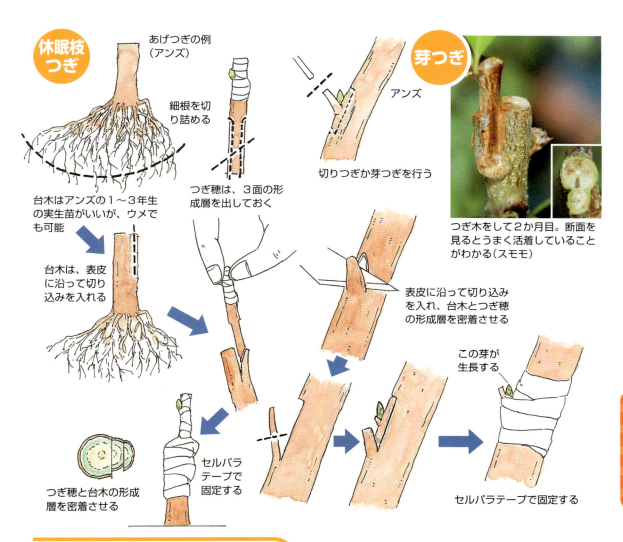

つぎ木をして2か月目。断面を見るとうまく活着していることがわかる（スモモ）

つぎ木でふやす

休眠枝つぎ　1～3月に行います。充実した前年枝をつぎ穂に用います。花芽がついているものは適しません。台木には同じアンズの実生苗がよいのですが、親和性のあるウメやスモモでも可能です。1～3年生の元気な苗を選びます。

つぎ木の作業をするときは、台木を植えたまま行っても（居つぎ）、掘りあげて行っても（あげつぎ）かまいません。根元から5～10cmのところで切り、形成層が出るように切り込みを入れます。つぎ穂は1～2芽をつけて切り、芽が台木の内側になるように両面を削ぎます。台木の切り込みにつぎ穂を差し込んで形成層を合わせ、セルパラテープを巻いて固定します。

新梢つぎ　6～8月に行います。充実した新梢をつぎ穂に用いて、切りつぎをします。芽つぎもできます。

アンズのつぎ木について説明しましたが、スモモも同じ方法でふやせます。実生やさし木も行えます。ウメのふやし方（150ページ）に準じてください。

育てやすい家庭果樹
イチジク　無花果

クワ科イチジク属／落葉低木（高さ2〜4m）

中近東原産。アダムとイブの神話にも出てくるように、栽培の歴史が古い植物です。本来は暖地性ですが、北海道を除きほぼ全国的に栽培が可能。掌状の葉は独特で、枝や幹を切ると白い乳液が出ます。6〜7月に熟す夏果種と、8月以降に熟す秋果種があります。夏果種の実は梅雨期に腐りやすいので、家庭園芸では秋果種が向いています。夏秋兼用種もあります。

栽培カレンダー

月	状態	管理	繁殖作業	肥料	ポイント
1		剪定	植えつけ	施肥	夏果種と秋果種で剪定のしかたが異なるので注意
2		剪定	植えつけ	とり木／さし木		
3			さし木		
4					
5					
6	夏果				
7	夏果				
8	秋果			施肥	
9	秋果				
10	秋果				
11					
12		剪定	植えつけ		

手入れのしかた

植えつけの適期は、11月下旬〜3月上旬。日当たりがよく、腐植質に富んだ適度に湿潤なところを好みます。

夏果種はその年に伸びた枝先につく小果が翌年の初夏に熟すので、枝先の切り詰めは避けて、間引き剪定を主にします。秋果種は春から伸びた新しい枝に結実します。毎年12〜3月上旬に、基部を2芽残して芽と芽の中間で切り詰め、新しい枝を伸ばします。

施肥は寒肥えと8月下旬に油かすと骨粉を等量混ぜたものか、粒状化成肥料を施します。

さし木でふやす

2〜3月が適期。節間の締まった充実した前年枝をさし穂に用いますが、2〜3年生枝でも活着します。15〜20cmの長さに切り、1時間くらい水揚げしてから、さし床にさします。上部の芽が少し出る程度にまで深くさします。太いさし穂の場合は、上部の切り口に癒合剤を塗って乾燥を防ぎます。

明るい日陰に置き、発根したら徐々に日当たりに慣らしていき、肥培します。翌年の3月に移植します。

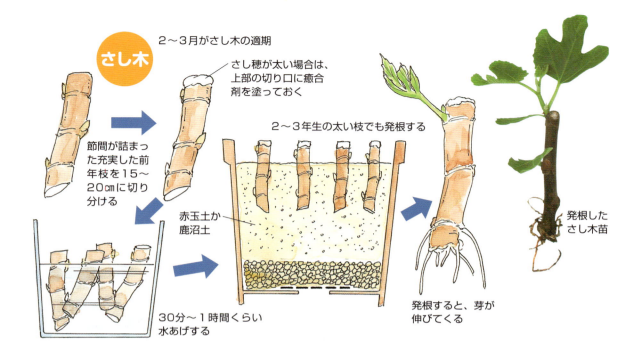

2〜3月がさし木の適期
さし穂が太い場合は、上部の切り口に癒合剤を塗っておく
2〜3年生の太い枝でも発根する
さし木
節間が詰まった充実した前年枝を15〜20cmに切り分ける
赤玉土か鹿沼土
30分〜1時間くらい水あげする
発根すると、芽が伸びてくる
発根したさし木苗

 ## とり木でふやす

根元からよく枝幹を伸ばします。春から盛り土をしておき、発根する3月上旬に掘りあげて切り分けします。

根元から複数の枝幹が伸びている。すでに盛り土をしてから数か月がたっている

盛り土を掘ってみた。幹の途中から発根しているのがわかる

掘りあげて切り分け、移植する（円内は発根のようす）

果樹　イチジク

馥郁とした香りが春を告げる
ウメ 梅

バラ科サクラ属／落葉小高木〜高木（高さ2〜8m）

ほかの花に先駆けて咲く花は、気品のある馥郁とした芳香を放ちます。春の訪れを招く花木として、古くから愛されています。原産は中国。わが国には薬用木として渡来し、観賞用として親しまれるようになりました。園芸品種も多く、300種とも500種ともいわれています。主に花を観賞する花ウメと、果実を採取する実ウメに大別されます。

栽培カレンダー

月	状態	管理	繁殖作業	肥料	ポイント
1		剪定	植えつけ／つぎ木	施肥	長枝を12〜翌1月に切り詰めて、花芽のつく短枝をふやす
2	開花	植えつけ	つぎ木		
3	開花		つぎ木／さし木		
4			さし木		
5					
6	熟期		実生		
7			実生／つぎ木		
8			つぎ木		
9			つぎ木	施肥	
10					
11			実生		
12		剪定	植／実生	施肥	

手入れのしかた

　植えつけは、12月中旬〜3月上旬が適期です。地域により異なりますが、葉芽よりも根の動きが早いので、芽吹く前に植えつけます。日当たりと水はけのよい肥沃なところを好みます。「サクラ切るバカ、ウメ切らぬバカ」といわれますが、花芽が充実した短枝につくので、長く伸びた枝は12〜翌1月に切り詰め、短枝をふやすようにします。

　実生、さし木も行われますが、園芸品種が多いので、主につぎ木でふやします。施肥は落葉期と晩夏の2回。

つぎ木でふやす

休眠枝つぎ　1〜3月が適期。充実した前年枝の先端と基部を除き、中間部をつぎ穂に用います。品種の特徴がよく出ている枝を選びましょう。台木は1〜2年生の実生苗か、さし木苗を用います。活着して芽が伸びてくると、台木の芽も伸びてくるので、早めにかき取ります。

新梢つぎ　6〜9月が適期。充実した新梢をつぎ穂に選んで切りつぎをします。芽つぎも可能です。

150

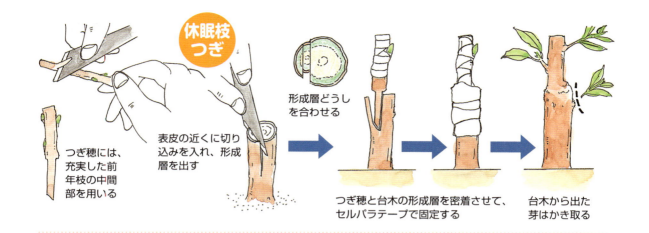

実生で台木をつくる

　6月に、完熟して落ちた実を採取します。果肉をきれいに水洗いして取り除き、採りまきにするか、乾かさないように土中に保存し、11～12月にまきます。本葉が5～6枚になったら移植し、薄い液肥を施します。鉛筆くらいの太さになったら、つぎ木の台木に利用します。

さし木でふやす 台木をつくる

　3月下旬～4月上旬が適期。前年枝の先端部と基部を除き、充実した中間部をさし穂に用います。15～20cmに切り、1～2時間水あげしてからさします。明るい日陰に置き、乾かさないように管理します。1年間はそのまま伸ばし、つぎ台などに利用します。

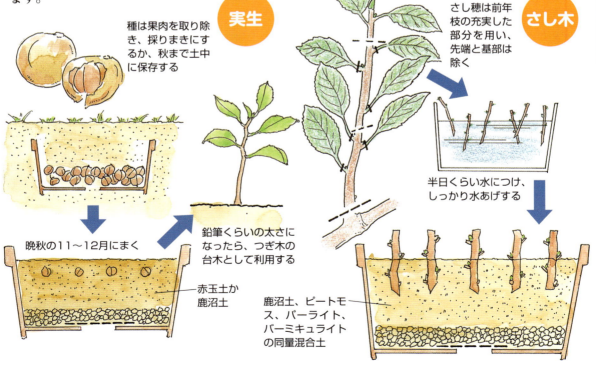

果樹 ウメ

秋の風物詩
カキ
柿、カキノキ

カキノキ科カキノキ属／落葉高木（高さ5〜10m）

木々の葉も落ち、寂しくなった庭に橙黄色の実をつけている姿は、秋の風物詩として親しまれています。丈夫で栽培しやすいので、庭木として広く植えられています。甘ガキと渋ガキがあります。甘ガキは、寒い地方では渋味が完全に抜けないので、関東以西の暖地に適しています。渋ガキは、耐寒性もあり、全国的に栽培できます。

栽培カレンダー

月	状態	管理	繁殖作業	肥料	ポイント
1		剪定	植えつけ／つぎ木		前の年に実をつけた枝は、花芽がつかないので剪定の適期に間引く
2		剪定	植えつけ／つぎ木／実生	施肥	
3			植えつけ／つぎ木		
4					
5	開花				
6			つぎ木		
7			つぎ木		
8				施肥	
9	熟期				
10	熟期		実生		
11	熟期				
12		剪定	植えつけ		

手入れのしかた

　植えつけの適期は、11月下旬〜3月上旬です。植え場所は日当たりと水はけのよい、肥沃なところが適しています。

　剪定の適期は12月〜翌2月。花芽は元気のよい枝の頂部につくられ、徒長枝にはつくられません。また、前年に実をつけた枝には花芽がつかないので、間引きます。徒長枝や細かい枝も整理します。

　実生もできますが、一般的にはつぎ木でふやします。施肥は植えつけ2年目から寒肥えとして堆肥、油かす、骨粉などを混ぜて与えます。

実生でふやす 台木をつくる

　実生は容易ですが、「モモ、クリ3年、カキ8年……」といわれるように、実をならせるには相当の年数がかかります。カキの実生は、主につぎ木の台木づくりに利用されます。

　カキに限らず、果樹の実生では、実を食べて残した種をすぐにまくのがひとつの方法です。完熟した実の果肉を取り除いて水洗いし、採りまきにするか、乾かさないようにビニール袋に入れて冷蔵庫で保存し、2月中〜下旬にまきます。乾かさないように管理して、翌春に移植します。

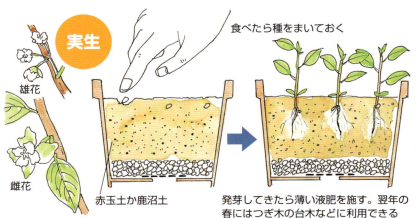

1年目の実生苗。台木に用いる

つぎ木でふやす

休眠枝つぎ 1～3月が適期。前年枝の充実した部分をつぎ穂に用います。台木は2～3年生の実生苗を用い、切りつぎをします。台木から芽が出たらかき取ります。

新梢つぎ 6～8月に、充実した新梢をつぎ穂に用いて、切りつぎか芽つぎで行います。

切りつぎのしかた

❶新梢つぎ。台木を掘りあげずに行っている
❷台木にナイフで切り込みを入れ、形成層を出す
❸つぎ穂は切り口と表裏、3面の形成層を出す
❹互いの形成層を密着させてテープで固定する
❺芽を残して完全に巻き、乾燥を防ぐ

芽つぎのしかた

充実した芽を選び、皮ごと長めに削いで、途中で斜めに切り取る。台木側は、節間の長い部分を選んで削ぐ。皮の下部を少し残して切り取り、そこにつぎ芽を差し込む。芽の上部は、芽が伸びるまで残しておく

新芽が伸びるとともに台木の芽も伸びるので、かき取っておく

果樹　カキ

ウンシュウミカン

オレンジ

実を収穫するときの楽しみ
カンキツ類

ウンシュウミカン、キンカン、オレンジ、ユズ、レモンなどの総称

ミカン科ミカン属など／常緑低木～高木（高さ2～10m）

カンキツ類は多くの種類があります。代表的なものはウンシュウミカンですが、寒さに強いユズから小果のキンカンまでさまざまです。ウンシュウミカンは、年間の平均気温が16度以上でないと本格的な果実は採れません。ユズは耐寒性に優れており、東北地方南部以南で栽培されます。生食には向きませんが、料理の香りづけなどに利用されています。

栽培カレンダー

月	状態	管理	繁殖作業	肥料	ポイント
1					暖地性の植物なので、暖かい季節のほうが、つぎ木の活着がよい
2			つぎ木／実生		
3		剪定	つぎ木／実生	施肥	
4			植えつけ／実生		
5	開花		実生		
6			つぎ木	施肥	
7			つぎ木		
8			つぎ木		
9					
10	熟期		実生		
11	熟期		実生	施肥	
12					

手入れのしかた

　暖地性なので、植えつけは暖かくなる4～5月ごろが適期です。植え場所は日当たりと水はけがよく、冬の冷たい風が防げる暖かいところが適しています。

　剪定の適期は3月ごろです。秋に伸びた細く長い枝を、2分の1くらいの長さに切り戻します。

　実生でもふやせますが、一般的にはつぎ木でふやします。

つぎ木でふやす

休眠枝つぎ　1～4月に行います。前年枝の充実した部分をつぎ穂に用いて、切りつぎをします。台木はカラタチの2～3年生の実生苗を用います。市販されているユズの苗木を利用してもよいでしょう。

新梢つぎ　6～8月に、充実した新梢をつぎ穂に用い、カラタチの2～3年生の実生苗に切りつぎをします。そぎ芽つぎも可能です。

※私の経験では、暖地性のカンキツ類は、休眠枝つぎより気温の安定したときに行う新梢つぎのほうが活着率が高いようです。

ユズの木にさまざまなカンキツ類をついだもの

実生でふやす 台木をつくる

盆栽に用いるキンズや、つぎ木用の台木に利用するカラタチは実生でふやします。

10～11月ごろ、完熟した実を採り、果肉をきれいに取り除いて種を出します。採りまきにするか、乾かさないようにビニール袋に入れて保存し、2～3月にまきます。乾かさないように管理し、翌春に移植します。

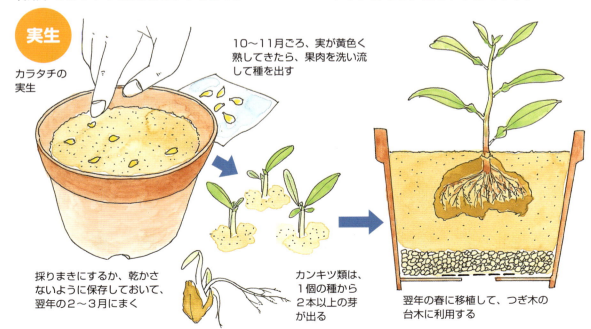

果樹

カンキツ類

実は秋の味覚の代表種
クリ 栗

ブナ科クリ属など／落葉高木（高さ10〜20m）

北海道から九州まで、全国に植栽されています。縄文時代の居住跡からほかの木の実といっしょにクリの実も出土しているそうです。日本人にとっては昔から大切な食料だったのでしょう。6月ごろ、黄白色の花を穂状につけます。実は品種にもよりますが、8月下旬〜10月くらいが収穫期です。甘くほくほくした実は、秋の味覚を満喫させてくれます。

栽培カレンダー

月	状態	管理	繁殖作業	肥料	ポイント
1		剪定	つぎ木		枝の先端に花芽がつくので、強い剪定は行わない
2		剪定	つぎ木／実生	施肥	
3			植えつけ／つぎ木		
4					
5					
6	開花				
7			つぎ木		
8			つぎ木		
9	熟期		実生		
10	熟期		実生		
11			植えつけ		
12			植えつけ		

手入れのしかた

植えつけは、11〜12月および2月中旬〜3月が適期です。植え場所は日当たり水はけがよく、腐植質に富んだ肥沃なところが適しています。

枝の先端部に花芽がつくので、切り詰めることは避け、伸びすぎた枝や込みすぎた部分の枝を間引くように剪定します。剪定の適期は1〜2月です。

一般的には、つぎ木でふやします。台木は実生でふやします。

つぎ木でふやす

休眠枝つぎ 1〜3月が適期。前年枝の充実した部分をつぎ穂にします。1〜2芽つけて4〜5cmの長さに切り取り、切り口は斜めに切っておきます。つぎ穂の乾燥を防ぐために、芽の部分を除いてセルパラテープを巻いておきます。

台木は2〜3年生の実生苗を使います。台木はつぐ位置で切り、表皮と木質部の間にナイフで切り込みを入れて形成層を出します。台木の切り込みにつぎ穂を差し込み、形成層どうしをぴったりと合わせます。セルパラテー

プを巻いてしっかりと固定します。
　活着して芽が伸びてくると、台木の芽も伸びてくるので、早めにかき取ります。

新梢つぎ　6～9月が適期。充実した新梢(しんしょう)をつぎ穂に用います。

実生で台木をつくる

主に、つぎ木の台木を実生でふやします。
　完熟して自然落果した種を、採りまきにします。春には発芽します。夏までに1～2回肥料を施せば、早いものは6～9月の新梢つぎの台木として利用できます。

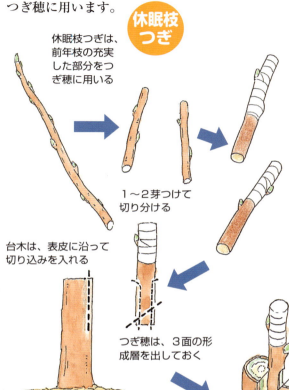

休眠枝つぎは、前年枝の充実した部分をつぎ穂に用いる

1～2芽つけて切り分ける

台木は、表皮に沿って切り込みを入れる

つぎ穂は、3面の形成層を出しておく

必ず台木とつぎ穂の形成層を密着させる

セルパラテープで固定する

実生で台木をつくるときは、完熟した種を採りまきにする。庭にまいて発育のよいものは、肥培して夏にはつぎ台に利用できる

台木の芽が出たらかき取っておく

甘酸っぱい果実は独特の姿
ザクロ <small>柘榴、石榴</small>

ザクロ科ザクロ属／落葉高木（高さ5～6m）

インドから中近東原産。梅雨空に咲く鮮明な橙赤色の花には華やかさがあります。枝がたわむほどの大きな実は形も独特で、夏から秋を彩る代表的な樹種です。果実は秋に熟して裂けます。果実を採るミザクロと、花を主に観賞するハナザクロに大別されます。ミザクロには甘みの強い甘ザクロと、酸味の強いザクロがあります。

栽培カレンダー

月	状態	管理	繁殖作業	肥料	ポイント
1					2月に、長い枝を基部から5～6芽残して切り詰める
2		剪定		施肥	
3			さし木		
4			植えつけ		
5			とり木／さし木		
6	開花				
7					
8					
9	熟期			施肥	
10					
11					
12					

手入れのしかた

元来は暖地性ですが、寒さにも比較的強い植物です。植えつけは、十分に暖かくなった4月上旬～5月が適期です。植え場所は日当たりと水はけのよい腐植質に富んだところが適しています。土質は選びませんが、酸性土は嫌います。花芽は充実した短枝につきます。剪定は2月に行います。長い枝は基部から5～6芽残して切り詰めます。

一般的には、さし木やとり木でふやします。実生もできますが、実がつくまでに長い期間かかります。施肥は2月と9月上旬。

さし木でふやす

3月上旬～4月中旬の春ざしと6～7月の梅雨ざしができます。春ざしには前年枝の充実した部分を、梅雨ざしには充実した新梢（しんしょう）をさし穂に用います。

さし床にさしたら、春ざしは暖かい日当たりに、梅雨ざしは明るい日陰に置き、乾かさないように管理します。新しい芽が伸びてきたら徐々に日当たりに慣らしていき、薄い液肥を施します。冬は寒害や凍害に遭わないように保護します。翌春に移植します。

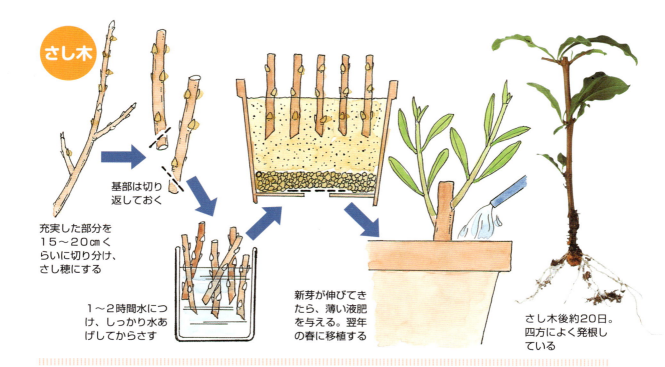

さし木

充実した部分を15～20cmくらいに切り分け、さし穂にする

基部は切り返しておく

1～2時間水につけ、しっかり水あげしてからさす

新芽が伸びてきたら、薄い液肥を与える。翌年の春に移植する

さし木後約20日。四方によく発根している

とり木でふやす

5～7月が適期。環状剥皮して高とり法でとり木します。また、ひこばえをよく伸ばします。不要なものは早めにかき取りますが、新しい株をふやしたいときは根元を環状剥皮し、盛り土をしておきます。発根したら切り離します。

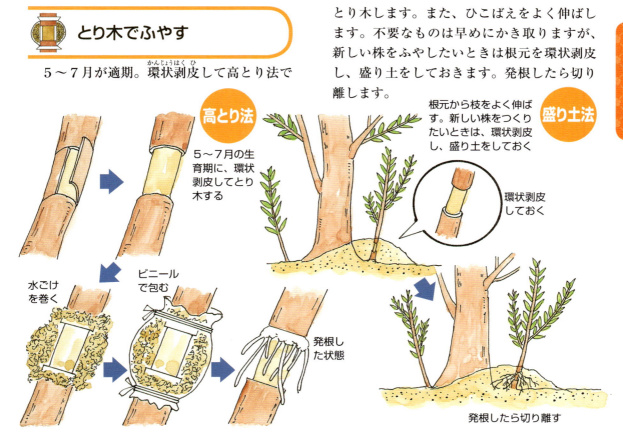

高とり法

5～7月の生育期に、環状剥皮してとり木する

水ごけを巻く

ビニールで包む

発根した状態

盛り土法

根元から枝をよく伸ばす。新しい株をつくりたいときは、環状剥皮し、盛り土をしておく

環状剥皮しておく

発根したら切り離す

果樹 ザクロ

実はみずみずしい食感で親しまれる
ナシ 梨

バラ科ナシ属／落葉中高木（高さ2～3m）

甘くてみずみずしい果実が魅力の果樹として親しまれていますが、4月ごろに咲く白い花の風情にも観賞価値があります。種類はニホンナシやセイヨウナシ、チュウゴクナシなどに大別されます。ニホンナシの中でも、長十郎のような果皮が褐色の赤ナシ、二十世紀のような果皮が緑色の青ナシなど、園芸品種が多くあります。

栽培カレンダー

月	状態	管理	繁殖作業	肥料	ポイント
1		剪定	つぎ木		12～2月に、長枝を基部から4～5芽残して切り詰め、花芽のつく短枝をふやす
2		剪定	つぎ木／植えつけ		
3			植えつけ		
4	開花				
5					
6			つぎ木	施肥	
7			つぎ木		
8			つぎ木		
9	熟期		実生		
10	熟期				
11			植えつけ	施肥	
12		剪定	植えつけ		

手入れのしかた

　植えつけは、11月中旬～12月と2月中旬～3月が適期です。植え場所は日当たりと水はけがよく、腐植質に富んで適度に湿潤なところが適しています。

　花芽は充実した短枝につきます。12～2月に、長く伸びた枝は基部から4～5芽残して切り詰め、短枝を伸ばすようにします。

　園芸品種が主なので、つぎ木でふやします。実生では、親と同じ性質のものが出るとは限りません。

つぎ木でふやす

休眠枝つぎ　1～3月に、前年枝の充実した部分をつぎ穂に用いて、切りつぎをします。台木は野生のヤマナシの実生1～3年生苗が適していますが、入手が難しい場合があります。食べたときに種を捨てず、すぐ採りまきにして、あらかじめ台木を準備しておく必要があります。

　一般的にいえることは、台木用の苗は入手が困難です。実生やさし木などで台木を準備しておくことが大切です。ナシに限らず、果樹をふやしたい人は「食べたら、すぐにその種

切りつぎのしかた（新梢つぎ）

❶充実した新梢をつぎ穂に選ぶ。夏に行う
❷葉は不要なのですべて取り除いておく
❸枝の先端部を、芽の上で切り落とす
❹芽を残して、セルパラテープを巻いていく
❺乾燥を防ぐために、上部の切り口にも巻く

❻巻き終えたら、下の芽の上で切り取る
❼つぎ穂の基部を斜めに切り、両面を削いでおく
❽台木。切り口の端を少し落としておく
❾そこにナイフを当て、表皮に沿って切り込む
❿つぎ穂と台木の形成層を密着させる

⓫テープを接合部の下まで巻いていき、上に戻って全体を巻く。少し引っ張りながら巻くと、テープどうしが密着する

つぎ木して2週間後の姿。しっかりと活着し、新芽が伸びてきている

をまく」ように習慣づけておくとよいでしょう。

新梢つぎ　6〜8月が適期。充実した新梢をつぎ穂に用いて、切りつぎをします。

果樹

ナシ

家庭向きの小果樹
ブルーベリー
クロマメノキ、ヌマスノキ

ツツジ科スノキ属／落葉低木（高さ0.5～3m）

北アメリカ原産。低木で育てやすく、家庭向きの小果樹として人気があります。果実は生食でき、ジャムやケーキのデコレーションにも用いられます。種類は2系統に大別されます。ラビットアイ系は、暖地でも植栽が可能な強健種です。ハイブッシュ系は、寒冷地に適しています。

栽培カレンダー

月	状態	管理	繁殖作業	肥料	ポイント
1		剪定	植えつけ／株分け／とり木／さし木	施肥	よく結実させるには、2品種以上植えること
2		剪定	植えつけ／株分け／とり木／さし木	施肥	
3			さし木		
4	開花				
5	開花				
6	熟期		さし木		
7	熟期		さし木		
8	熟期			施肥	
9					
10					
11					
12			植えつけ／株分け／とり木		

手入れのしかた

　植えつけは、12～翌3月中旬が適期。日当たりと通風のよいところが理想的ですが、半日くらい日の当たる場所なら十分に育ちます。酸性土を好み、過湿と乾燥を嫌います。別品種の花から受粉させたほうがよく結実するので、2品種以上植えるとよいでしょう。

　剪定は、1～2月に樹冠内部の細かい枝を整理する程度で十分です。

　さし木で容易にふやせます。株分けも可能です。ほとんどが園芸品種なので、実生ではふやしません。

さし木でふやす

　2～3月の春ざしと6～7月の梅雨ざしができます。春ざしには前年枝の充実した部分を、梅雨ざしには充実した新梢をさし穂に用います。

　10～12cmの長さに切り、1時間くらい水あげして、小粒の鹿沼土を入れたさし床にさします。春ざしは暖かいところに、梅雨ざしは明るい日陰に置き、乾かさないように管理します。新しい芽が伸びてきたら徐々に日当たりに慣らしていき、薄い液肥を施します。翌年の3月に移植します。

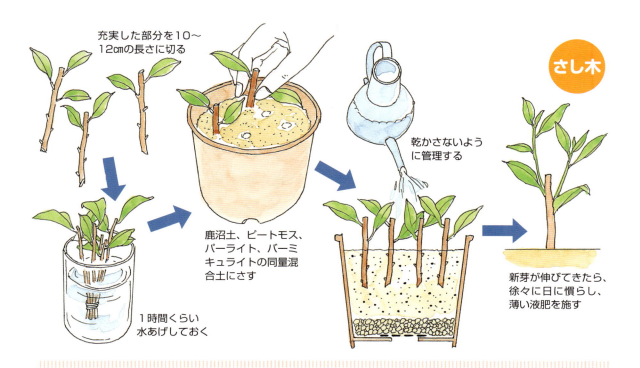

とり木・株分けでふやす

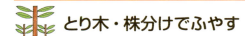

株元から枝をよく伸ばすので、盛り土をしておきます。植えつけの適期（12月〜3月中旬）に発根している枝を切り離し、とり木します。

株が大きくなったら、植えつけの適期に掘り起こし、2〜3株に分けます。

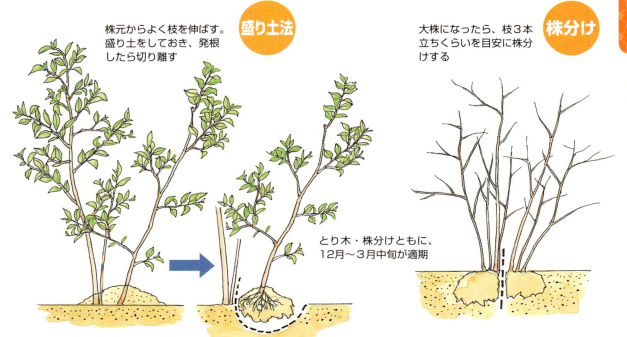

果樹

ブルーベリー

夏に熟す果実
モモ 桃

バラ科サクラ属／落葉中高木（高さ2〜6m）

中国原産。果樹用のモモと、花の観賞を目的とするハナモモがあります。3〜4月ごろに開花し、7〜8月の盛夏に果実が甘く熟します。園芸品種も豊富です。ハナモモでは、紅白の咲き分けやしだれ種などもあります。家庭で果実を味わうなら、自家受粉する白鳳や大久保のような品種を選ぶようにします。狭い庭向きの矮性種もあります。

栽培カレンダー

月	状態	管理	繁殖作業	肥料
1		剪定	つぎ木	
2		植えつけ	つぎ木	施肥
3	開花		つぎ木	
4	開花		つぎ木	
5				
6			つぎ木／実生	
7	熟期		つぎ木／実生	
8	熟期		つぎ木／実生	
9			実生	施肥
10				
11		植えつけ		
12		植えつけ／剪定		

ポイント　剪定の適期に長枝を半分くらいに切り詰め、花芽のつく短枝をふやす

手入れのしかた

　植えつけは、11月下旬〜12月と2月が適期です。日当たりと水はけがよく、肥沃なところを好みます。土質はとくに選びません。結実後は2回くらいに分けて多すぎる実を摘み取り、よい実を収穫するようにします。

　剪定は、12月下旬〜1月が適期です。長い枝は半分くらいに切り詰め、短枝を多くつくるようにします。

　つぎ木でふやします。実生は、つぎ木の台木づくりに利用します。

つぎ木でふやす

休眠枝つぎ　1〜3月に、前年枝の充実した部分をつぎ穂に用いて、切りつぎをします。台木はモモの実生苗がもっとも適していますが、スモモのさし木苗、ユスラウメやニワウメの実生かさし木の1〜3年生苗でもできます。台木はつぐ位置で切り、表皮と木質部の間に切り込みを入れて形成層を出し、つぎ穂を差し込みます。

新梢つぎ　6〜9月に、充実した新梢をつぎ穂に用いて、切りつぎをします。芽つぎも容易にできます。

切りつぎのしかた（新梢つぎ）

❶台木は、つぎ木したい位置で切る　❷充実した新梢をつぎ穂にする　❸芽の上で切り、テープを巻く　❹台木は、表皮に沿って切り込みを入れる　❺形成層どうしを密着させ、テープで固定する

芽つぎのしかた（新梢つぎ）

❶葉を切り取ったあとで芽を削ぐ　❷台木は、節間の長い部分に切り込みを入れる　❸芽を残してテープを巻き、形成層どうしが密着するように固定する　❹テープを巻きつけて、作業完了

夏つぎの場合は、1週間くらいで発芽する。失敗しても再び行えるのが、夏つぎの利点である

 実生で台木をつくる

　ナシ（160ページ）と同様に、食べたら種の周囲の果肉を洗い流して、すぐに庭の片隅などにまきます。忘れないように標識を立てておくとよいでしょう。春には発芽してきます。そのまま育てれば、新梢つぎの台木に使えます。

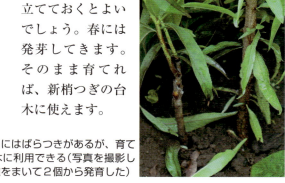

発芽のよしあしにはばらつきがあるが、育てばつぎ木の台木に利用できる（写真を撮影した年は、3個種をまいて2個から発育した）

果樹　モモ

花と実が楽しめる
リンゴ　林檎

バラ科リンゴ属／落葉中高木（高さ2〜8m）

4月ごろに、緑葉の間から紅色のつぼみが開いて、白色の花が咲きます。秋に熟す実の色も美しく、花も実も楽しめます。栽培果樹として多くの品種があります。実の色も紅色から黄色までさまざまです。寒さに強く、夏の暑さには弱いところがあるので、関東以北に適しています。暖地でも生育はしますが、実の色づきが悪くなります。

栽培カレンダー

月	状態	管理	繁殖作業	肥料	ポイント
1		剪定	植えつけ／つぎ木		実をならせるには、花期の同じ他品種を植えるか、人工的に受粉させる
2			つぎ木	施肥	
3			つぎ木		
4	開花				
5	開花				
6			つぎ木		
7			つぎ木		
8			つぎ木		
9			つぎ木		
10	熟期				
11	熟期	植えつけ			
12		剪定	植えつけ		

手入れのしかた

　植えつけは、落葉期の11〜翌3月が適期。植え場所は日当たりと水はけがよく、腐植質に富んだ、肥沃なところが適しています。

　リンゴは、自分の花粉では結実しにくい性質を持っています。実をならせるには開花期の同じほかの品種を植えるか、人工的に受粉させます。長く伸びた枝には花芽があまりつきません。12〜翌2月に5〜10芽残して切り詰め、短枝をつくるようにします。

　つぎ木でふやします。実生は、つぎ木用の台木に利用します。お礼肥えを与えます。

つぎ木でふやす

休眠枝つぎ　1〜3月に、前年枝の充実した部分をつぎ穂に用いて、切りつぎをします。台木はリンゴの実生苗かマルバカイドウのさし木苗を使います（マルバカイドウは矮性で、これを台木に用いると低い樹高のまま実をならせることができます。170ページ参照）。1〜3年生の元気な苗を選びます。

　台木はつぐ位置で切り、表皮と木質部の間に切り込みを入れて、形成層を出します。つぎ穂を差し込んで形成層どうしを密着させ、セルパラテープを巻いて固定します。テープ

を巻くことで乾燥も防げます。活着して芽が伸びてくると、台木からも芽が出てくるので、早めにすべてかき取ります。

新梢つぎ 6〜9月が適期。充実した新梢をつぎ穂に用いて、切りつぎをします。芽つぎも容易です。

矮化したリンゴの木。マルバカイドウの台木にふつうのリンゴをつぎ木している

休眠枝つぎ

切りつぎで行う

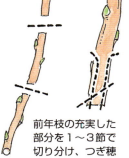

前年枝の充実した部分を1〜3節で切り分け、つぎ穂にする

台木は、つぐ位置で切る

表皮に沿って切り込みを入れ、形成層を出す

台木とつぎ穂の形成層を密着させ、テープで巻く

芽つぎ。芽を皮ごとそぎ取る。そのとき、切り口は水平に。葉柄は残さなくてもよい

穂木　　　○切り口が水平　　×ふくらんでいる

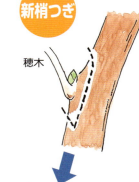
新梢つぎ

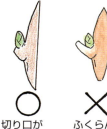

台木

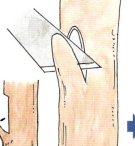 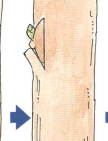 

台木の節間につぐ。表皮を削り、途中で切り取る。そこにそぎ取った芽を差し込み、テープで巻く

台木の処理をしている間、芽は乾かさないように口に含んでおくとよい

果樹　リンゴ

果樹 ── その他の果樹

キウイフルーツ

マタタビ科マタタビ属／落葉つる性木本

中国に自生するオニマタタビがニュージーランドで改良され、その実の格好が国鳥のキウイに似ているところから名づけられました。樹勢が強くつくりやすい家庭果樹ですが、雌雄異株なので、結実させるには雌株のほかに雄株が必要です。5〜6月に開花、実は11月に収穫。植えつけは2〜3月が適期。不要枝の整枝、剪定は12月下旬〜1月が適期。ふやし方はつぎ木、さし木がふつうです。つぎ木は2〜3月。さし木は7月が適期です。

クコ　枸杞

ナス科クコ属／落葉低木（高さ1〜3m）

夏、葉腋に淡紫色5弁の小花を咲かせます。果実は秋に鮮赤色に熟します。花、実、根、茎、葉と広く料理や薬に利用されています。植えつけは、2〜3月と11〜12月が適期です。樹勢が強く、萌芽力があるので強い刈り込みも可能です。整枝は12〜2月が適期です。ふやし方はさし木が容易。3月の春ざしと6〜7月中旬の夏ざしができます。春ざしは前年枝の充実した太い部分を、夏ざしは充実した新梢をさし穂にします。

グミ　茱萸

グミ科グミ属／落葉・常緑中高木（高さ2〜5m）

グミの種類は多く、常緑性で秋に開花して夏に実が熟すツルグミ、ナワシログミ、落葉性で春に開花して夏に実が熟すナツグミ、落葉性で春に開花して秋に実が熟すアキグミなどがあります。花は新梢の葉腋に咲き、結実します。12月〜2月に不要枝を整理し樹形を整えます。ふやし方はさし木が一般的です。落葉性のものは2〜3月前年枝の充実したものを、常緑性は7〜8月に今年伸びた枝の充実したものをさし穂にします。

サンザシ　山査子

バラ科サンザシ属／落葉低木（高さ1〜3m）

5月ごろ枝一面に白い小花を5〜10個群がって咲かせます。中国原産。ヨーロッパ原産のセイヨウサンザシ、紅花の園芸品種などもあります。寒さに強いので植えつけは落葉期の11〜3月中旬まで可能です。整枝も落葉期の12〜2月が適期です。ふつうは実生、つぎ木でふやします。果実は10月に赤熟します。落果前に採取します。果肉を洗い流し、採りまきか、乾燥しないように保存し、春にまきます。つぎ木は3月中〜下旬が適期です。

スグリ／フサスグリ 酸塊／房酸塊

ユキノシタ科スグリ属／落葉低木（高さ1m）

7月ごろ、ビー玉のような実を輝かせるスグリは、樹勢が強く家庭向きの果樹といえます。一般に栽培されているのは、ヨーロッパやアメリカ産のセイヨウスグリと、小さな実を房状につけるフサスグリ（カラント）です。植えつけは落葉期の12〜3月上旬が適期。放任しても樹形は整います。実つきの悪い古枝を更新していきます。ふやし方は、株分けが一般的ですが、さし木も容易です。適期は2〜3月、6〜7月です。

ビワ 枇杷

バラ科ビワ属／常緑高木（高さ5〜10m）

花の少ない冬、枝先に白い小さな花を房状に咲かせます。リンゴやナシとは近縁。花には芳香があり、緑葉に映えて美しいものです。実は6月ごろ、橙黄色に熟したら収穫します。植えつけは、3〜4月が適期。込み合った部分の間引きや不要枝の整枝剪定は、花芽の分化が終わる9月上旬〜中旬に行います。ふやし方は、つぎ木が一般的です。適期は2〜3月。台木は実生2〜3年生苗かマルバカイドウのさし木苗を用います（170ページ参照）。

ヤマモモ 山桃、楊梅

ヤマモモ科ヤマモモ属／常緑高木（高さ3〜5m）

暖かい地方の海岸に近い所に自生が見られます。雌雄異株で4月ごろに開花し、雌花は結実します。実は生食のほか、ジャムや果実酒に利用します。実を楽しむ場合は雌株を植えます。植えつけは、4〜5月中旬および8月下旬〜10月上旬が適期です。整枝剪定は2〜3月上旬が適期です。ふやし方は、つぎ木、実生が一般的です。つぎ木の適期は、3月下旬〜4月。実生3〜4年生の苗を台木に用います。実生は9月中旬に種をまきます。

果樹サルナシ。キウイフルーツと同属。日本などの冷涼な地域に分布。雌雄異株または同株。キウイフルーツと同様に栽培できる

果樹　その他の果樹

| 章末コラム
| **家庭で果樹を楽しもう**

矢端氏の農園には、近隣からたくさんの人が見学に訪れます。みなさん小さな木に実がなっているようすに興味を持ち、自宅でも試してみようと、さまざまな質問をします。読者のみなさんの参考にもなると思いますので、ここに再現してみましょう。

リンゴ

「自分の庭に果物がなっているのを見ると、ほっとするし、心が豊かになりますよ」

――その通りですね。でも、どうしてこのリンゴはこんな小さな木に実がなっているのですか

「矮性台木を使っているからです」

――リンゴ栽培農家が使っている台木ですね

「そうです。でも、私は農家が使用している矮性台木より、さらに矮性の強い台木を使っています」

――たとえばどのような台木ですか

「農家では、M9やM26などを使っていますが、もっとも矮性の強い台木はM27です。私はこれを台木として使っています」
――どうしてでしょうか

「農家は生産性も重視しますので、ほどほどの矮性台木が望ましいのです。一方、家庭果樹では、収量にこだわる必要はありません。実がなっているだけで満足できますから」

――その台木は簡単に入手できるのでしょうか

「果樹専門のカタログの中には掲載されているものもあります。なお、この台木はさし木ができませんので、一度マルバカイドウにつぎ木して、さらに目的のつぎ穂をついでいます。これを二重つぎといいます」

マルバカイドウのさし木苗

――やっかいですね。もっと簡単なものはないのでしょうか

「それがあるのです。日本の技術者がMシリーズの台木を品種改良して、JMシリーズをつくったのです。これは簡単にさし木繁殖が可能です。M27に相当する矮性を示す品種はJM5ですので、現在この台木に切り替えているところです」

――木が小さいと管理の面でずいぶん助かるでしょう

「すべての面で楽になりますね。とくに鳥の被害から実を守るとき、ネットが低く、小規模ですむのがいいですね」

――ネットをかけないと鳥は防げないのでしょうか

「いろいろ試していますが、やはりネットが一番ですね。ネットがないと袋を破って食べられてしまうことがあります。でも、今年度、ブドウ用のプラスチックの傘をリンゴに使用してみたところ、大変有効でした。今後続けて使用してみたいと思っています」

台木に使うマルバカイドウ。さし木でふやせる

ブドウ用の傘をかけたリンゴ（品種は「ふじ」）。鳥よけの効果は高い

マルバカイドウの台木に、中間台木として矮性のM9をつぎ木し、そこにリンゴとナシをつぎ木している。左がリンゴ（品種は「ひめかみ」）。右側が西洋ナシの「カリフォルニア」。カリフォルニアのいくつかの枝には、中国ナシの「紅梨」もつぎ木している

リンゴの「ぐんま名月」。台木にはJM5を使用している

同じくリンゴの「西谷紅玉」。台木にはJM5を使用している

こんな楽しみ方もある。マルバカイドウに中間台木M9をつぎ木し、「ふじ」（手前左側）、「紅玉」（手前右側）「名月」（奥側）をつぎ木している。秋には3種類のリンゴが収穫できる

果樹

章末コラム――家庭で果樹を楽しもう

果樹

カキ

——カキにも矮性台木があるのでしょうか

「西村早生という品種が矮性を示すといわれています。園芸雑誌に台木用に選抜された西村早生が紹介されましたので、譲っていただきました。ある程度の効果はみられるようですが、本格的な矮性台木が欲しいですね」

——誰かが取り組んでいるのでしょうね

「私もそのうちのひとりですが、ごく小規模にいろいろなカキを実生しています。実生したもののうち、矮性を示すものもあるのですが、その性質が穂木に伝わらない場合が多く、それが課題となっています」

——やはりそう簡単ではなさそうですね。ところで、カキはさし木ができるのでしょうか

「いいえ、困難です。ですから西村早生の実生を台木として使用するか、選抜西村早生を二重つぎすることになります」

——やっかいですね。ほかに方法はないのでしょうか

「カキは、苗を植えてから3〜4年間、毎年掘りあげて根を切り詰めて植え替えると、かなり樹勢が抑えられて矮性になります。実がつくのも早くなります。実がなりだしたら摘果せず、そのままたくさんならせます。そうすると、さらに樹勢が弱まってコンパクトになります」

シブガキの樹上脱渋。木につけたまま、アルコールを含ませた脱脂綿などを入れたビニール袋で包んでおく。数日で渋が脱ける

ナシ

——ナシはいかがでしょうか

「ナシは棚栽培が主流ですので、わざわざ矮性種をつくる必要がなかったのでしょう。矮性台木はありません」

——棚をつくるのも大変ですし、矮性台木がないとするとナシを家庭果樹として栽培するのは難しいですね

「必ずしも棚がなければナシ栽培ができないというものでもありません。仕立て方を工夫すれば十分できます。ただ、樹勢が強いものが多く、大型になりやすいので矮性台木が欲しいですね」

——やはり、ナシについても矮性台木の育種をされているのですか

「10年ほど前に南勢チャボという品種を入手しました。果実はまずくてまったく使いものになりませんが、木は節間が極端に詰まり、みごとに矮性となっています。この枝をナシの台木につぎ木し、目的の品種を二重つぎしましたが、効果はありませんでした」

——種は採れたのでしょうか

「はい。当然、実生苗もつくりましたが、親のように節間が詰まったものは出ませんでした。ふつうに伸びた台木を使ってつぎ木もしましたが、やはり穂木を矮性にする効果はありませんでした」

「南勢チャボ」の葉がついているようす。矮性の木ではこのように節間が詰まっている。ふつうの木でも突然変異で節間の詰まった枝が出る（枝変わりという）ことがある。その枝をつぎ木して実をならせ、採った種で実生をして、新たな矮性種ができるかどうか、試してみるのもおもしろい

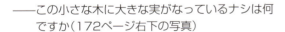

「南勢チャボ」

「南勢チャボ」。袋を取り除いた状態

——この小さな木に大きな実がなっているナシは何ですか（172ページ右下の写真）

「これは愛宕（あたご）というナシの枝変わりです。この木の一部に節間の短い枝が出たので、ほかの台木についでその特性を確認しているところです」

——枝変わりというのですか。実生以外にも変わった個体を見つける方法があるのですね

「南勢チャボ同様、この個体も中間台木として使用したり、実生して矮性台木の作出をねらっているのですが、なかなか思うようにはいきません」

果樹　章末コラム——家庭で果樹を楽しもう

果樹

スモモ

——このスモモも小さいのに、実がいっぱいなっていますね。やはりスモモの矮性台木があるのですか

「スモモ専用というわけではありませんが、スモモなどのサクラ亜科の果樹には矮性台木としてユスラウメやニワウメを利用しています」

——サクラ亜科？

「バラ科の植物は世帯が大きいので、科と属の間に亜科を設けています。バラ亜科、ナシ亜科、サクラ亜科などです」

——サクラ亜科にはどのような果樹が含まれているのですか

「モモ、ネクタリン、スモモ、プルーン、アンズ、ウメ、サクランボなどです。ただし、サクランボについては両台木との相性が悪く、利用されていません」

——どのように台木をつくるのですか

「ユスラウメやニワウメはさし木でもふやせますが、一般には実生します。種をまいて１年後には使用できるようになります」

——これらの矮性台木を使用した苗木は、市販されているのでしょうか

「最近の種苗カタログを見ると掲載されています。ただし、品種に限りがありますので、自分の気に入った品種が欲しい場合は、台木を育てて、自分でつぎ木することになります」

——サクランボ以外のサクラ亜科の果樹はみな同じ扱いでいいわけですね

「その通りです。ちなみに、ナシ亜科にはナシ、リンゴ、ビワなどがあります。リンゴの台木であるマルバカイドウに、リンゴとナシを同時につぐこともできます」

「太陽」の実

スモモ「太陽」。ユスラウメの台木につぎ木している

プルーン。これもユスラウメの台木につぎ木し、低く仕立てている

クリ

――クリは大きくなりすぎるので、家庭果樹には不向きのようですね

「しばらく前に七立という一才グリが園芸雑誌に紹介されたので、取り寄せました。一才性が強く、春にまくとその年に開花、結実します。しかも、このクリは、温度さえあれば次から次へと花を咲かせ、実をならせます」

――おもしろそうなクリですね。矮性台木として利用できそうですか

「つぎ木して5年ほどたつ木があります。ほかのクリの木と比較すると、極端に矮性となっていますが、今後の生育のようすを観察する必要があります」

――実は食べられるのですか

「七立を育成された方はかなり大きな実を選抜していますので、十分食用になるようです。私のところにあるのは小さな実ですが」

「七立」の実生苗。温度があれば秋まで花を咲かせ、実をつける（撮影時期は10月中旬）

――選抜するとおもしろいでしょうね

「そうですね。秋に実がびっしりなるので生け花の材料に適しているのではないかと思っています。そのためには目的別に選抜できればいいですね」

「七立」というクリの矮性種。実も小粒

果樹　章末コラム――家庭で果樹を楽しもう

175

果樹

カンキツ類

——ミカンなどのカンキツ類はいかがでしょうか

「ミカンの仲間は比較的樹形がコンパクトなものが多く、仕立て方によっては家庭果樹に適していると思います」

——矮性台木はあるのですか

「カラタチの変種で、ヒリュウというのがありますが、これが矮性台木として一般に使われています」

——ヒリュウは簡単に手に入るのでしょうか

「九州のカンキツ類専門の生産者のカタログで見つけました。種と苗を販売しています」

1本の木にさまざまなカンキツ類をつぎ木したもの

ユズの親木に、ユズ（左上）やキンカン（左中央）、ナツミカン（右下）などが実っている

5章
観葉植物・鉢花のふやし方

丈夫で活用範囲が広い
アイビー

ヘデラ、ヘデラ・ヘリックス（学名）、セイヨウキヅタ

ウコギ科キヅタ属／常緑耐寒性つる性木本

軽やかな印象で、戸外でグラウンドカバーや寄せ植えのアクセントにしたり、室内で観葉植物として楽しむなど、さまざまに活用できるのが魅力。「アイビー」は、ツタを意味しますが、ブドウ科のツタと紛らわしいので、このごろは属名の「ヘデラ」で総称されることも多くなりました。葉の色や大きさなどの異なる、さまざまな品種があります。

栽培カレンダー

月	状態	管理	繁殖作業	肥料	ポイント
1		明るい室内		薄い液肥	日当たりを好むが、真夏は半日陰で管理する
2		明るい室内			
3		明るい室内			
4					
5		日に当てる	さし木／とり木	2か月に1回置き肥	
6		日に当てる	さし木／とり木		
7		半日陰			
8		半日陰			
9		日に当てる	さし木／とり木		
10		日に当てる	さし木／とり木		
11		明るい室内		薄い液肥	
12		明るい室内			

手入れのしかた

よく日の当たる場所で育てますが、コンテナ植えの場合には、真夏は半日陰で管理します。耐陰性も強いのですが、ずっと日が当たらない場所で育てると葉が薄く、弱々しい印象になり、色が薄くなったり斑が少なくなったりします。秋から冬の間は、水の代わりに液肥を与えるとよいでしょう。

生育が旺盛でつるがよく伸びるので、とり木をしたり、春と秋には切り戻したつるをさし木にしたりしてふやせます。水ざしをしても容易に発根します。

さし木でふやす

春と秋に、伸びすぎたり茂りすぎたりして、切り戻したつるの中から、葉の斑がきれいな部分を選んでさし穂にします。

先端の軟らかい部分は使わず、充実した部分を10cmくらいに切り、葉を数枚残して下葉を取り除きます。

十分に水あげしてから、さし床にさします。1～2か月して新芽が生長してきたら、ポットに数本ずつ、培養土で植えつけます。

観葉植物・鉢花 アイビー

さし木

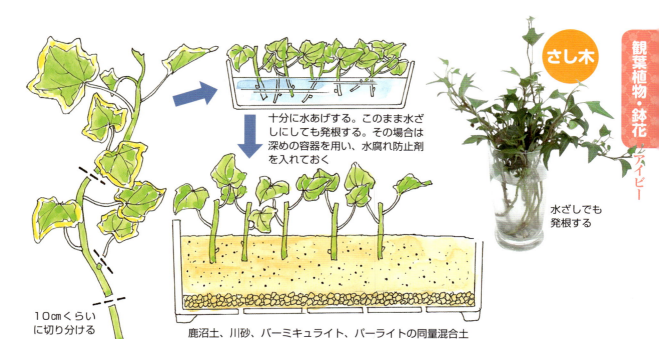

十分に水あげする。このまま水ざしにしても発根する。その場合は深めの容器を用い、水腐れ防止剤を入れておく

10cmくらいに切り分ける

鹿沼土、川砂、バーミキュライト、パーライトの同量混合土

水ざしでも発根する

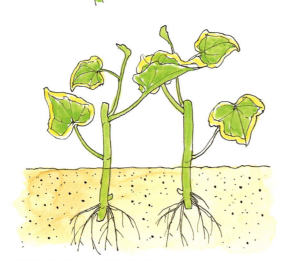

耐寒性があるので、庭に植えてもよい

新芽が生長してきたら、鉢やポットに数本ずつ培養土で植えつける

観葉植物用の培養土

1鉢に2〜3本の寄せ植えにしてもよい

 とり木でふやす

　長く伸びたつるを、針金を曲げてつくったUピンなどで地面に止めつけ、少し土を盛っておきます。発根して新芽が順調に伸び始めたら、親株から切り分け、ポットに植えつけます。

「医者いらず」の薬用植物
アロエ
ロカイ（蘆薈）、キダチロカイ、キダチアロエ、イシャイラズ

ツルボラン科アロエ属／半耐寒性多肉植物（高さ0.1～10m）

薬用植物として親しまれているキダチアロエ（キダチロカイ）や、厚葉がすっと上に伸びるアロエ・ベラ、葉肉の中のゼリー状の部分を食用にするアロエ・コンパクタ、葉が短く刺が目立つ不夜城など、多くの種類があります。草丈も10cm程度の小型種から数mにもなる大型種までさまざま。生育旺盛で、育てやすい観葉植物です。

栽培カレンダー

月	状態	管理	繁殖作業	肥料	ポイント
1		日に当てる			寒さに強く、暖地では露地栽培もできる。日当たりを好む
2					
3					
4			さし木		
5			さし木／株分け	2か月に1回置き肥	
6					
7			さし木／株分け		
8					
9					
10					
11					
12					

手入れのしかた

　寒さに強く、関東以西の暖地では露地栽培も可能です。がっしりとした株姿にするためにも、真夏以外は直射日光に当てて育てるとよいでしょう。

　水は控えめにし、鉢土の表面が白くなって1週間ほどしてから与えるくらいで十分です。冬の戸外に置いたものは、暖かくなるまでは水やりを控えます。肥料はほとんど必要ありません。生育が旺盛で、与えすぎると大株になりすぎることがあります。

　さし木と株分けでふやします。

さし木でふやす

　4～9月のうち、梅雨時期を避けて行います。30cmくらいの長さに切り、下葉を半分ほど落とします。風通しのよい日陰に置いて、切り口を乾かします。約1週間ほどして完全に乾いたら、鹿沼土、バーミキュライト、パーライト、ピートモスの同量混合土にさし穂の半分くらいまでさします。十分に発根するまでは、明るい日陰で管理しましょう。

アロエの花

さし穂のつくり方

節の上で切る。切って下葉を落としたら、切り口が完全に乾くまで陰干しする

下葉を利用したり、生長に伴って下葉が落ちたりして見栄えが悪くなったときにも、株元近くまで切り戻し、さし木で仕立て直すとよい

観葉植物・鉢花 アロエ

株分けでふやす

5〜9月のうち、梅雨時期を避けて行います。株元から出た子株や、節々から出た腋芽を切り取り、風通しのよい日陰に置いて切り口を十分に乾かしてから植えつけます。植えつけてすぐの水やりは必要ありません。明るい日陰に置いて1週間ほどしてから水やりを行います。十分に発根したら、日当たりのよい場所で管理しましょう。

株分け

子株や腋芽をさすときは、1週間くらい陰干ししたあとでさす

株元から子株が発生する。発根しているものは、切り離して植えつける

植えつけてすぐに水を与える必要はない（明るい日陰に置く）

十分に発根して、新芽が伸びてきたら、日当たりのよい場所に移す

折り鶴のようなかわいい子株がつく
オリヅルラン
折鶴蘭、チョウラン、フウチョウラン

アンテリクム科オリヅルラン属／半耐寒性多年草（高さ0.1～0.2m）

ランナー（ほふく枝）の先に子株がつき、まるで折り鶴のように見えることから、この名前がつけられました。多く出回っているのは葉の中央や縁に帯状の斑が入るフイリオリヅルランで、よく子株がつきます。葉の幅が広いヒロハオリヅルランの中で外側に細い斑が入るものはシャムオリヅルランで、ランナーを出しません。

栽培カレンダー

月	状態	管理	繁殖作業	肥料	ポイント
1		日に当てる			冬期に少し葉は傷むが、戸外で育てることもできる
2		日に当てる			
3		日に当てる			
4		日に当てる			
5		日に当てる	株分け・子株分け	2か月に1回置き肥	
6		半日陰	株分け・子株分け	2か月に1回置き肥	
7		半日陰	株分け・子株分け	2か月に1回置き肥	
8		半日陰	株分け・子株分け	2か月に1回置き肥	
9		日に当てる	株分け・子株分け		
10		日に当てる			
11		日に当てる			
12		日に当てる			

手入れのしかた

　性質は丈夫で、室内で楽しむほか、戸外で花壇の縁取りなどに用います。コンテナ栽培では、小さめの器に植えて高い場所に飾るか吊り鉢仕立てにすると、オリヅルランの魅力が堪能できます。

　日当たりを好み、日光が不足すると斑が少なくなったり子株が出にくくなります。水やりは控えめでよく、過湿に注意しましょう。

　株分けでふやします。子株は親株とつながったままでは大きくなりませんが、切り離して植えつけると生長を始めます。

株分けでふやす

　5～9月が適期。鉢から抜いてはさみなどで2～3株に切り分けます。とくに長い根は切り詰めておきましょう。コンテナの場合は観葉植物用の培養土で、吊り鉢ならハンギングバスケット用の軽い用土で植えつけます。生長が早いので、少し大きめの器を用いてもかまいません。

ランナーの先につく子株

子株をたくさんつけたフイリオリヅルラン。生育が旺盛なので、2年に1回は植えかえる

子株分けでふやす

親株の根元部分でランナーを切り、子株から5〜10cmの部分で切り落とします。2号鉢くらいの小鉢に1株を植えつけると、ミニ観葉植物として楽しめます。ある程度のボリュームを出すときは、3〜5株を寄せ植えにします。培養土は、観葉植物用の水はけのよいものを用いましょう。

観葉植物・鉢花　オリヅルラン

❶ランナーを3〜5cmつけた状態で、子株を切り離す

❷鉢にあらかじめやや多めの用土を入れておき、浅めに植え込む

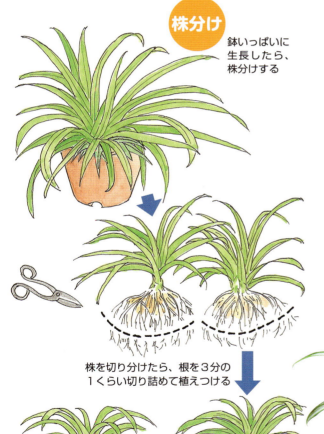

株分け

鉢いっぱいに生長したら、株分けする

株を切り分けたら、根を3分の1くらい切り詰めて植えつける

観葉植物用の土

❸植えつけたら用土を押さえ、水やりの際にあふれない程度の余地をつくっておく

183

太い幹と丸い光沢葉が存在感抜群
ガジュマル
ガジマル、溶樹

クワ科イチジク属／半耐寒性常緑高木（高さ1〜20m）

ベンジャミンゴムなどと同じくゴムノキの仲間。東南アジア〜沖縄に自生します。ガジュマルは沖縄地方の方言ですが、由来ははっきりしません。沖縄では妖精キジムナーの住む木として大切にされています。自生地では、はじめは樹上に寄生し、多数の気根を出して地面に到達すると支柱根とし、しだいに宿主の木を覆いつくしてしまうほど生長します。

栽培カレンダー

月	状態	管理	繁殖作業	肥料	ポイント
1		明るい室内			水は鉢土の表面が乾いてから、たっぷりと与える
2		明るい室内			
3		明るい室内			
4		明るい室内			
5		日に当てる	さし木・とり木	2か月に1回置き肥	
6		日に当てる	さし木・とり木	2か月に1回置き肥	
7		日に当てる	さし木・とり木	2か月に1回置き肥	
8		日に当てる		2か月に1回置き肥	
9		日に当てる			
10		明るい室内			
11		明るい室内			
12		明るい室内			

手入れのしかた

　日光を好みますが、耐陰性が強いので室内でも管理できます。ただし、日当たりが悪いと株が弱ることもあるので、4月下旬〜9月の間は、ベランダやテラスなどに出して日に当てましょう。

　水は鉢土の表面が乾いてからたっぷりと。冬は水やりを控えめにすると、5度以上で冬越しが可能です。

　さし木、とり木でふやします。下葉が落ちてバランスが悪くなったら、とり木をして樹高を縮めましょう。

さし木でふやす

　5〜9月が適期。枝を3〜4節つけて分け、切り口を鋭利なナイフかハサミで斜めに切り、流水で切り口から出る白い樹液を洗い流します。鹿沼土、バーミキュライト、パーライト、ピートモスの同量混合土にさします。明るい日陰に置いて管理すると2か月ほどで発根し、新葉が展開するので、3号鉢（1号は直径3cm）に植えつけます。

　生長するとイチジクと同じような花が咲きますが、イチジクコバチという昆虫がいない地域では、結実しても種は発芽しません。

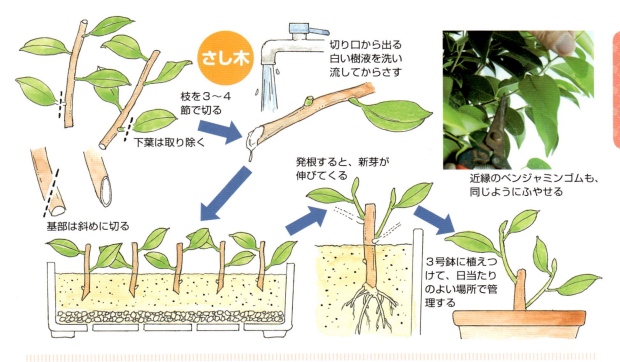

とり木でふやす

5～9月が適期。とり木後のバランスがよくなる位置で環状剥皮をして水ごけを巻き、ビニールで包みます。根が確認できるまでに伸びたら、水ごけの下で切り離して植えつけます。または、気根の下で切り離し、気根を根として鉢に植えつけても手軽にふやせます。

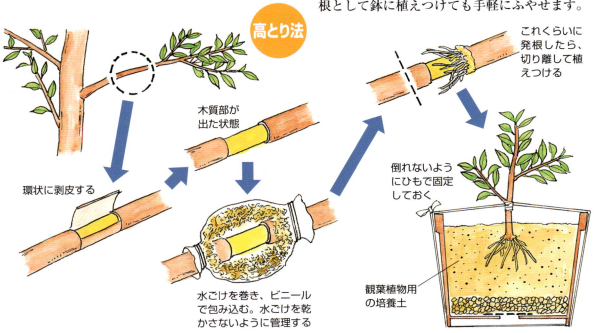

「金の成る木」として親しまれる
カネノナルキ
花月（カゲツ）、クラッスラ

ベンケイソウ科クラッスラ属／半耐寒性多肉植物（高さ0.1～0.5m）

学名はクラッスラ。葉の形が1ドルコインに似ていることからdollar plantの英名があります。和名は「花月」ですが、肉厚の葉が硬貨に似ていることや、5円玉の穴に新芽を通して育てる方法が広まったことから「金の成る木」と呼ばれ、縁起木として親しまれています。

栽培カレンダー

月	状態	管理	繁殖作業	肥料	ポイント
1		明るい室内			多肉植物なので、水やりはやや控えめに
2		明るい室内			
3				少量	
4		日に当てる		少量	
5		日に当てる	さし木		
6			さし木		
7		半日陰			
8		半日陰			
9		日に当てる	さし木		
10		日に当てる		少量	
11		明るい室内			
12		明るい室内			

手入れのしかた

　日光を好むので、真夏以外は十分に日光に当てて育てます。水はやや控えめに。とくに、高温期と低温期は回数を少なくします。鉢土の表面が乾いて2～3日たってから与えるくらいでよいでしょう。肥料は春と秋に少量与え、夏は中止します。

　さし木、葉ざしでふやします。下葉が落ちたり、日当たりが悪くてひょろひょろした株姿になったときには仕立て直しをして、さし穂として利用します。

さし木でふやす

　5～6月と9月が適期。前年に伸びた茎を6～8枚の葉をつけて切り取ります。風通しのよい日陰で切り口を十分に乾かしてから、さし木にさします。1か月ほどして発根したら、2号くらいの小鉢に植えつけます。

さし穂。切り取った下葉も葉ざしに利用できる

葉ざしでふやす

また、葉を切り取って用土の上に置くだけでも、ふやすことができます。ほかと同じ混合土や、川砂などの清潔な用土を用いましょう。水ごけを少量置き、その上に葉を乗せて枕のようにすると安定します。1か月くらいすると発根して新芽が生長してくるので、そのまま育てましょう。十分に発根したら、小鉢に植えつけます。

観葉植物・鉢花

カネノナルキ

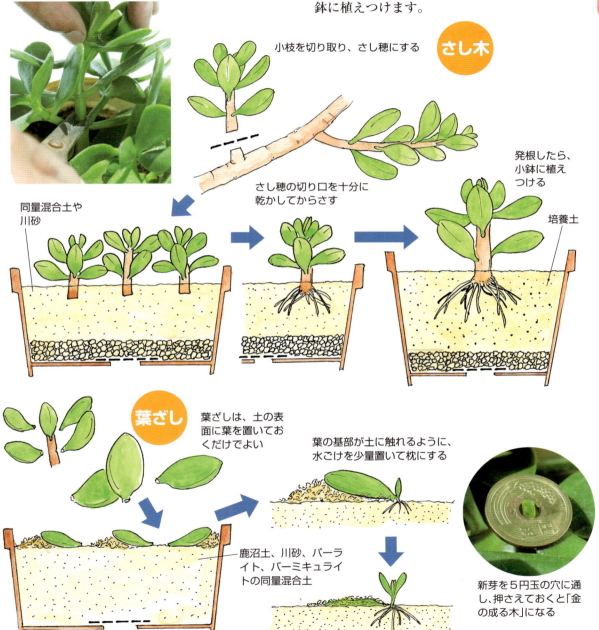

さし木
- 小枝を切り取り、さし穂にする
- さし穂の切り口を十分に乾かしてからさす
- 同量混合土や川砂
- 発根したら、小鉢に植えつける
- 培養土

葉ざし
- 葉ざしは、土の表面に葉を置いておくだけでよい
- 葉の基部が土に触れるように、水ごけを少量置いて枕にする
- 鹿沼土、川砂、パーライト、バーミキュライトの同量混合土

新芽を5円玉の穴に通し、押さえておくと「金の成る木」になる

迫力の巨大輪から清楚な小輪種まで
クジャクサボテン
エピフィルム、オーキッドカクタス

サボテン科クジャクサボテン属（エピフィルム属）／半耐寒性多肉植物（高さ0.5〜1m）

葉のような茎を持つサボテンで、野生種は森林の樹上に着生して育ちます。花は5cm程度の小輪から30cm近くもある巨大輪まであり、色も豊富。艶やかな花姿から、オーキッド（蘭）カクタスの英名がつけられており、花は数日間開閉をくり返します。芳香がすばらしいゲッカビジンもこの仲間ですが、花は一晩でしぼみ、栽培方法もやや異なります。

栽培カレンダー

月	状態	管理	繁殖作業	肥料	ポイント
1		戸外の半日陰			ある程度の寒さに当てないと花芽がつかないので、冬も暖房の効いた部屋は避ける
2		戸外の半日陰			
3		戸外の半日陰			
4		明るい室内			
5	開花	明るい室内	さし木・つぎ木	少量	
6	開花	明るい室内	さし木・つぎ木	少量	
7		戸外の半日陰		少量	
8		戸外の半日陰			
9		戸外の半日陰			
10		戸外の半日陰			
11		低温の室内			
12		低温の室内			

手入れのしかた

　開花期は直射日光や風に当てないようにして、レースのカーテン越しくらいの日光に当てて育てます。花後は戸外の半日陰で管理しましょう。冬期は霜のおりる前に室内に取り込みますが、暖かい場所で管理すると花芽がつかないので、暖房の効いた部屋に置くのは避けます。

　水は鉢土の表面が乾いたら与えます。晩秋から春先までは、休眠期なので与えません。

　さし木でふやすのが一般的。つぎ木や株分けでもふやせます。

さし木でふやす

　5〜7月が適期。20〜30cmほどに葉節を切り、7〜10日ほど風通しのよい日陰に置いて切り口を乾かします。鹿沼土、バーミキュライト、パーライト、ピートモスの同量混合土を入れたさし床を用います。しばらくは水を与えず、2〜3週間ほどして発根してから与えます。根が1cmほど伸びたら、3号鉢に培養土で植えつけます。

ゲッカビジン（月下美人）

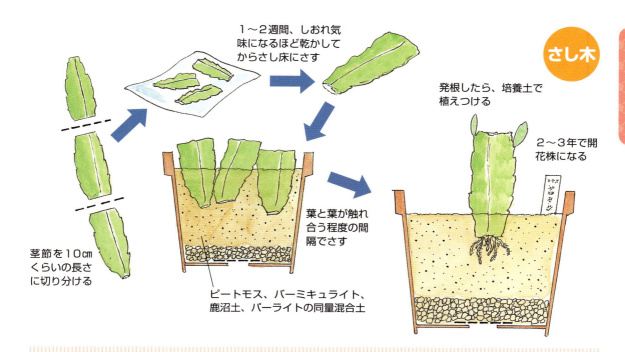

つぎ木でふやす

三角柱のサボテンの台木につぎ木をすると、早く開花株がつくれます。穂木は、とげ座3個くらいをつけ、3～5cmに切って用意します。20cmくらいに切った台木に切り込みを入れ、台木と穂木の維管束がぴったり合うように差し込み、深鉢にゴロ土などを入れて立てておきます。水を3週間ほど切り、新芽が伸びてきたら植えつけます。

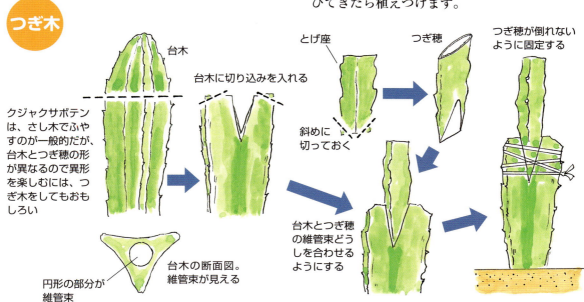

栽培カレンダー

月	状態	管理	繁殖作業	肥料	ポイント
1		明るい室内			耐陰性はあるが、長く日に当てないと徒長する
2		明るい室内			
3		明るい室内			
4		日に当てる（緑葉種）		2か月に1回置き肥	
5		日に当てる（緑葉種）	とり木 さし木	2か月に1回置き肥	
6		日に当てる（緑葉種）	とり木 さし木	2か月に1回置き肥	
7		日に当てる（緑葉種）	とり木 さし木		
8		日に当てる（緑葉種）			
9		明るい室内		2か月に1回置き肥	
10		明るい室内		2か月に1回置き肥	
11		明るい室内			
12		明るい室内			

つやつやの丸い葉でおなじみ
ゴムノキ
インドゴム、ショウジョウボク

クワ科イチジク属／常緑性または落葉性低木～高木、つる性木本（高さ1～20m）

もっとも広く親しまれている観葉植物のひとつで、一般的には楕円形の厚く大きな葉のインドゴムノキ（フィカス・エラスティカ）をさします。葉色が濃く立葉性のロブスタ、葉が小型で縮れたようになるアポロ、斑入りのティネケなど種類も豊富。ベンジャミンゴムやガジュマルなどもこの仲間です。

手入れのしかた

耐陰性があるので室内でも育てられますが、日光が当たらない室内に長く置くと徒長します。春から秋は日の当たる戸外で管理しましょう。斑入り種は半日陰か明るい室内で管理します。

冬は水を控えめにして、鉢土の表面が乾いてから3～4日たって与えましょう。

さし木やとり木でふやします。日当たりが悪かったり大きく生長して株姿が乱れた場合には、とり木をして仕立て直しましょう。

 ## さし木でふやす

5～8月が適期。1節あればさし木ができます。葉をつけたまま1節を切り、節を湿らせた水ごけで巻きます。葉がじゃまな場合には輪ゴムで丸めておくと扱いが楽。いくつかを鉢に並べ、水ごけを乾かさないように管理します。発根したら、新芽を直立させるようにして植えつけます。

斑入り種

観葉植物・鉢花 ゴムノキ

さし木

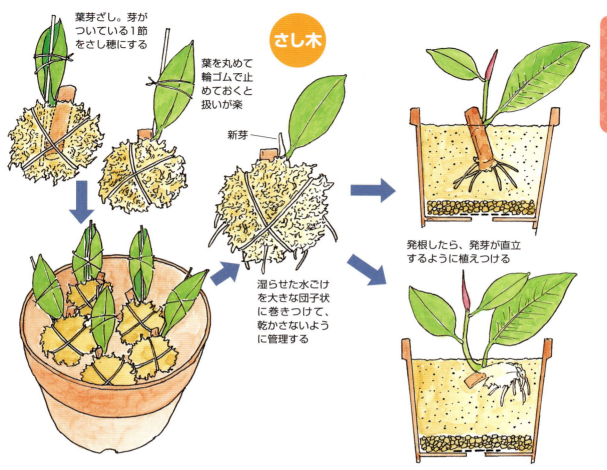

とり木でふやす

　5〜6月が適期。とり木したあとのバランスを考えて位置を決め、環状剥皮をします。湿らせた水ごけを巻き、ビニールで覆ってひもで縛っておきます。ときどき上部から水を与え、水ごけが乾かないように注意します（作業は30ページ参照）。

　2か月くらいして根が数本見えてきたら切り離し、新しい鉢に植えつけます。親株も切り戻しておくと、腋芽が出て再び楽しめます。

❶ビニールの外側から、根が見えてきたところ

❷ビニールを取り除くと、よく発根しているようすがわかる

191

ユニークなフォルムで存在感抜群
サボテン　仙人掌

サボテン科サボテン属／多年性多肉植物（高さ0.02〜5m）

サボテンは、サボテン科の多肉植物の一種で、アメリカ大陸に自生しています。長い乾期に備えて水を貯えるために、茎が肥大して独特な形状をしています。多くはトゲを持っています。グリーンインテリアとして利用されているものは、小さなミニサボテンが中心です。

栽培カレンダー

月	状態	管理	繁殖作業	肥料	ポイント
1		明るい室内			日当たりを好むが、日本の高温多湿は苦手。水やりは控えめに
2		明るい室内			
3		明るい室内			
4		日に当てる	さし木・つぎ木	少量	
5		日に当てる	さし木・つぎ木	少量	
6		30%遮光			
7	開花	80%遮光			
8	開花	80%遮光			
9		30%遮光	実生・さし木・つぎ木	少量	
10		日に当てる	実生・さし木・つぎ木	少量	
11		日に当てる			
12		室内			

手入れのしかた

　ほとんどの種は日当たりを好みます。暑い場所に自生する植物のイメージですが、日本の高温多湿は苦手。とくに熱帯夜が続くと弱るので、6〜9月は30%、7〜8月は80%くらい遮光しましょう。冬は室内に取り込みますが、休眠期なので水は必要ありません。なるべく日当たりのよい場所に置き、暖房を効かせすぎないように注意します。

　さし木が一般的です。自然によく子球（枝）を出しますが、強制的に子球を出させ、さし穂に使う方法もあります。つぎ木も可能です。

さし木・実生でふやす

　自然にできた子球のほか、生長点を切り取ってしばらくするとできる子球を切り取って、さし穂に使います。切り口を風通しのよい日陰に7〜10日くらい置いて、よく乾かします。それをサボテン用培養土に差し込んでおけば発根します。水やりをごく控えめにしたほうが、早く発根します。

　また、実生のしかたについては38ページで詳しく説明しているので、そちらを参照してください。

つぎ木でふやす

サボテンの生長は遅く、実生してから開花まで10年以上かかるものもみられます。このような場合、つぎ木によって成長を早め、開花を促進することができます。また、つぎ木は子球の繁殖や根腐れした株の再生法としても利用されます。

つぎ木のしかたですが、まず台木の先端を水平に切ります。次に角の部分を落として再度水平に切り、同じ処理をした穂木を乗せ、維管束どうしを合わせて、糸で固定します。

観葉植物・鉢花 サボテン

❶つぎ穂は「象牙丸」、台木は「竜神木」という品種

❷台木の先端部分をナイフで切り取る

❸つぎ穂も同様に。切断面の中心に円形の維管束が見えている

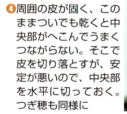

❹周囲の皮が固く、このままついでも乾くと中央部がへこんでうまくつながらない。そこで皮を切り落とすが、安定が悪いので、中央部を水平に切っておく。つぎ穂も同様に

❺維管束どうしをぴったり合わせる

❻糸をかけて固定する。見た目は悪いが開花するまでの期間を短縮できる(「象牙丸」は美しい花が咲く)

「空気清浄植物」として注目
サンセベリア
サンスベリア、トラノオ、アツバチトセラン

リュウゼツラン科サンセベリア属／半耐寒性多肉植物（高さ0.1〜1m）

古くから「トラノオ」の名で観葉植物として育てられています。名前は、肉厚の鋭い剣葉に虎縞のような斑が入ることに由来します。近年、マイナスイオンを多く発生させるということで、部屋に置いておくだけで空気をきれいにしてくれる植物として再注目され、人気が高まっています。ロゼット状（地面に接して葉を広げる）になる矮性種もあります。

栽培カレンダー

月	状態	管理	繁殖作業	肥料	ポイント
1		明るい室内			水の与えすぎによる根腐れに注意する
2		明るい室内			
3		明るい室内			
4		明るい室内			
5		日に当てる	葉ざし／株分け	2週間に1回 液肥	
6		日に当てる	葉ざし／株分け	2週間に1回 液肥	
7		半日陰	葉ざし／株分け	2週間に1回 液肥	
8		半日陰	葉ざし／株分け	2週間に1回 液肥	
9		日に当てる			
10		日に当てる			
11		明るい室内			
12		明るい室内			

手入れのしかた

たいへん丈夫で、ほとんど手間がかかりません。5〜10月は戸外の日当たりのよい場所に置きます。真夏は半日陰に移動を。水の与えすぎで根腐れを起こすことが多いので注意しましょう。とくに日当たりが悪い室内や低温な場所では乾かし気味に管理します。冬に最低10℃が確保できない場合には水を与えず、鉢土が乾いた状態で越冬させます。

株分け、子株分けでふやします。葉ざしでも容易にふやせますが、新しく生じた株からはせっかくの斑が消え、緑葉になります。

株分けでふやす

5〜8月が適期。鉢から抜いて古土を落とし、枯れた葉と根先を落としてから切り分けます。赤玉土と腐葉土に、川砂かバーミキュライトを混ぜた用土に植えつけます。

また、親株から伸びたほふく茎の節から根と芽を出して子株ができるので、切り離して小鉢に植えつけます（子株分け）。

子株は小さすぎるとその後の管理に時間がかかるので、ある程度大きくなってから切り分けます。

株分けのしかた

❶ 大きく生長し、鉢が根でいっぱいになったら、植えかえを兼ねて株分けを行う

❷ 2株に切り分けたところ

新たな子株ができている。ある程度生長させてから切り離す

❸ 倒れないようにしっかりと植えつける。子株がついているときは、子株が中心にくるように

観葉植物・鉢花

サンセベリア

葉ざしでふやす

葉を5～10cmに切ってさし穂をつくり、風通しのよい日陰に置いて切り口を乾かします。葉の上下を間違えないように、葉の半分くらいまでさし床にさします。さし床が乾かないように管理し、葉が3枚くらいに生長したら小鉢に植えつけましょう。

サンセベリアの一種

葉ざしのしかた

❶ 葉を切り取り、5～10cmずつに切り分けてさし穂をつくる。切り口を乾かす間、葉の上下を間違えないように、何か目印をつけておくとよい

❷ 切り口が乾いたら、葉の下側をさし床にさす。倒れないように半分くらいさし込んでおく。新しく出る葉には、親株のような斑は現れない

195

軽やかな印象で室内を彩る
シェフレラ
ホンコンカポック

ウコギ科シェフレラ属／常緑低木〜小高木（高さ2〜7m）

「ホンコンカポック」の名で親しまれる時期が長くありましたが、パンヤ科のカポックとは別種。おなじみのホンコンのほか、斑入り種、葉幅の広い種、細葉種などもあります。すっと高い株姿を楽しむには支柱を立てて止めつけていきますが、放っておくと茎が曲ったり横にボリュームが増したりして、自然風の株姿が楽しめます。

栽培カレンダー

月	状態	管理	繁殖作業	肥料	ポイント
1		明るい室内			乾燥に強い。夏以外は乾かし気味に育てる
2		明るい室内			
3		明るい室内			
4				2か月に1回置き肥	
5		日に当てる	さし木／とり木	2か月に1回置き肥	
6		日に当てる	さし木／とり木	2か月に1回置き肥	
7		日に当てる	さし木／とり木	2か月に1回置き肥	
8		日に当てる	さし木／とり木	2か月に1回置き肥	
9			さし木／とり木	2か月に1回置き肥	
10		明るい室内			
11		明るい室内			
12		明るい室内			

手入れのしかた

　日当たりを好みますが、耐陰性が高いので室内でも十分育ちます。節間が詰まってがっしりとした株にするには、春から秋まではできるだけ日当たりのよい戸外に置くとよいでしょう。乾燥に強く、鉢土の表面が完全に乾いてから水を与えます。とくに秋から春にかけては、乾かし気味に育てましょう。
　さし木やとり木でふやします。株が大きくなると気根が伸び、下葉が落ちて株姿が乱れるので、とり木で仕立て直しましょう。

さし木でふやす

　5〜9月が適期。1〜3節をつけて節の下で茎を切り取ります。数節つけたときには、下葉を取り除いて残した葉も半分くらいに切り詰めます。
　赤玉土などの用土にさし穂の半分くらいまでさして、明るい日陰で乾かさないように管理します。または、切り口を湿らせた水ごけで包み、水ごけの外まで根が伸びてきたら小鉢に植えつけます。

さし穂のつくり方

❶ 葉数も多くなってきたシェフレラ

❷ さし穂は、節の上(円内写真の矢印の部分)で切り取るようにする

❸ 1〜3節をつけ、下葉を取ってさし穂を調整する

観葉植物・鉢花　シェフレラ

とり木でふやす

5〜9月が適期。とり木をしたあとの株姿を想像してバランスのよい位置で環状剥皮（かんじょうはくひ）をします。黄白色の木質部を露出させ、湿らせた水ごけを巻いてからビニールで包んでひもで縛り、水ごけが乾かないように管理します。根が何本も見えてきたらビニールと水ごけをはずして鉢に植えつけます。

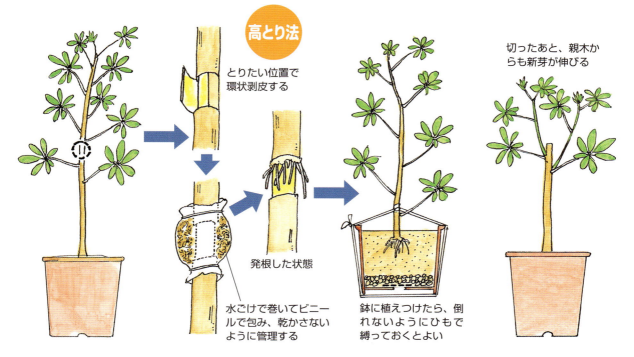

高とり法

とりたい位置で環状剥皮する

水ごけで巻いてビニールで包み、乾かさないように管理する

発根した状態

鉢に植えつけたら、倒れないようにひもで縛っておくとよい

切ったあと、親木からも新芽が伸びる

簡単にふやせるサボテンの仲間
シャコバサボテン

クリスマスカクタス、
デンマークカクタス
カニバサボテン（近縁種）

サボテン科シュルンベルゲラ属／多年性多肉植物（高さ0.1〜0.3m）

ブラジル原産のサボテンの仲間です。よく似たものに、葉に丸みのあるカニバサボテンがあります。花の時期はシャコバサボテンが12月ごろなのに対し、カニバは2〜3月です。ただし、最近では交配が進んで多くの品種があり、はっきりと区別するのが難しくなっています。花の色も赤、桃、白に加え、黄色なども見られるようになりました。

栽培カレンダー

月	状態	管理	繁殖作業	肥料	ポイント
1	開花	明るい室内			置き場所を急に替えると、つぼみが落ちることがある
2		明るい室内			
3		明るい室内			
4		剪定	さし芽／実生（開花から実が熟すまで約1年）	2週間に1回、液肥	
5		剪定	さし芽／実生	2週間に1回、液肥	
6		日に当てる	さし芽／実生	2週間に1回、液肥	
7		日に当てる	実生		
8		日に当てる	実生		
9			実生		
10		明るい室内	実生		
11	開花	明るい室内	実生		
12	開花	明るい室内			

手入れのしかた

　環境の変化に弱いので、置き場所を急に替えるようなことは避けます。

　また、サボテンの仲間なので、水がなくても育つように考えがちですが、原産地では山地の岩や樹木に着生しているため、ふつうの植物と同じように水を好みます。鉢土が乾いたら十分に与えます。

　一般的には、さし芽で簡単にふやせます。家庭園芸で交配を楽しみたい人には、実生もおすすめです。

さし芽・実生でふやす

　花の終わった株は、4〜5月に葉を2〜3節摘み取って、剪定をします。そのときに摘み取った葉をさし穂にします。3〜5本をまとめて赤玉土、バーミキュライト、パーライトの同量混合土にさすか、湿らせた水ごけで基部を包み、乾かさないように管理します。

　実生では、花の色が違う品種を選んで交配します。授粉が成功すれば花弁が落ち、子房がふくらんで、果実が大きくなります。実が黒く色づき、熟して裂けそうになったら種を採取し、川砂などを入れたまき床にまきます。

さし芽のしかた

観葉植物・鉢花　シャコバサボテン

❶ 鉢いっぱいに生長したシャコバサボテン。花が終わった株は、4～5月に剪定する。切り取った葉をさし穂に利用するとよい

2～3節ずつ切り取っていく（手で摘み取ってもよい）

さし穂

❷ 切り取ったさし穂を、5～10本ずつ輪ゴムで束ねておく

❸ 束ねたものをさし床にさす。ポリポットを利用してもよい。ていねいにする場合は、湿らせた水ごけを巻き、トレイに入れて乾かさないように管理する。発根は早いが、腐りやすい。発根したら仕立て鉢に植える

甘い香りで存在感を主張する
ジャスミン
ソケイ、マツリカ、ハゴロモジャスミンなど

モクセイ科ソケイ（ジャスミナム）属／常緑～半落葉小低木

鉢植えで12～4月ごろによく出回っている白花はハゴロモジャスミン。常緑のつる性で、あんどん仕立てなどにして売られています。同じように甘い香りがする花木にジャスミンの名がついているものがありますが、鮮やかな黄色のカロライナジャスミンはフジウツギ科、白花が夏に開花するマダガスカルジャスミンはガガイモ科です。

栽培カレンダー

月	状態	管理	繁殖作業	肥料	ポイント
1	開花				ハゴロモジャスミンは、低温に遭わないと花芽ができない
2	開花			施肥	
3	開花			施肥	
4	開花				
5				施肥	
6			さし木	施肥	
7		剪定	さし木		
8					
9		植えつけ			
10		植えつけ			
11					
12	開花				

手入れのしかた

　どの種類も生育が旺盛で、日当たりのよい環境を好みます。ハゴロモジャスミンやカロライナジャスミンは地植えにしてアーチやフェンスにからませて楽しみますが、剪定などの手間はほとんど必要ありません。コンテナで育てる場合、カロライナジャスミンは戸外で越冬しますが、ほかは冬は室内に取り込みます。ハゴロモジャスミンは秋の低温に遭わないと花芽ができないので、霜が降りない場所で低温に遭わせてから取り込みましょう。

　花後に剪定した枝を使ってさし木をします。

さし木でふやす

　6月下旬～8月上旬が適期。その年に伸びた枝の中から元気のよいものを選び、葉を数枚つけて2～3節ずつ切り分けます。先端の軟らかい新芽は使いません。さし穂は30分～1時間ほど水あげしてから、鹿沼土、バーミキュライト、パーライト、ピートモスの同量混合土などを入れたさし床にさします。

　半日陰に置いて乾かさないように管理し、3週間～1か月して発根したら、培養土で植えつけます。

観葉植物・鉢花 ジャスミン

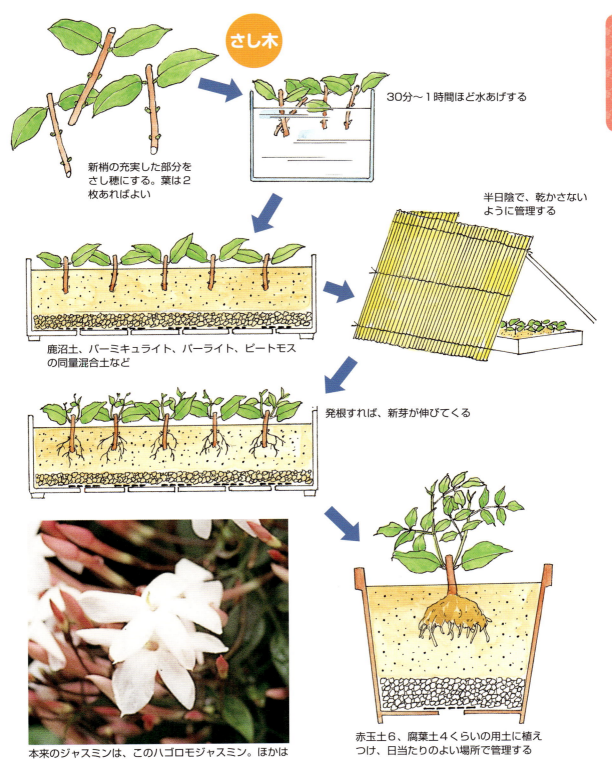

さし木

新梢の充実した部分をさし穂にする。葉は2枚あればよい

30分～1時間ほど水あげする

鹿沼土、バーミキュライト、パーライト、ピートモスの同量混合土など

半日陰で、乾かさないように管理する

発根すれば、新芽が伸びてくる

本来のジャスミンは、このハゴロモジャスミン。ほかは香りなどが似ているために名づけられたもの

赤玉土6、腐葉土4くらいの用土に植えつけ、日当たりのよい場所で管理する

色鮮やかで丈夫な四季咲き性
ゼラニウム
テンジクアオイ

フウロソウ科ペラルゴニウム属／非耐寒性多年草（高さ0.2～0.5m）

丈夫で、温度が12℃以上あれば四季を通じて花を楽しめます。葉に斑が入るものや八重咲きなど種類が豊富で、江戸時代から天竺葵の名で親しまれてきました。花が豪華で一季咲きのものをペラルゴニウムと呼びます。ほふく性で吊り鉢にも向くアイビーゼラニウム、ハーブとして扱われる芳香性のニオイゼラニウム（センテッドゼラニウム）なども人気です。

栽培カレンダー

月	状態	管理	繁殖作業	肥料	ポイント
1					日当たりと温度が確保（12度以上）できれば、四季を通じて花が咲く
2					
3					
4			実生／さし芽	10日に1回液肥	
5			実生／さし芽	10日に1回液肥	
6		剪定			
7		剪定			
8					
9		剪定	さし芽		
10		剪定	さし芽		
11					
12					

手入れのしかた

　水はけのよい用土に植えつけて、日当たりのよい場所に置きます。乾燥に強く、高温と多湿に弱いので、とくに秋と冬は水の与えすぎに注意しましょう。日光と温度が確保できれば四季を通じて花が咲くので、肥料は切らさないようにします。

　花がらを放置しておくと、腐ってそこから病気が発生しやすくなります。茎を振って終わりかけた花弁を落とし、早めに取り除きます。

　一般的にさし芽でふやしますが、実生でもふやせます。

さし芽・実生でふやす

　さし芽は、4～6月と9月～10月が適期。太く充実した、木質化していない新梢を用います。新梢の先端7～8cmくらいを節の上で切り、葉を3～5枚残して下葉を取り除きます。

　30分～1時間ほど水あげしてからさし床にさし、十分に水を与えます。それ以降はやや乾かし気味に管理したほうが早く発根します。2～3週間して発根したら、培養土で植えつけます。

　最近は、実生できる品種もあります。発芽

の適温は25℃前後で、適期は4〜6月。水はけのよい用土を入れたまき床にまき、薄く土で覆っておきます。温度が確保できないときは、ビニールフレームなどを利用するとよいでしょう。4〜5か月後には花が咲きます。

観葉植物・鉢花 ゼラニウム

さし芽のつくり方

葉を4〜5枚残して下葉は取り除く

長く栽培すると下葉が落ちて株姿が悪くなるので、6〜7月か9〜10月に切り戻しを行う。切った枝はさし穂にする

さし芽

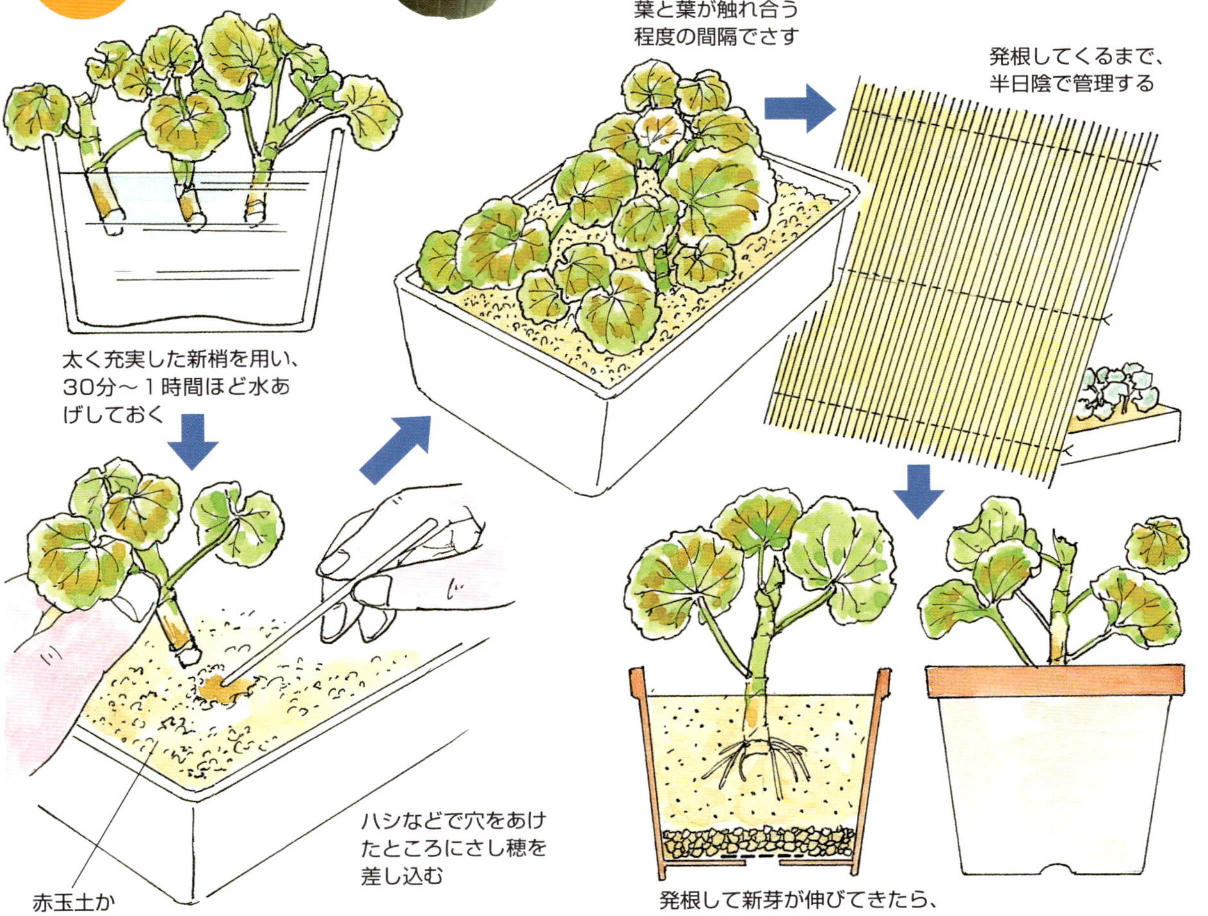

太く充実した新梢を用い、30分〜1時間ほど水あげしておく

赤玉土か鹿沼土

ハシなどで穴をあけたところにさし穂を差し込む

葉と葉が触れ合う程度の間隔でさす

発根してくるまで、半日陰で管理する

発根して新芽が伸びてきたら、培養土で植えつける

株姿や葉色が豊富
ドラセナ
幸福の木
（フレグランス'マッサンゲアナ'、コンシンナなど）

リュウゼツラン科ドラセナ属（エピフィルム属）／非耐寒性常緑低〜高木（高さ1〜6m）

「幸福の木」の名でおなじみのフレグランス'マッサンゲアナ'やシャープな葉姿のコンシンナ、茎が細く丸葉に斑が入るスルクローサ（ゴッドセフィアナ）など、同じドラセナの仲間でも株姿は変化に富みます。手のひらに乗るミニサイズから2mほどの大鉢まで、さまざまに仕立てられます。

栽培カレンダー

月	状態	管理	繁殖作業	肥料	ポイント
1		明るい室内			5〜9月、戸外で日に当てると、葉色が美しくなる
2		明るい室内			
3		明るい室内			
4		明るい室内			
5			さし木／とり木	1週間に1回液肥	
6		日に当てる	さし木／とり木	1週間に1回液肥	
7		日に当てる	さし木／とり木	1週間に1回液肥	
8		日に当てる		1週間に1回液肥	
9		日に当てる		1週間に1回液肥	
10		明るい室内			
11		明るい室内			
12		明るい室内			

手入れのしかた

　日当たりを好みますが、丈夫で耐陰性が強く、明るい室内でも育ちます。5〜9月は戸外に置くと葉色が美しくなります。赤葉種や斑入り種は半日陰に置きましょう。

　ほとんどの種類は、水を控えめにすれば8℃前後でも越冬します。ハイドロカルチャーでも出回りますが、秋にはふつうの観葉植物用の培養土に植えかえたほうが管理しやすいでしょう。

　さし木でふやします。茎伏せもできます。スルクローサは株分けでふやします。

さし木でふやす

　5〜9月が適期。葉がついた頂芽ざし、茎を使う管ざしができます。頂芽ざしでは、葉の蒸散を防ぐために軽く縛るか半分ほど切っておきます。さし床にさし、乾かさないように明るい日陰で管理します。1〜2か月で発根するので、培養土で植えつけます。親木は適当な場所まで切り戻しておくと、切り口の下から腋芽（えきが）が出て再生できます。

　管ざしでは、幸福の木のように茎が太いものは、ノコギリで切り分け、切り口に癒合剤（ゆごうざい）を塗って、乾燥や腐敗を防ぎます。

観葉植物・鉢花 ドラセナ

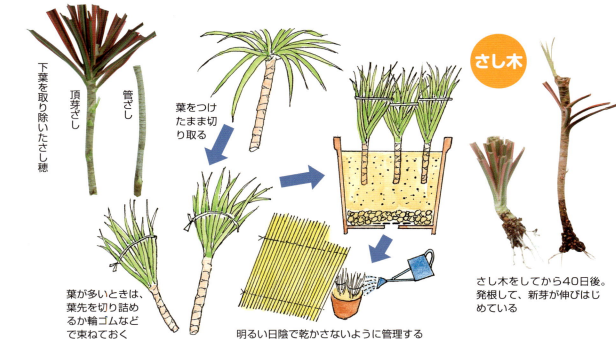

とり木でふやす

5〜9月が適期です。生長して葉が落ち、間伸びした部分を適当な位置で環状剥皮か舌状剥皮します。湿らせた水ごけを巻いてビニールで包み、乾かさないように管理します。

ビニール越しに見えるほど発根したら、とり木した部分の下で切って植えつけます。

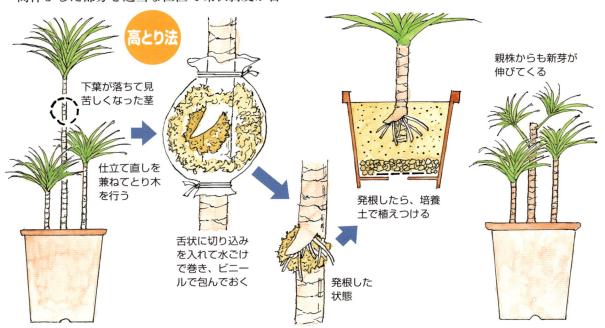

色鮮やかな花が南国の風を運ぶ
ハイビスカス
ブッソウゲ

アオイ科ヒビスクス属／常緑低木（高さ0.2～1.5m）

ハワイなどで改良された、大輪で花色の美しいハワイアン系品種や、中・小輪で丈夫なヨーロッパ系など、多くの品種があります。比較的安価に出回るのは後者のタイプで、多く枝分かれをするのでコンテナ栽培にも適しており、低温に強く、関東南部以西では晩秋まで長く咲き続けます。

栽培カレンダー

月	状態	管理	繁殖作業	肥料	ポイント
1		明るい室内			日の当たる暖かい室内で管理すれば、冬でも花が咲き続ける
2		〃			
3		〃			
4	開花	〃			
5	〃	日に当てる	つぎ木・さし木	1週間に1回液肥	
6	〃	〃	〃	〃	
7	〃	〃	〃	〃	
8	〃	〃	〃	〃	
9	〃	〃	〃	〃	
10	〃	明るい室内			
11	〃	〃			
12		〃			

手入れのしかた

　花をたくさん楽しむためには、よく日に当てて育てましょう。水切れするとつぼみが落ちるので、乾燥しやすい夏期は朝夕の2回水やりをします。

　秋は早めに室内に取り込んで日の当たる場所に置き、水やりは控えめに管理します。冬でも25～30℃を保てば花は咲き続けます。15℃を下回ると葉が落ちることがあるので、なるべく暖かい室内で管理しましょう。

　さし木とつぎ木でふやします。ヨーロッパ系は生育が旺盛なので、とり木も可能です。

 ## さし木でふやす

　5～9月が適期。長く伸びすぎた枝は、つけ根から切って腋芽を伸ばします。切った枝をさし穂に利用しましょう。

　枝を7～10cmほどに切り、葉を2～3枚残して下葉を取り除き、大きな葉は半分くらいに切ってさし穂にします。

　30分～1時間ほど水あげしてから、さし床にさします。

　半日陰で乾かないように管理し、3週間ほどで発根したら、培養土で植えつけます。

さし穂のつくり方

❶腋芽もふえて、こんもりと茂ってきたハイビスカス

このように節の上で切れば、形成層が巻いて切り口をふさぐが、中間で切ると切り口がふさがらずにそこから枯れ込むことになる

❷込みすぎたところを切り戻し、さし穂に利用する。必ず節の上で切るようにする

観葉植物・鉢花　ハイビスカス

❸15〜20cmほどの長さに、節の上で切り離す。つぼみは取っておく

❹下葉は取り除くが、ある程度葉をつけておいたほうが、発根後の生育はよい。さし穂の基部は、斜めに切っておく

 ## つぎ木でふやす

　ハワイアン系は生長が遅いので、ヨーロッパ系の台木につぎ木してふやします。充実した新梢(しんしょう)をつぎ穂に用いて、水あげします。台木には、幹が鉛筆ほどの太さのものを準備して、株元に近い部分で切ります。切りつぎをして、セルパラテープで巻いておきます。

　2か月ほどして新芽が生長してきたら、培養土で植えつけます。

ハイビスカスの花

207

栽培カレンダー

月	状態	管理	繁殖作業	肥料	ポイント
1		明るい室内			日当たりを好み、冬以外は戸外で育てたほうが、株姿が締まる
2		明るい室内			
3		明るい室内			
4				2か月に1回置き肥	
5				2か月に1回置き肥	
6		日に当てる		2か月に1回置き肥	
7		日に当てる	さし木	2か月に1回置き肥	
8		日に当てる	さし木	2か月に1回置き肥	
9		日に当てる			
10					
11		明るい室内			
12		明るい室内			

幹の上に葉の傘を広げる
パキラ

パンヤ科パキラ属／非耐寒性落葉・常緑高木（高さ5〜20m）

さし木株は幹がまっすぐですが、実生株は株元がふくらんで酒の徳利状になります。太い幹から芽吹かせたり、実生株の茎が軟らかいうちに数本を編み込んだり、ねじったりするなど、さまざまな仕立て方で楽しめます。大鉢、ミニ観葉、ハイドロカルチャーまで用途も多彩。斑入り種もあります。

手入れのしかた

　日当たりを好みます。耐陰性が強いので室内に長く置いても育ちますが、日当たりが悪いと間延びした株姿になります。冬以外は戸外で育てたほうが、株姿が締まります。水は鉢土が乾いたらたっぷりと与えます。冬は表土が乾いてから2〜3日たって与えるくらいで十分です。

　さし木でふやします。高く伸びすぎた株は、好みの高さで幹を切り、仕立て直しましょう。種はあまり出回りませんが、発芽率はよく、実生からでも早く生長します。

 ## さし木でふやす

　7〜8月が適期。好みの高さで幹を切り、赤玉土やバーミキュライトか、水ごけなどのさし床にさします。枝や幹は、葉がついていなくても新芽を伸ばすので、5〜10cmに切ってさし穂に利用できます。根が出るまでは乾かさないように管理しましょう。切ったさし穂を水にさしておくだけでも、容易に発根します。

　親木の切り口の下からも腋芽（えきが）が出るので、好みの高さまで切り戻し、薄い液肥を与えて管理します。

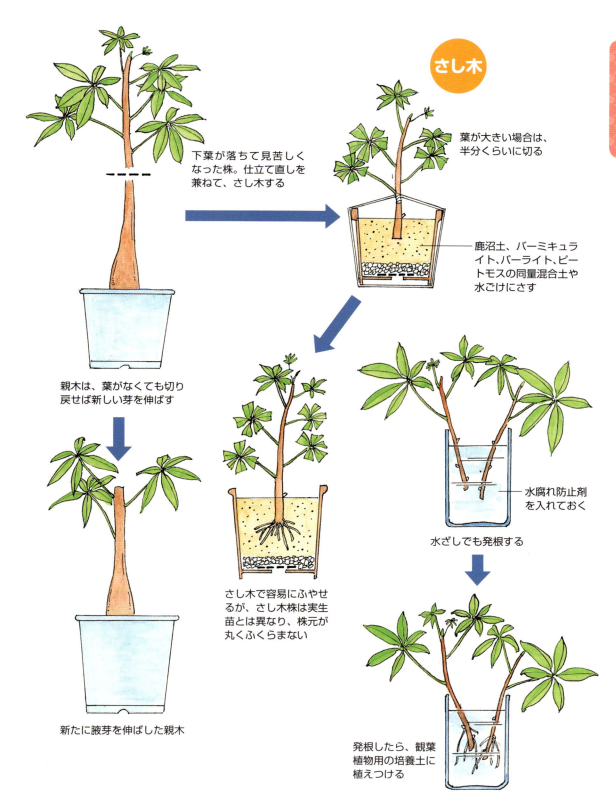

花嫁のベールのように茂る
ブライダルベール
タヒチアンブライダルベール

ツユクサ科ギバシス属／半耐寒性多年草（高さ0.1～0.2m）

柔らかな印象で、株の全面を覆うように白い小花が咲く様子から、この名前がつけられました。生育が旺盛で、吊り鉢にすると、鉢を隠すようにこんもりと茂り、丸いボールのような株姿になります。明るい窓辺や軒下でじょうずに栽培すると、真夏以外は周年花が楽しめます。

栽培カレンダー

月	状態	管理	繁殖作業	肥料	ポイント
1		明るい室内			真夏以外は、うまく管理すれば周年花が咲き続ける
2		明るい室内			
3	開花	明るい室内			
4	開花	日に当てる	さし芽・株分け	1か月に1回置き肥	
5	開花	日に当てる	さし芽・株分け	1か月に1回置き肥	
6	開花	半日陰	さし芽・株分け	1か月に1回置き肥	
7	開花	半日陰	さし芽・株分け	1か月に1回置き肥	
8		半日陰	さし芽・株分け	1か月に1回置き肥	
9		日に当てる	さし芽・株分け	1か月に1回置き肥	
10	開花	日に当てる	さし芽・株分け	1か月に1回置き肥	
11	開花	明るい室内			
12		明るい室内			

手入れのしかた

　真夏の直射日光は嫌いますが、そのほかの時期はなるべく日の当たる場所で育てます。冬は軒下か日当たりのよい窓辺で管理します。霜の降りない暖地では、地植えでも楽しめます。冬は葉先が多少傷みますが、春からは新芽が伸びるので心配いりません。

　茎葉の数が多いので、株が蒸れがちです。なるべく風通しのよい環境で管理しましょう。

　茎が伸びすぎたり株元が枯れ込んだりして見苦しくなったら、全体を3分の1ほど刈り込みます。切り戻した茎はさし芽に利用します。

 ## さし芽・株分けでふやす

　4～10月が適期。刈り込んだ茎をまとめて培養土にさします。さし床を用意する必要はありません。乾かないように管理します。1か月ほどで発根します。順調に新芽が伸びてきたら全体を3～5cmほどに切り戻すと、枝分かれしてこんもりとした株姿になります。

　株分けでもふやせます。全体を刈り込んで鉢から抜き、手で裂くように株を分けます。腐った根や古葉を取り除き、根の下3分の1くらいを切り落とします。根をほぐすようにしてやや広げ、新しい培養土で植えつけます。

さし芽によるふやし方

観葉植物・鉢花　ブライダルベール

❶ 茎や葉が茂りすぎた吊り鉢仕立てのブライダルベール

❷ 鉢の外に伸び出した茎を、鉢縁に沿って刈り込む

❸ 刈り終えたところ。刈り込んだ茎をさし芽に利用する

❹ 刈り込んだ茎を適量まとめて、培養土で植えつける

❺ 鉢底に土を入れたら、茎の束を植えつけ、周りから培養土を入れていく。束を大きめにしておけば、すぐに吊り鉢などで楽しめる

211

根茎性ベゴニア

花も葉もバラエティー豊か
ベゴニア類
エラチオール・ベゴニア（リーガース・ベゴニア）、レックス・ベゴニアなど

シュウカイドウ科ベゴニア属／一年草、多年草（球根ベゴニア）

花が次々と咲いて楽しめるベゴニア・センパフローレンスやエラチオール・ベゴニア（リーガース・ベゴニア）、独特の葉模様と質感が魅力のレックス・ベゴニアや根茎性ベゴニア（球根ベゴニア）など多くの種類があります。

栽培カレンダー

月	状態	管理	繁殖作業	肥料	ポイント
1		明るい室内			種類によって、適した置き場所が異なるので注意する
2			実生		
3					
4	開花（センパフローレンス）		葉ざし		
5					
6		日に当てる（センパフローレンス）	さし芽	1週間に1回 液肥	
7					
8					
9			葉ざし		
10					
11					
12		室内			

手入れのしかた

　センパフローレンスは、春から初冬まで咲き続ける丈夫な品種。戸外でよく日に当てて育てます。水のやりすぎや長雨に当たると株元から腐ることがあるので注意します。

　リーガース・ベゴニアやレックス・ベゴニアは、室内でレースのカーテン越しくらいの日を当てて育てます。冬は10℃以上の保温ができる部屋に置き、水やりを控えめにして管理します。

　センパフローレンスは実生でも簡単にふやせますが、ほかの種類はさし芽でふやします。

さし芽でふやす

　頂芽ざしは、初夏に腋芽がついた茎を6～7cmに切り、先端の葉を3～4枚残して下葉を取り除きます。1時間くらい水あげしたら、さし床にさし、乾かさないように管理します。1か月ほどしたら培養土に植えつけます。

　リーガース・ベゴニアやレックス・ベゴニアは、葉ざしもできます。4～5月か9月中旬～10月が適期。葉柄をつけて葉を切り、水あげしてからさし床にさします。葉脈に沿って切り、さし床にさしておく方法でも発根、発芽します。

葉ざしのしかた(レックス・ベゴニア/球根ベゴニア)

❶鉢いっぱいに葉を茂らせたレックス・ベゴニア

❷真夏以外は、葉ざしで容易にふやせる

❸1枚の葉を、数枚の葉片に切り分ける

❹葉片の3分の1くらいが土中に入るようにさす

❺全葉ざしでもよい。葉柄を少しつける(写真は球根ベゴニア)

❻葉と葉が触れ合う程度の間隔でさし床にさす

さし穂の選び方(球根ベゴニア)

頂芽ざしでも、容易に発根する。腋芽がついた茎をさし穂に用いる。ただし、花芽(節から出る)をつけた茎をさしても、ただ伸びるだけで枝分かれしない(右の写真参照)。上の写真のような芽がついた茎を選ぶとよい

上の2つのような、花茎の途中についている葉芽をさしても枝分かれしない

実生でふやす

　2月中旬～3月が適期。センパフローレンスの種はごく小さいので、ピートバンなどにばらまきして土で覆わず、底面から吸水させるか霧吹きで水を与えます。1か月くらいしたら3cm間隔に仮植えし、本葉が2～3枚になったところでポットに植えかえて育てます。市販されている、周囲をコーティングした種を使うと扱いが楽で、ポットに直まきもできます。

エラチオール・ベゴニア(リーガース・ベゴニア)

クリスマスの鉢花として人気
ポインセチア ショウジョウボク

トウダイグサ科ユーフォルビア属／非耐寒性常緑低木（高さ0.1～1.5m）

花のように見えるのは苞で、中央の豆のように見える黄色の部分が花です。苞の色は赤のほか、白やピンク、サーモン、マーブル模様や霜降り状などさまざまなものが出回るようになりました。株立ちで楽しむほか、直立した幹に球形に葉を茂らせるスタンダード仕立ても可能です。大きく育てると数mにもなりますが、最近はミニタイプも人気です。

栽培カレンダー

月	状態	管理	繁殖作業	肥料	ポイント
1	開花	明るい室内			苞を色づかせるには、9月上旬以降、夕方5時から朝8時まで遮光する
2	開花	明るい室内			
3	開花	明るい室内			
4		明るい室内			
5		日に当てる	さし木	1か月に1回置き肥	
6		日に当てる	さし木	1か月に1回置き肥	
7		日に当てる	さし木	1か月に1回置き肥	
8		日に当てる		1か月に1回置き肥	
9		日に当てる		1か月に1回置き肥	
10				1か月に1回置き肥	
11		明るい室内			
12		明るい室内			

手入れのしかた

　冬に入手した鉢は、日当たりのよい窓辺に置きます。夜は最低10℃以上を保ちますが、25℃以上では落葉したり株が弱るので、暖房が効きすぎた部屋に置くのは避けます。

　春から秋までは戸外でよく日に当てます。苞は短日でないと色づかないので、9月上旬になったら夕方5時から翌朝8時まで、段ボール箱などをかぶせて光を遮ります。

　さし木でふやします。春の植えかえ時に姿を整えたら、切った枝をさし穂として利用します。

さし木でふやす

　5～7月が適期。新芽を10cmほどに切ってさし穂にします。3～4枚を残して下葉を取り除き、大きな葉は半分くらいに切り詰めます。切り口から白い液が出るので、水で洗い流します。1時間ほど水あげをしてから、さし床にさし、半日陰で乾かさないように管理します。3週間くらいで発根するので、培養土で植えつけます。

黄色の部分が花

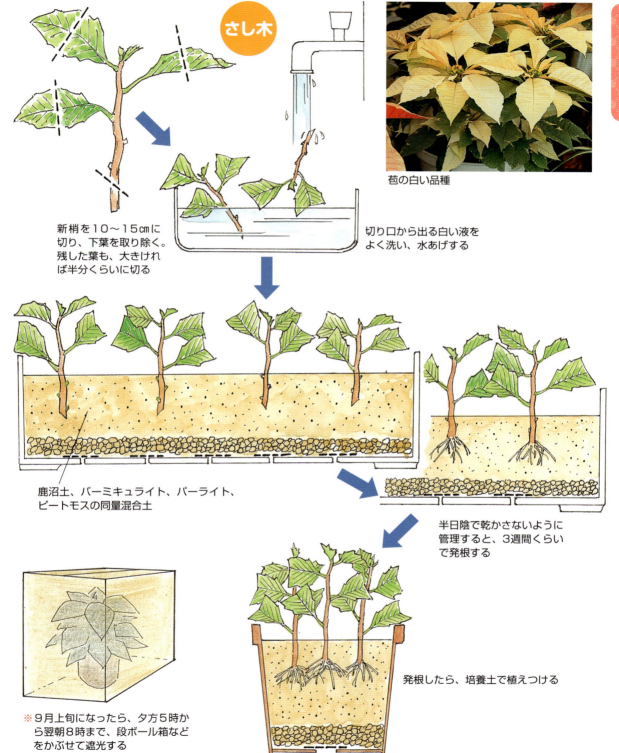

ハート形の葉で和洋にマッチ
ポトス
ヒメカズラ、オウゴンカズラ

サトイモ科エピプレナム属／非耐寒性つる性多年草

成株は葉の長さが60cm以上になり、つるが10mを超えるほど生長します。吊り鉢仕立てなどで一般的に出回っているのは、葉の小さな幼株の姿。ヘゴ仕立てなどにして立ち上げて育てると、葉が大きくなります。丈夫で、和室にも洋室にも雰囲気がマッチします。

栽培カレンダー

月	状態	管理	繁殖作業	肥料	ポイント
1		明るい室内			日当たりが悪い場所で育てると、つるが徒長して間延びする
2		明るい室内			
3		明るい室内			
4		明るい室内			
5		日に当てる	さし木	1週間に1回液肥	
6		日に当てる	さし木	1週間に1回液肥	
7		日に当てる	さし木	1週間に1回液肥	
8		日に当てる	さし木	1週間に1回液肥	
9		日に当てる	さし木		
10					
11		明るい室内			
12		明るい室内			

手入れのしかた

　非常に丈夫で、乾燥にも強い性質です。耐陰性はありますが、日当たりが悪いと斑が不鮮明になったり、つるが間延びして弱々しい株姿になります。なるべく日当たりのよい場所に置き、冬は水を控えめにします。5～10月は戸外で直射日光に当てると、がっしりとした株姿になります。窒素肥料を与えすぎると斑が薄くなるので注意します。

　気根を出しやすく、さし芽も容易です。下葉が落ちたり茎が伸びてバランスが悪くなったら、仕立て直してさし穂に利用します。

さし芽でふやす

　5～9月が適期。ヘゴ仕立てにしてある場合には、下葉が落ちた部分から切り戻し、明るい日陰で管理すると腋芽（えきが）が伸びてきます。

　切り取ったつるの中から、なるべく葉の斑がきれいな部分を選んで、さし穂に使います。30分～1時間くらい水あげしてから、さし床にさし、半日陰に置いて乾かさないように管理します。

　1か月くらいで発根するので、培養土で植えつけます。

さし芽によるふやし方

観葉植物・鉢花 ポトス

❶吊り鉢仕立てのポトス（左写真）。5～9月がさし芽をする適期。どこで切ってもかまわないが、下葉の枯れて落ちた部分などがよい（右写真）

❷切り取ったつるを2束くらいにまとめ、切り口をそろえて、束が安定するくらいの深さにさす

水ざし

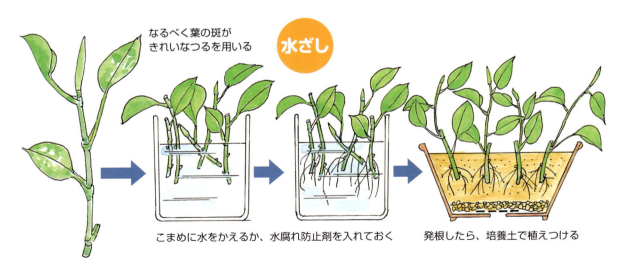

なるべく葉の斑がきれいなつるを用いる

こまめに水をかえるか、水腐れ防止剤を入れておく

発根したら、培養土で植えつける

　また、さし穂を花瓶などに生けておくだけでも、容易に発根します。こまめに水をかえて腐らないように注意しましょう。さし穂の切り口を湿らせた水ごけで包み、乾かさないように管理する方法や、吸水性スポンジを利用するのも手軽です。

217

幅広の斑入り葉がエレガント
ディフェンバキア

ダム・ケイン(英名)、シロカスリソウ(ディフェンバキア・カミーラ)

サトイモ科ディフェンバキア属／半耐寒性多年草(高さ0.3～2m)

幅広の大きな葉が立ち上がり、多くは株立ちになります。品種によって草姿や葉の斑模様に変化が大きく、斑の入り方は個体によってもさまざまですから、好みの株を選ぶ楽しみもあります。斑がほとんど入らない品種もあります。茎を切ったときに出る乳汁には毒性があるので、触れないように処理しましょう。

栽培カレンダー

月	状態	管理	繁殖作業	肥料	ポイント
1		明るい室内			切り口から出る乳汁には毒性があるので、触れないこと
2		明るい室内			
3		明るい室内			
4		明るい室内			
5	開花	半日陰		1か月に1回置き肥	
6	開花	半日陰	株分け・さし芽	1か月に1回置き肥	
7	開花	半日陰	株分け・さし芽	1か月に1回置き肥	
8		半日陰			
9		半日陰			
10		明るい室内			
11		明るい室内			
12		明るい室内			

手入れのしかた

　直射日光は嫌いますが、日が当たらない場所に長く置くと株が弱ります。春から秋までは戸外の半日陰に置くのが理想です。室内ではレースのカーテン越しくらいの光を当てます。冬はガラス越しの日光に当てましょう。寒さに弱く、冬は10℃を下回らないようにして、水を控えめに管理します。空中湿度を好むので、年間を通じて、霧吹きで葉水(はみず)をこまめに与えます。下葉が落ちてバランスの悪くなった株は、切り戻してさし穂として利用します。頂芽ざし、管ざしができます。

さし芽でふやす

　6～7月が適期。株姿が乱れた親株は、株元に近い部分から切り戻して新しい培養土で植えかえると、腋芽(えきが)が伸びてきます。切り落とした茎は3～4節ずつに切り分けてさし穂にします。頂芽は株や葉の大きさに応じて、葉の下から15～20cmほどに切ります。

　さし床にさして、乾かさないように管理すれば2～3週間くらいで発根するので、培養土で植えつけます。

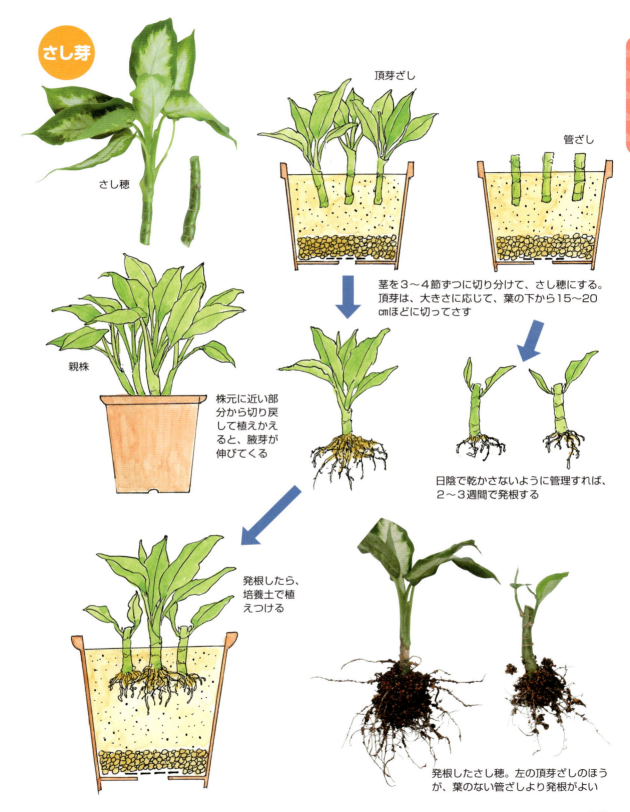

観葉植物・鉢花—— ディフェンバキア

株分けでふやす

暖かい時期には、生育が旺盛になり、株元から子株が発生してきます。

鉢から株を抜き、古い土を取り除いて好みの大きさに切り分けます。このときも切った部分から乳汁が出るので触れないように注意しましょう。

培養土に植えつけ、乾かさないように明るい日陰で管理します。

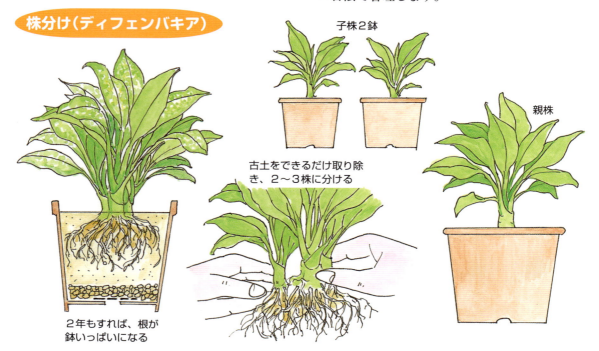

株分け（ディフェンバキア）

2年もすれば、根が鉢いっぱいになる

古土をできるだけ取り除き、2～3株に分ける

子株2鉢

親株

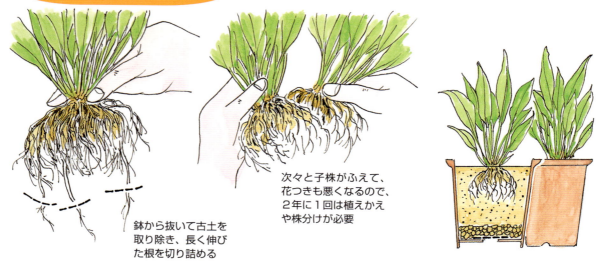

株分け（スパティフィラム）　人気のスパティフィラムも同じサトイモ科の観葉植物

鉢から抜いて古土を取り除き、長く伸びた根を切り詰める

次々と子株がふえて、花つきも悪くなるので、2年に1回は植えかえや株分けが必要

観葉植物・鉢花 ── その他の観葉植物・鉢花

カトレア

ラン科のカトレア属など／多年草

洋ランの女王と称されるカトレアは品種が多く、花色や草姿もさまざまです。また、春咲き、夏咲き、秋咲き、冬咲きのほか、不定期咲きや一年に2回咲くものなどがあり、それぞれの株に対応した管理が求められます。ここでは一般に親しまれている秋咲き種を主に取り上げました。株は5月中旬～10月上旬は戸外の風通しがよい場所に置きます。春と秋は20～30％、夏は50％程度の遮光が必要です。10月～5月上旬は室内に置き、レースのカーテン越しの光によく当てるようにします。春～夏の生育期は水苔の表面が乾いてきたら、鉢底から水が流れ出るまでたっぷりと与えます。冬は鉢内が完全に乾いてから与えますが、夕方には鉢内に水が残らない程度にとどめます。肥料は4～7月、月2～3回薄い液肥を施します。ふやし方は、株分けが一般的です。コンポスト（水苔など）が古くなったり、株や根が鉢からはみ出してきたりしたら植えかえが必要です。株分けは、植えかえと同時に行います。適期は新芽が2～3cm伸びてきたときです。

クレマチス

キンポウゲ科　クレマチス属／落葉・常緑つる性木本

花容、花色が多彩で、一季咲き、四季咲きなど品種も豊富で人気があります。植えつけは、温暖地では2月、寒冷地では4～5月が適期。半日陰でも育ちますが日光を好みます。夏の高温乾燥を嫌います。株元に腐葉土やわらを敷いておくと乾燥を防ぐのに効果的です。四季咲き性、一季咲き性など多くの品種があり、整枝法も花の咲き方で少々異なります。ふやし方はさし木が一般的です。充実した新梢を2節つけてさし穂にします。

クンシラン　君子蘭

ヒガンバナ科クンシラン属／多年草（草丈20～80cm）

南アフリカ原産。豪華な花を咲かせ、葉も美しいので観葉植物としても楽しめます。オレンジ色の花のほか黄花や白花、斑入り葉種などもあります。強い日差しと高温を嫌います。春～秋は半日陰の風通しがよい場所に置き、霜が降りる前に室内の明るい所に取り入れます。5～10℃の低温に60～70日遭わせると花芽が伸びます。肥料を好み、不足すると葉色が悪くなります。4～10月は真夏を除いて2か月に1回の化成肥料と月2～3回の液肥を施します。1年を通じ、鉢土の表面が白く乾いたら十分に水をやります。ふやし方は、株分けが容易です。根が太く生育が非常によいので、2～3年に1回は植えかえを行います。その際、子株の葉が5～6枚以上あれば株分けして、株をふやします。時期は開花後の4月下旬～5月が適期です。

株分け

葉から5～6枚になった子株は根をつけて親株から分け、植えかえる

ナイフで切り込みを入れて分ける

観葉植物・鉢花── その他の観葉植物・鉢花

サギソウ 鷺草

ラン科サギソウ属／多年草（草丈10〜40cm）

日当たりのよい湿地性の植物。春〜秋は日当たりのよい場所に置き、地上部が枯れたら鉢土が凍らない棚下などに移します。水を好むため、水切れには要注意。春から地上部が枯れるまでは、鉢土の表面が白っぽく乾いたら十分に与えます。花が色あせてきたら早めに摘み取り、10日に1回薄い液肥を施して球根を肥大させます。ふやし方は、分球です。花が終わると地下茎を伸ばし、先端に新球をつくります。地上部が完全に枯れたら鉢から抜いて新球を取り出し、湿らせた水苔に包み、ビニール袋に入れて保存し、翌春3月に植えつけます。

シンビジウム

ラン科シンビジウム属／多年草

洋ランの中でも寒さに強く、温室がなくても容易に栽培できるうえ、花期が長いので広く親しまれています。光を好むので、気温が安定する5月中旬〜10月中旬は、戸外の風通しがよい半日陰に置き、真夏は40〜50％遮光します。10月中旬〜5月中旬までは室内の日当たりのよい場所に置きます。水やりは原則として、春〜秋は植え込み材料が乾きはじめたら鉢底から水が流れ出るまでたっぷりと与えます。4〜7月の生長期には月1回化成肥料を施しますが、夏以降は控えます。春〜秋は生長が盛んで、新芽が数本伸びてきます。この芽をそのまま育てると栄養が分散し、葉は茂っても花芽をつくる充実した株にはなりません。そこで、1個のバルブ（茎）に元気のよい新芽を1つ残し、ほかはすべてかき取ります。株が鉢いっぱいになったものは、植えかえます。その際に株分けや花が咲き終わったバックバルブの再生などで新しい株をふやします。適期は、気温が安定する3月下旬〜5月です。

スイレン 睡蓮

スイレン科　スイレン属／多年草（草丈5〜20cm）

日本で栽培されているのは、ほとんどが小型種の温帯スイレンやヒメスイレンです。春にポット植えの株を入手したら、よく肥えた畑土などを用いて、3〜4号の小鉢に植え直してから、水に入れます。水には根腐れ防止にミリオンなどを入れておきます。株が小さい場合は植木鉢を水中に逆さに置いて台にし、生長に合わせて深く沈めます。日の十分に当たる場所に置き、水が減ったら足してやるほか、真夏は毎日マグカップ1〜2杯の水を足して水温の上昇を防ぎます。花の咲く5〜9月までは追肥を月1回与えます。鉢植えなら毎年植えかえます。その際に、株分けして株をふやします。適期は3月中旬〜4月。温帯スイレンは地下茎が横へ横へと伸びていきます。それを1〜2芽つけて切り分けます。

デンドロビウム

スイレン科　スイレン属／多年草（草丈5〜20cm）

茎いっぱいにつけた花姿は豪華で、花色も豊富。丈夫で育てやすいので、人気があります。日本に自生しているセッコクもこの仲間です。日当たりのよい場所を好みます。11月〜4月いっぱいは、室内の日当たりがよい所に置きます。5〜10月は戸外に出して十分に日光に当てますが、夏場は葉焼けを起こさないよう30〜40％遮光します。花を咲かせるためには、鉢を乾き気味にして10℃前後の低温に2週間以上当てる必要があります。霜が降りない軒下などに置き、十分に低温に当ててから室内に取り込みます。春〜夏の生長期には十分な水やりを行います。冬の室内では1週間に1回、暖かい日の午前中に水を与えます。肥料は生育期の4〜7月、月2回液肥を施します。ふやし方は、株分け、茎ざし、高芽とりなどです。2〜3年に1回、花の終わった5〜6月に植えかえますが、その際に株分けをしてふやします。

6章

山野草・ハーブのふやし方

清楚な花姿の秋の七草
キキョウ

桔梗、アリノヒフキ、オカトトキ、バルーンフラワー

キキョウ科キキョウ属／耐寒性多年草（高さ0.2〜0.6m）

日本にも多くの種類が自生し、野趣を楽しむ花として親しまれ、秋の七草のひとつに数えられています。紫や白、桃色の花色で、漏斗形のすっきりと上品な花姿です。和風の庭はもちろん、洋風の庭にもマッチします。園芸品種も多く、矮性種や八重種などもあります。根は古くから薬として利用されます。

栽培カレンダー

月	状態	管理	繁殖作業	肥料	ポイント
1			株分け		丈夫で、明るい日陰や午前中しか日が当たらない場所でも育てられる
2			株分け		
3		植えつけ			
4		植えつけ		2週間に1回液肥	
5			実生	2週間に1回液肥	
6			さし芽	2週間に1回液肥	
7			さし芽	2週間に1回液肥	
8	開花		さし芽	2週間に1回液肥	
9	開花		実生	2週間に1回液肥	
10				2週間に1回液肥	
11			株分け		
12			株分け		

手入れのしかた

　日当たりのよい花壇に植えると、晩秋には地上部が枯れますが、暖かくなると新芽が伸び、毎年花が咲きます。コンテナ栽培の場合には大きな器を選ぶか、矮性種を選びましょう。性質は丈夫なので、明るい日陰や午前中しか日が当たらない場所でも育てられます。

　さし芽、実生、株分けでふやします。長く栽培すると株が茂りすぎたり、地下茎からいくつも芽がでるので、株分けをします。コンテナ栽培では根詰まりを起こしやすいので、根でいっぱいになる前に植えかえます。

さし芽でふやす

　5月〜9月が適期。充実した新梢の先端の柔らかい部分を除き、5cmほどに切り分けます。葉を2枚残して下葉を落とし、十分に水あげをしてから、さし床にさします。1〜2か月で発根するので、培養土で植えつけます。

キキョウ（右）とサワギキョウ（左）のさし穂

実生でふやす

5月か9月が適期。春にまくと翌春に開花しますが、秋まきでは翌々春に開花します。

種はピートバンにばらまきし、水は底面から吸わせるか霧吹きで与えます。土で覆わず、発芽するまでは乾燥を防ぐために新聞紙をのせておくとよいでしょう。2週間くらいで発芽するので、子葉が出たらポットに植えかえて育てます。

株分けでふやす

地上部が枯れた11〜翌2月が適期。掘りあげて古土を落とし、芽の数が等しくなるようにナイフなどで2〜3分割します。長い根を切り詰め、切り口には草木灰をすりつけてから新しい培養土で植えつけます。

山野草・ハーブ　キキョウ

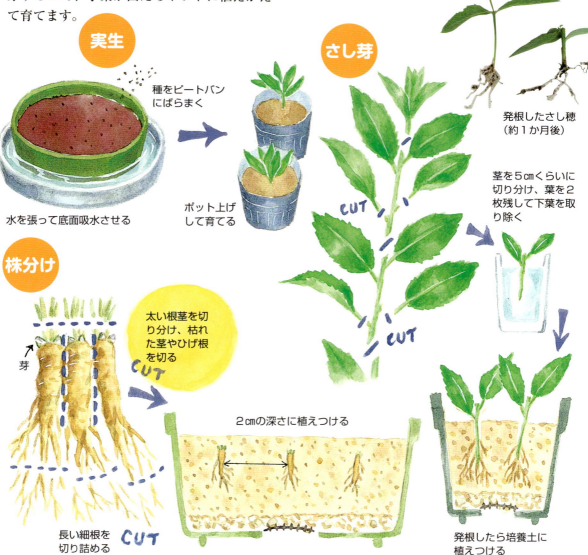

コバギボウシ

品種が多く日陰のグラウンドカバーに最適
ギボウシ
擬宝珠、葱法師、ギボシ、ギボジュ、ギボウジュ、シガク

ユリ科ギボウシ（ホスタ）属／多年草（高さ0.1〜0.5m）

平安時代から栽培されていたといわれ、日本産の品種を元に世界各地で栽培が進んでいます。日陰の庭を美しく彩る草花として重宝されます。株張りが20cmほどの矮性種から、1m以上にもなる大型種まであり、斑が入るもの、入らないものなど、葉色や葉形がさまざまです。植える場所によって好みのものを選びましょう。

栽培カレンダー

月	状態	管理	繁殖作業	肥料	ポイント
1					明るい日陰で、乾かさないように管理する
2					
3		植えかえ	株分け		
4				1か月に1回置き肥	
5					
6					
7	開花				
8	開花				
9			株分け	同上	
10					
11					
12					

手入れのしかた

　ほとんど手間がかからない丈夫な植物です。品種によって多少性質に違いがありますが、多くは強い直射日光を嫌い、明るい日陰が適しています。乾燥が苦手なので、コンテナの場合には用土を乾燥させすぎないようにしましょう。また、窒素肥料を与えすぎると斑の模様が変わることがあるので注意します。

　長く栽培すると茂りすぎたり、株元が蒸れるので、株を分けてふやします。

株分けでふやす

　3月と9月が適期ですが、ほぼ一年中可能です。掘りあげて古土を落とし、枯れた葉などを取り除き、それぞれに新芽がつくように分けます。葉の大きさや株の生長度合いによって違いますが、大きな新芽を中心に3〜4芽以上つけて手で分け、地下茎が太い部分ははさみで切り分けます。矮性種の場合は、1〜2芽ずつに分けてもよいでしょう。元肥と腐葉土を加えた培養土で植えつけます。

ギボウシ

オオバギボウシ

山野草・ハーブ ギボウシ

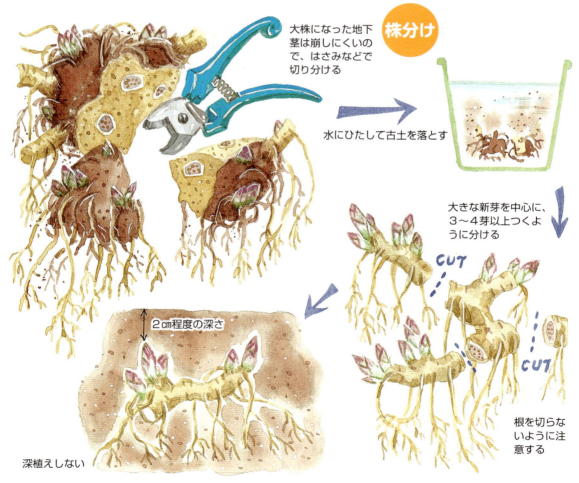

株分け

大株になった地下茎は崩しにくいので、はさみなどで切り分ける

水にひたして古土を落とす

大きな新芽を中心に、3〜4芽以上つくように分ける

根を切らないように注意する

2cm程度の深さ

深植えしない

雪解けの深山にひっそりと花を咲かせる
シラネアオイ
ハルフヨウ、ヤマフヨウ

シラネアオイ科シラネアオイ属／多年草（高さ0.3～0.5m）

日本固有の1属1種の花で、淡青紫色の花のように見えているのはがく片です。本州中北部の日本海側～北海道にかけての東北地方の雪深い山野の樹林下に自生しています。日光の白根山に多く自生し、アオイの花に似ていることから「白根葵」の名前がつけられました。

栽培カレンダー

月	状態	管理	繁殖作業	肥料	ポイント
1					春は半日程度日が当たる場所、夏は明るい日陰で管理する
2					
3			実生		
4				2週間に1回 液肥	
5	開花				
6	開花				
7	開花				
8					
9			植えかえ／実生／株分け	同上	
10					
11					
12					

手入れのしかた

　本来は深山に生育しているので、強い直射日光を嫌います。春は半日程度、日が当たり、夏は木漏れ日がさすくらいの明るい日陰で管理し、風通しのよい環境を心がけましょう。鉢植えの場合には、山野草用の培養土で植えつけます。乾燥を嫌うので、水切れには注意。花後に実をつけます。晩秋に地上部が枯れ、春から茎葉を伸ばして花を咲かせます。
　株分けか実生でふやします。頻繁に植えかえると花つきが悪くなるので、4～5年ごとに大きめの鉢に植えかえます。

実生でふやす

　秋に種をまきます。6cm程度のポットに2～3粒ずつか、箱などに直まきします。花が咲くまでは3年以上かかることが多いので、夏の暑さや乾燥に注意しながら育てます。
　元々、高山に生育しているシラネアオイを、平地の環境でも栽培できるよう順化させるために、実生でふやします。
　実は茶色の乾果で、秋に果実が色づいたら、中に入っている種を採取します。採りまきにするか、ビニール袋などに入れて保存し、3月にまきます。

実生

実と種

まいたら、薄く土で覆う

用土は、山野草の培養土か、赤玉土、鹿沼土、富士砂、桐生砂などの同量混合土

秋にまいたら、冬の間、霜などに当たらないよう、棚の下などに置いて管理する

山野草・ハーブ　シラネアオイ

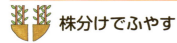 株分けでふやす

9～10月が適期。掘りあげて古土を落とし、枯れた葉を取り除いてから等分します。5～6号の深鉢を用いて山野草用の培養土で植えつけるか、腐葉土を施した庭に植えつけます。

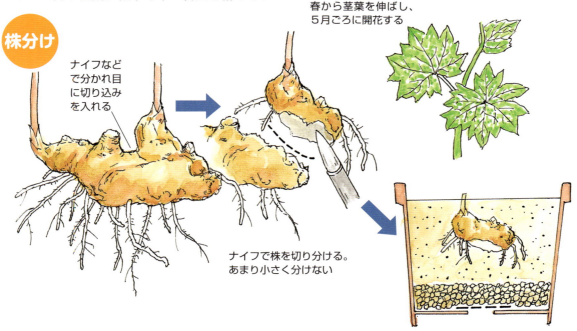

株分け

ナイフなどで分かれ目に切り込みを入れる

ナイフで株を切り分ける。あまり小さく分けない

春から茎葉を伸ばし、5月ごろに開花する

山野草用の培養土などで植えつける

229

愛らしい花色が印象的
ナデシコ
撫子、セキチク、ダイアンサス

ナデシコ科ナデシコ属／一年草、多年草（高さ0.1～0.3m）

日本にも自生する仲間で、ダイアンサスと総称される品種が多く出回っています。外国産種は、花色が豊富でインパクトがあり、赤～白の鮮やかな色がガーデンを彩ります。セキチクやビジョナデシコは一年草、タツタナデシコや四季咲きナデシコなどは多年草、日本産で優美なカワラナデシコなどは山野草として扱われます。

栽培カレンダー

月	状態	管理	繁殖作業	肥料	ポイント
1					高温多湿を嫌うので、風通しよく、やや乾かし気味に管理する
2		植えかえ			
3		植えかえ		1か月に1回置き肥	
4				1か月に1回置き肥	
5	開花		さし芽	1か月に1回置き肥	
6	開花		さし芽	1か月に1回置き肥	
7	開花				
8					
9		植えかえ	実生／さし芽	同上	
10		植えかえ	実生／さし芽	同上	
11					
12					

手入れのしかた

　一年草、多年草ともに強健で、育てるのも容易。日当たりと水はけのよい環境を好みます。高温多湿を嫌うので、風通しをよくしてやや乾かし気味に育てます。夏には、茂りすぎた部分をすいてやりましょう。肥料を与えすぎると徒長したり立ち枯れの原因になるので気をつけます。草丈が高くなる品種は、早めに支柱やネットを立てて倒伏を防止します。
　実生とさし芽でふやします。多年草タイプは、古株になるとだんだん弱って花つきが悪くなるので、切り戻してさし芽にします。

実生でふやす

　9～10月が適期。平鉢やピートバンにばらまきし、ごく薄く覆土したら底面吸水か霧吹きで水を与えます。1週間～10日ほどで発芽するので、徒長しないように間引きをしながら管理します。本葉が2～3枚になったら6cmポットにあげ、本葉が5～6枚になったら9cmポットにあげて育てます。

スポッティ

山野草・ハーブ　ナデシコ

さし芽でふやす

5～6月と10月が適期。充実した葉茎を使い、1～3節をつけて切り分けます。先端の軟らかい部分は使いません。葉を2枚つけて下葉を落とし、30分～1時間くらい水あげしてから、さし床にさします。根が出たら、ポットに培養土で植えつけます。

花模様が独特
ホトトギス
杜鵑草、ユテンソウ、トウドリリー

ユリ科ホトトギス（トリキルティス）属／多年草（高さ0.3～0.6m）

花にある斑点模様がホトトギスの胸にある斑点に似ているところからつけられた名前だといわれています。全国各地の林の中などに自生しています。地域の限られた種類もあります。ほとんどは秋咲きで白地の花ですが、夏咲き種や黄花種などもあります。

栽培カレンダー

月	状態	管理	繁殖作業	肥料	ポイント
1					乾燥に弱いので、空中湿度を保つ工夫も必要
2					
3		植えかえ	株分け	1週間に1回 液肥	
4					
5					
6			さし芽		
7					
8					
9	開花			同上	
10					
11					
12					

手入れのしかた

　ホトトギスの栽培上の難点は、乾燥に弱く、下葉が枯れて見苦しくなることです。ワラや腐葉土を敷いて乾燥を防いでやります。鉢植えでは、置き場所の空気の乾燥も下葉が枯れる原因のひとつです。発泡スチロールの箱に砂を入れてその上に鉢を置くなど、空中湿度を保つ工夫も必要です。

　水やりの際は、霧吹きなどで葉裏にも十分に与えるようにします。

　さし芽や株分けで容易にふやせます。

さし芽・株分けでふやす

　さし芽は、6～7月が適期。2～3節で切り取り、下葉を1～2枚切り取ります。さし穂は30分くらい水あげしてからさします。用土は、赤玉土か鹿沼土の単用でよいでしょう。

　節から発根するので、必ず2節までさすようにします。明るい日陰に置き、乾かさないように管理します。1か月くらいで発根したら、移植します。

　鉢植えは毎年、庭植えは2～3年に1回、3～4月上旬に植えかえます。植えかえ時に株分けを行います。地上部の枯れた株を掘り

起こすと、古い根の先に新芽が2～3個ついています。新芽には根も育っていますから、傷めないように切り分けます。手でも分けられます。山草用の培養土に植えつけ、半日陰で育てます。

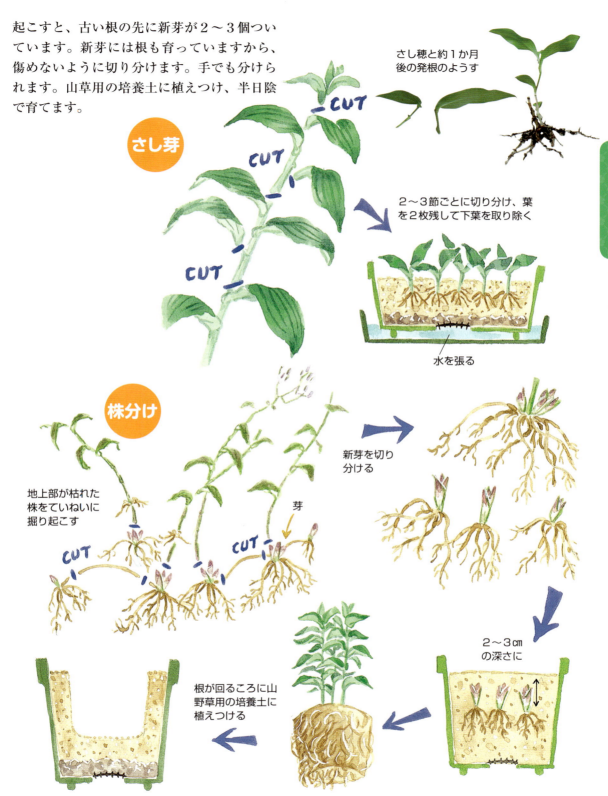

秋の深まりを感じさせる花
リンドウ　龍胆、ゲンティアナ

リンドウ科リンドウ属／多年草（高さ0.1〜1m）

このリンドウの仲間は、全国各地の草地や林などに自生しています。9〜11月ごろ、茎の先や葉腋に青紫色の筒形の花を咲かせます。種類によっては、白花や桃色花もあります。また、多くは秋咲きの多年草ですが、春咲き種や一・二年草もあります。

栽培カレンダー

月	状態	管理	繁殖作業	肥料	ポイント
1			株分け		水分を好む。地上部が枯れた冬の乾燥にも注意する
2			株分け		
3		植えかえ	実生		
4				1週間に1回液肥	
5			さし芽	1週間に1回液肥	
6			さし芽	1週間に1回液肥	
7					
8					
9	開花			同上	
10	開花		実生	同上	
11	開花		実生	同上	
12			株分け		

手入れのしかた

　日当たりと風通しのよいところを好みますが、夏の強い日差しに弱いものもあります。夏は半日陰の涼しいところに置くようにしましょう。水分を好むので、乾かさないように注意します。鉢植えで育てる場合は、表土が白っぽく乾いてきたらたっぷりと与えます。とくに、地上部が枯れた冬の乾燥に気をつけたいものです。

　さし芽、株分け、実生でふやします。

さし芽でふやす

　春から伸びはじめる茎は、そのままにしておくとよく伸びます。5〜6月に、伸びた茎を元の2枚の葉を残して、切り取ります。切り取った茎は1〜2節ごとに切り分け、さし穂をつくります。数枚の葉を残して、下葉は取り除きます。

　鹿沼土か赤玉土を入れたさし床にさします。2〜3週間くらいで発根するので、4号鉢に3〜5本植えにします。茎が伸びてきたら摘芯し、腋芽（えきが）を伸ばすようにすれば、秋には花が咲きます。

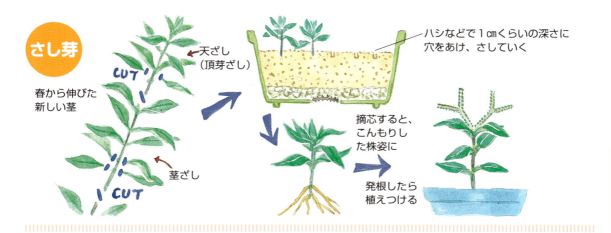

株分けでふやす

　12〜翌3月ごろに株を掘り起こして、土を全部落とし、古い茎を切り取ります。3〜4芽を1株として、手で引き裂くようにして分け、植えつけます。

実生でふやす

　秋咲き種は実生でよく発芽します。秋に実が茶色に熟してきたら採種します。採りまきにするか、早春にまきます。発芽後、2〜3年で開花します。

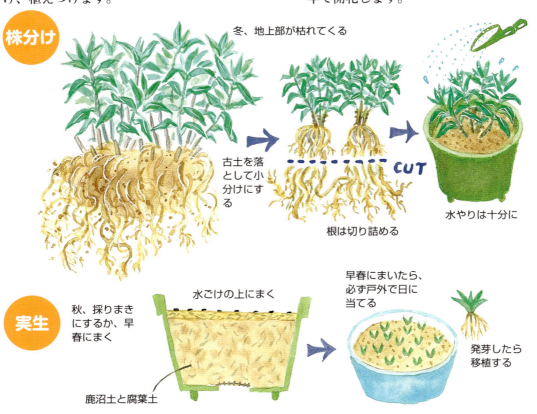

山野草・ハーブ　リンドウ

235

花も美しい薬用ハーブ
セージ
ヤクヨウサルビア、セイヨウセージ、ガーデンセージ

シソ科サルビア属／耐寒性多年草（高さ0.4〜1m）

花壇で親しまれているサルビアの仲間。薬品のような強い香りとほろ苦さが特徴で、肉料理の臭い消しに使われます。原産地の地中海沿岸地方では、薬効のあるハーブとして利用されており、「薬用サルビア」の別名もあります。花の色や形、香りの異なる品種がたくさんあります。穂状につける花は、どの品種も鑑賞価値があります。

栽培カレンダー

月	状態	管理	繁殖作業	肥料	ポイント
1					高温多湿に弱く、梅雨時期に枯れることもある。鉢植えは軒下などに移すとよい
2					
3					
4		植えつけ	さし芽／とり木		
5	開花		さし芽／とり木		
6	開花				
7					
8					
9			さし芽／とり木		
10		植えつけ	さし芽／とり木		
11		植えつけ			
12					

手入れのしかた

　植えつけの適期は、春と秋。肥沃で水はけのよい用土に植え、日当たりと風通しのよいところで管理すると大株に育ちます。

　丈夫で耐寒性はありますが、高温多湿には弱く、梅雨時期に枯れてしまうこともあります。鉢植えでは水やりを控え、乾かし気味にするとよいでしょう。

　2〜3年たつと、株がだんだん弱ってきて、花つきが悪くなります。大きく切り戻して新芽を出させるか、さし芽、とり木で新しい株をつくります。

さし芽・とり木でふやす

　実生でもふやせますが、さし芽やとり木のほうが容易です。春と秋の生長期、風通しをよくするために摘み取った茎をさし穂に利用します。10〜15cmほどの長さに節の上で切り取り、水ざしにします。水につかる下葉は取り除いておきます。1〜2週間で発根するので、ハーブ用の培養土で植えつけます。乾かさないように水やりをして、半日陰で管理し、新芽が出てきたら日当たりのよいところで育てます。

　また、生長して長く伸びた茎を地面につけ、

土を盛っておくと、その部分から発根するので、親株から切り離して培養土で植えつけます。とり木をするには、元気な茎を選ぶことがポイントです。

さし穂のつくり方

フルーツセージ

パイナップルセージ

生長期に、風通しをよくするために摘み取った茎を利用するが、さし穂には、その年に伸びた新しい茎を選ぶようにする。10〜15cmほどの長さに節の上で切り、すぐに水あげしておく

山野草・ハーブ セージ

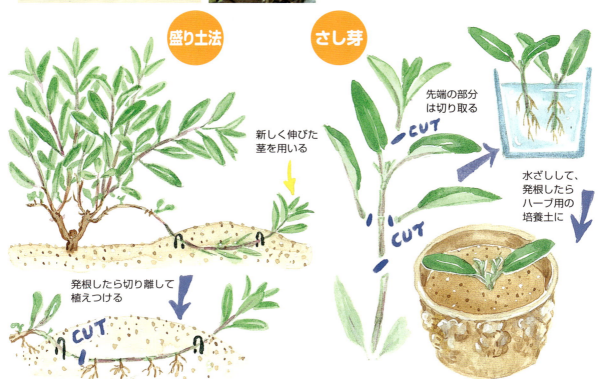

盛り土法／さし芽

新しく伸びた茎を用いる

発根したら切り離して植えつける

先端の部分は切り取る

水ざしして、発根したらハーブ用の培養土に

クリーピングタイム

幅広い料理に利用できる
タイム
タチジャコウソウ、ガーデンタイム

シソ科タイム属／常緑小低木、多年草（高さ0.2～0.4m）

草丈が低く、細い茎葉が次々に伸びて、地面を覆います。肉や魚との相性がよく、料理に香りと風味のアクセントが加わります。地中海沿岸地方原産。日本のイブキジャコウソウもこの仲間です。コモンタイムは立ち性ですが、地面をはうようにのびるクリーピングタイム、葉色の美しいゴールデンタイム、シルバータイムなどの品種もあります。

栽培カレンダー

月	状態	管理	繁殖作業	肥料	ポイント
1					梅雨時期に蒸れて枯れ込むことがあるので、こまめに間引くこと
2					
3		植えつけ			
4		植えつけ	さし木・とり木・株分け		
5	開花	植えつけ	さし木・とり木・株分け		
6	開花	植えつけ			
7					
8					
9		植えつけ	さし木・とり木・株分け		
10		植えつけ	さし木・とり木・株分け		
11		植えつけ			
12					

手入れのしかた

植えつけは、真夏と真冬以外ならいつでも行えます。酸性でない、水はけのよい用土に植え、日当たりと風通しのよいところで乾かし気味に管理します。

耐寒性、耐暑性ともにありますが、梅雨時期に蒸れて枯れ込むことがあるので、風通しを図るために、こまめに枝を間引きましょう。

3～4年たつとだんだん株が弱ってくるので、株分けやさし木をして若返らせます。とり木も可能です。

さし木・とり木でふやす

3～4月に実生も行えますが、大きく育つまで時間がかかるので、さし木やとり木でふやすのが一般的です。春と秋の生長期に、その年に伸びた新しい枝を10cmほどの長さに切り取り、土にさす部分の葉を取り除きます。節の下で斜めに切り、ハーブ用の培養土に植えつけます。乾かさないように水やりをして、半日陰で管理し、新葉が出てきたら日当たりのよいところで育てます。

とり木も容易に行えます。地面をはうように伸びた枝に土を盛っておくと、根が生える

ので、親株から切り離して培養土で植えつけます。

株分けでふやす

春と秋が適期です。草丈は10～30cmと低いのですが、横に伸びて大株になるので、掘りあげて2～3株に分け、新しい培養土で植えつけます。

コモンタイム

ゴールデンタイム

山野草・ハーブ　タイム

盛り土法

盛り土をして、発根したら切り離して植えつける

さし木

新しく伸びた枝を用いる

先端の部分は切り取る

CUT

水ざしが容易

発根したら植えつける

株分け

1～2年で密生する

はさみで2～3株に切り分けたあと、ほぐす

古い株

先端の部分は切り取る

新しい根の出ている若い枝を植えつける

239

爽やかな香りの熱帯性ハーブ
バジル
バジリコ、メボウキ

シソ科メボウキ属／非耐寒性一年草、多年草（高さ0.3～1m）

トマトとの相性がよく、イタリア料理には欠かせないハーブです。つややかな卵形の緑葉が特徴で、夏にはシソによく似た花穂をつけます。種を水に浸すとゼリー状の物質が出てきて、これで目のごみを取ったことから、「メボウキ」の別名があります。香りや葉色の異なる品種がいくつかあります。

栽培カレンダー

月	状態	管理	繁殖作業	肥料	ポイント
1					こんもりと茂らせるためには、適当な高さまで伸びたら摘芯するとよい
2					
3					
4		植えつけ	さし芽／実生		
5		植えつけ	さし芽／実生		
6		植えつけ	さし芽／実生		
7	開花		さし芽／実生		
8	開花		さし芽		
9	開花				
10		植えかえ			
11		植えかえ			
12					

手入れのしかた

　植えつけは、春～夏が適期。水はけと水もちがよく、肥沃な用土に植え、日当たりのよいところで管理します。土が完全に乾くと枯れるので、水切れには注意しましょう。

　熱帯アジア原産なので、暖かい時期にはぐんぐん生長します。適当な高さまで伸びたところで摘芯すると、腋芽（えきが）が出てこんもりとした株姿になります。

　戸外では冬に枯れますが、室内に取り込めば、株の勢いは弱くなりますが、春まで収穫が楽しめます。

実生でふやす

　実生で簡単にふやせます。ただし、発芽の適温が25℃と高めなので、暖かくなる5月以降にまくとよいでしょう。水はけと水もちのよい用土に肥料を混ぜ込んでおきます。種をばらまきにして薄く土で覆い、たっぷりと水を与えます。乾かさないように注意しながら日当たりのよいところで管理すれば、1週間ほどで発芽します。元気のよい苗を選んで1本ずつポットに植えつけます。2～3日、半日陰で落ち着かせてから、日当たりのよいところで育てます。

さし芽でふやす

春〜初秋が適期。元気な茎を10〜15cmほどの長さに節の下で切り取り、さし穂にします。食用に買ってきて、余ったものでも利用できます。土にさしても発根しますが、水ざしが容易です。1週間くらいで発根するので、ハーブ用の培養土で植えつけます。肥料を好むので、元肥も忘れずに入れておきましょう。

ダークオパールバジル

山野草・ハーブ　バジル

実生

種をまくのは、5月の連休明けから8月まで

まいたら、薄く土で覆う

びっしり

数回に期間をずらしてまくと、秋にも元気な株が楽しめる

収穫しながら大きくしていく

さし芽

8月にさし芽をすると、11月ごろまで生ハーブが味わえる

初夏〜夏に出る花穂は摘み取る（咲かせると株が枯れる）

種を取るのは秋

水ざしで容易に発根する

241

丈夫でどんな場所でも育つ
ミント
ハッカ、メンタ、メハリグサ

シソ科ハッカ属／耐寒性多年草（高さ0.3〜0.9m）

メントールを含み、清涼感のある爽やかな香りが特徴です。ミントの仲間は世界各地に分布しており、日本にもニホンハッカが自生しています。この葉をもんで疲れ目をいやしたことから、「メハリグサ」の別名もあります。葉の色や形、香りの異なる品種が豊富にあります。

栽培カレンダー

月	状態	管理	繁殖作業	肥料	ポイント
1					盛んに地下茎を伸ばして繁茂する。地植えの場合は、広がりすぎないよう枠を土中に埋める
2					
3		植えつけ			
4		植えつけ	さし芽・株分け		
5		植えつけ	さし芽・株分け		
6		植えつけ			
7	開花				
8	開花				
9		植えつけ	さし芽・株分け		
10		植えつけ	さし芽・株分け		
11					
12					

手入れのしかた

植えつけの適期は、春と秋。日当たりを好みますが、丈夫で、半日陰でも旺盛に生育します。

とくに土質は選びませんが、湿潤なところを好み、土が完全に乾くと枯れてしまうので、水切れには注意しましょう。

春〜秋の生長期には、盛んに地下茎を伸ばして繁茂していきます。茎葉が込み合うと、蒸れて株が弱るので、こまめに摘み取ります。鉢植えの場合は、目詰まりを起こす前に株分けをする必要があります。

さし芽・株分けでふやす

実生もできますが、さし芽や株分けのほうが容易です。生長期に、摘み取った茎をさし穂に利用します。水ざしにしておけば、1週間ほどで発根するので、ハーブ用の培養土で植えつけます。たっぷりと水やりをして2〜3日、半日陰で落ち着かせてから日当たりのよいところで育てます。

株分けは、生長期に適宜行えます。株を掘りあげて、古い根や枯れた茎葉を取り除いてから2〜3株に分け、新しい培養土で植えつけます。

さし穂のつくり方

白い縁どりが特徴のパイナップルミント。生長期に摘み取った、その年に伸びた新しい茎をさし穂に利用する。10～15cmの長さに節の上で切り取り、すぐに水あげしておく

山野草・ハーブ　ミント

さし芽

新しく伸びた枝を切り取る

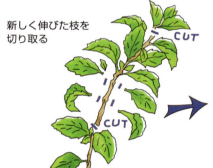

水ざしにして、発根したら植えつける

水やりは十分に。しばらく育てたら、大きな鉢に植えかえる

株分け

地下茎や余分なひげ根、古い茎、上部の葉が多い茎を切り取る

根を広げて植えつける

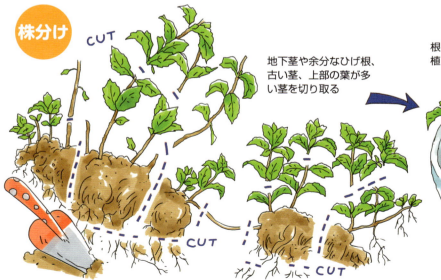

古土を落とす

株分け後は、しばらく半日陰で管理する

243

その香りにはリラックス効果が
ラベンダー
ラワンデル、ラベンデルソウ

シソ科ラバンデュラ属／耐寒性一年草、多年草（高さ0.3〜2m）

風に揺れる紫色の花穂と気品ある芳香で人気が高く、「ハーブの女王」と呼ばれています。地中海沿岸の乾燥地帯が原産で、日本では北海道のラベンダー畑が有名です。イングリッシュラベンダー、フレンチラベンダー、スパイクラベンダーなどの品種があります。花色は紫系のほかに、白やピンクもあります。

栽培カレンダー

月	状態	管理	繁殖作業	肥料	ポイント
1					アルカリ性で水はけのよい土質を好む。苦土石灰を混ぜて植えつけるとよい
2					
3					
4		植えつけ	実生・さし芽		
5					
6	開花				
7					
8					
9			さし芽		
10					
11					
12					

手入れのしかた

植えつけの適期は春。石灰質を含む、水はけのよい用土に植え、日当たりと風通しのよい、なるべく涼しいところで乾かし気味に管理します。鉢植えの場合は土の表面が乾いてから水やりをします。庭植えの場合は水はけをよくするために高く盛った土に植えつけ、水やりをする必要はありません。

高温多湿を嫌いますが、日本の気候に耐える品種も作出されています。

花が終わったら花穂を切り取り、株姿を整えます。

さし芽でふやす

さし芽や実生でふやせます。さし芽の適期は春と秋。花穂のついていない若い茎を10〜15cmほどの長さに節の上で切り取り、さし穂にします。切り口をナイフで斜めに切り、1時間くらい水あげしておきます。水はけのよい用土を入れたさし床にハシなどで穴をあけ、さし穂を差し込みます。乾かさないように水やりをして、半日陰で管理します。1〜2週間で発根し、新葉が出てきたら日当たりのよいところで育てます。1か月ほどして生長してきたら移植し、日当たりと風通しのよいと

ころで乾かし気味に管理します。

　実生は4月中旬～5月中旬に行います。種まきから発芽までに約1か月かかります。子葉が出たらアルカリ性の用土で植えつけ、乾かし気味に育てます。

さし穂のつくり方

❶ 花穂のつかなかった若い茎を選び、節の上で切り取る

❷ 先端部を切り取り、基部を斜めに切って水あげする

山野草・ハーブ　ラベンダー

さし芽

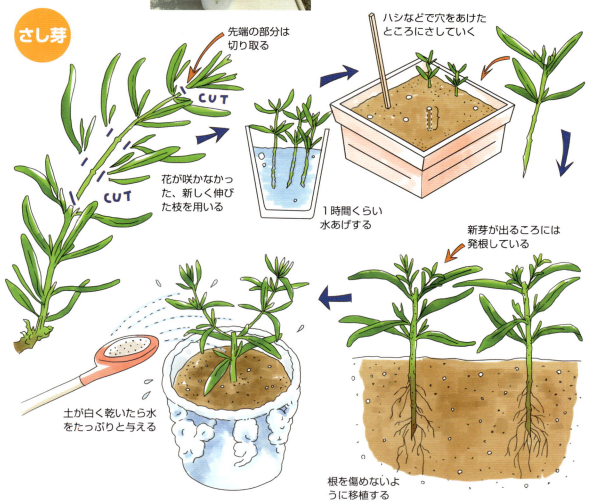

先端の部分は切り取る

花が咲かなかった、新しく伸びた枝を用いる

1時間くらい水あげする

ハシなどで穴をあけたところにさしていく

新芽が出るころには発根している

土が白く乾いたら水をたっぷりと与える

根を傷めないように移植する

245

レモンのすがすがしい香り
レモンバーム

メリッサ、セイヨウヤマハッカ、コウスイハッカ、ビーバーム

シソ科セイヨウヤマハッカ属／耐寒性多年草（高さ0.3～1m）

ミントに似た葉姿ですが、レモンと同じ香り成分「シトラール」を含みます。この生葉でいれた「メリッサティー」はすがすがしい香りで人気があります。南ヨーロッパ原産。夏のころに小さな花をつけますが、そこにみつばちが蜜を集めに来ることから、「ビーバーム」の別名もあります。黄色の斑が入る品種もあります。

栽培カレンダー

月	状態	管理	繁殖作業	肥料	ポイント
1					かなり大株になるため、鉢植えにする場合は少し大きめの容器を選ぶとよい
2					
3					
4		植えつけ	さし芽／株分け		
5		植えつけ	さし芽／株分け		
6	開花				
7	開花				
8					
9		植えつけ	さし芽／株分け		
10		植えつけ	さし芽／株分け		
11					
12					

手入れのしかた

　植えつけの適期は、春と秋。日当たりがよく、肥沃で適度に湿潤なところを好みますが、丈夫で半日陰でもよく育ちます。耐寒性、耐暑性ともにあり、土質もとくに選びません。

　横にも根を張り出して大株になるため、繁茂しすぎたら、風通しを図るために茎葉を間引きましょう。冬には地上部が枯れますが、春には再び芽吹きます。枯れ枝は冬のうちに切り除いておきましょう。鉢植えの場合は、目詰まりを起こす前に株分けをする必要があります。

さし芽・株分けでふやす

　春と秋に実生もできますが、種が細かく、手間がかかるので、さし芽や株分けのほうが一般的です。春～秋の生長期に、間引いた茎などを利用してさし穂をつくります。水ざしにしておけば、1週間ほどで発根します。水につかる下葉は取り除いておきましょう。ハーブ用の培養土で植えつけ、たっぷりと水やりをして2～3日、半日陰で落ち着かせてから、日当たりのよいところで育てます。

　株分けは、生長期に適宜行えます。大きく育った株を掘りあげて、2～3株に分け、新

しい培養土で植えつけます。
　さし芽も株分けも、大きく育つことを想定して、少し大きめの鉢に植えつけるとよいでしょう。

この程度の小苗から大株に育つ

山野草・ハーブ　レモンバーム

さし芽
- 先端の部分は切り取る
- 新しく伸びた茎を用いる
- 水ざしにして、発根したら植えつける
- すぐに大きくなるので、大鉢に植えるとよい

株分け
- 大株になると蒸れるので、株分けする
- 黄ばんだ古い茎を除き、根元から新しい茎が出ているものを移植する
- 切り取った茎は、乾燥させて保存。ハーブティーなどに利用する

247

マツのような細葉が茂る
ローズマリー
メイテツコウ、マンネンロウ

シソ科ロスマリヌス属／常緑低木（高さ0.3〜2m）

触れただけで立ちのぼってくる強い香りには、若返りの効果があるといわれています。地中海沿岸の乾燥地帯が原産。立ち性とはい性、その中間の性質のものがあります。庭の植え込みに用いるほか、葉がマツに似て、木質化する茎に趣があることから、盆栽仕立てにして楽しむこともできます。

栽培カレンダー

月	状態	管理	繁殖作業	肥料	ポイント
1					高温多湿に弱く、鉢植えは梅雨時期には雨の当たらない場所に移すとよい
2	開花				
3	開花				
4	開花	植えつけ	さし木・とり木		
5		植えつけ	さし木・とり木		
6			さし木・とり木		
7					
8					
9		植えつけ	さし木・とり木		
10	開花	植えつけ	さし木・とり木		
11	開花				
12					

手入れのしかた

　植えつけの適期は、春と秋。水はけのよい用土に植え、日当たりと風通しのよいところで乾かし気味に管理します。半日陰でも育ちます。肥料もほとんどいりません。

　耐寒性はありますが、高温多湿に弱く、小さな鉢植えでは、梅雨時期に枯れてしまうこともあります。雨の当たらない場合に移動しておいたほうがよいでしょう。また、風通しを図るために、こまめに枝を間引きましょう。

さし木・とり木でふやす

　実生でもふやせますが、発芽するまでに時間がかかるため、さし木でふやすのが一般的です。春と秋が適期。新しく伸びた枝を10〜15cmほどの長さに切り取り、土にさす部分の葉を取り除いてさし穂にします。切り口を斜めに切り、1時間ほど水あげしてからさし床にさします。1か月くらいで発根しますが、移植に弱いので、根の周りの土を崩さないように掘りあげて、水はけのよい用土に植えつけます。

　はい性のものは、とり木も簡単です。長く

伸びた枝に土を盛り、1か月くらいで発根したら親株から切り離して植えつけます。立ち性のものも、枝を地面につけてUピンなどで固定すれば、あとは同様の方法でとり木ができます。

さし穂のつくり方

間引いた枝をさし穂に利用する。その年に伸びた新しい枝を選び、基部を斜めに切って水あげしておく

山野草・ハーブ　ローズマリー

さし木

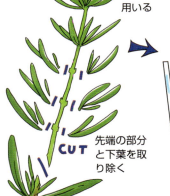

茎の柔らかい若い枝を用いる

先端の部分と下葉を取り除く

1時間くらい水あげしてからさし床にさす

バーミキュライトなど

発根したら、根の周りの土を崩さないように移植する

ハーブ用の培養土など

盛り土法

はい性のものは、横に鉢を置き、枝をのせて土を盛っておく

先端の部分を切り取る

発根したら、切り離して植えつける

切り取った先端の部分から新芽が出る

249

園芸用語　園芸植物のふやし方に関する用語を集め、解説を加えました。

明るい日陰／半日陰　午前中は日が当たるが、午後は日が当たらないようなところ。または木漏れ日が当たるようなところ。少々あいまいな表現ですが、常緑樹の下のようなつねに暗いところではなく、優しい光が射し込むようなところ。

維管束　植物の茎や幹には、体を支えるだけでなく、葉や根でつくられた養分など、生育をするための導管とそれらをつくり出す形成層があり、それを合わせて維管束と呼んでいます。

羽状複葉　1枚の葉が多数の小葉からできているものを複葉といいます。小葉が3枚手のひら状についている三出複葉、5枚以上ついている掌状複葉、鳥の羽のように並んでつく羽状複葉、羽状複葉にさらにもう一度羽状複葉がついている二回羽状複葉などがあります。

腋芽　葉のつけ根から出る芽。わき芽ともいいます。これに対して、茎や枝の先端の芽を頂芽といいます。

液肥　速効性の液体肥料。苗木の施肥に向いています。苗木には2000倍に薄めて使うのがふつうです。

枝抜き　不要な枝や込み合った部分の枝をつけ根から切り取って整理すること。枝抜きをすることで、日当たり、風通しをよくしてやります。「間引き」、「枝透かし」などともいいます。➡切り詰め

活着　根づいて生長していくことです。移植やさし木、つぎ木など、繁殖に成功したときなどに使われます。

株立ち　株元から同じような強さの枝が何本も生えて樹冠（枝葉の茂っている部分）を形づくっているもので、どれが幹かわからない樹姿をいいます。➡幹　枝・幹立ち

カルス　癒傷組織のひとつ。植物が傷ついたとき、その部分を直すために細胞が増殖したもの。

乾果　果皮が水分を失って乾燥し、木質または革質になる果実。熟して裂けるもの（アサガオなど）と裂けないもの（ドングリなど）があります。⇔多肉果

切り詰め　長く伸びた枝を途中で切り、新しい枝を伸ばさせたりすることを「切り詰め」「切り返し」「切り戻し」などといいます。

交配　雌雄の配合。いわゆる「かけ合わせ」。2つの個体間で受粉、受精することです。花粉が昆虫や風によって運ばれる「自然交配」、人が行う「人工交配」があります。

自家受粉　雌雄両性の花で、同じ花の中で行われる受粉。これに対し、自分の花粉では受粉しない性質を「自家不親和性」といい、種ができないので別の品種を近くに置くか、人工授粉します。⇔他家受粉

子房　めしべの下のふくらんだ部分。中に胚珠が入っていて、受精後は子房の周囲の壁が発達して果皮となります。

種皮　種の外側を覆う皮。胚珠の胚皮から発達したものです。

親和性　親しんでなじみむつみ合うこと。つぎ木繁殖ではふやす種類、穂木と台木との間に十分になじみむつみ合う関係がなくてはなりません。これを「つぎ木親和性」といいます。

節／節間　茎や枝にある区切りの部分。「ふし」ともいいます。一般には葉のつけ根をさしています。節と節の間が節間。よく締まった元気のよい樹を「節間が詰まった樹」などといいます。

セルパラテープ　つぎ木用のテープ。もともとはアメリカで開発されたパラフィルムです。3〜4倍にも引き延ばすことができ、互いに密着する性質を持っています。このテープをつぎ木に利用することで手間が省け、つぎ木作業が容易になりました。

他家受粉　異なる株のおしべとめしべで受粉が行われることです。⇔自家受粉

立ち性　幹や枝が真っ直ぐに上に向かって伸びる性質。同じ品種でも個体によりそれぞれ性質が異なるものもあります。⇔はい性

多肉果　果肉に水分を多く含む果実。果皮と果肉に発芽抑制物質が含まれているので、種をまくときは果皮と果肉を洗い流す必要があります。⇔乾果

通気性　空気の流通のこと。園芸用土では「通気性のよい用土」などといいます。根は呼吸をしているので通気性が悪いと根腐れを起こしやすくなります。土の状態が団粒構造だと、粒の間に隙間があるので通気性がよくなります。➡排水性／保水性

底面吸水　鉢底の下に水をため、底穴から吸水することを底面吸水といいます。水を入れた容器に鉢を入れて吸水することを「腰水」といいます。最近では、鉢皿に水をためておき、鉢中からたらしたひもで自動的に吸水できる底面吸水鉢が市販されています。

摘芯　生育中の枝の先端を摘んだり、切りとったりすることです。枝の伸長を抑えたり、腋芽の発達を促し、枝数をふやす目的で、主に鉢植で行われます。

徒長　茎や枝が長く伸びること。日光不足や高温、肥料過多などの栽培環境、管理など原因はいろいろあります。不要なものは取り除いたり、切り詰めたりしてきちんと整理しておくようにします。

共台　つぎ木では、つぎ穂と台木との親和性があることが大切で、親和性が高いほど活着がよくなります。つぎ木の親和性は遺伝的に近いものほど強くなります。基本的にはつぎ穂と同じ種類の台木がもっともよいわけで、これを共台といいます。

胚珠　めしべの子房の中にある小さな粒子。珠皮と珠心からなり、珠心の中央に卵細胞が入った胚嚢という組織があります。

排水性／保水性　文字通り、不要な水を流し、有用な水を保つこと。園芸用土では、「排水性、保水性のよい用土」といわれます。根は呼吸しているので、土中がいつも湿っていたり、からからに乾いていては呼吸ができず、生育も悪くなります。用土の状態が団粒構造で隙間があり、排水、保水が正常なら植物の根は順調に生育するはずです。➡通気性

はい性　幹や枝が立ち上がらないで、地表を這うように伸びていく個体の性質。ほふく性ともいいます。⇔立ち性

葉水　葉に霧状の水を施すこと。植物は葉からの蒸散作用で体温調節をしています。真夏など高温で弱っているときに葉水を施すことで温度が下がり、植物は元気を回復したりします。そのほかにも、葉水には病害虫の予防などの効用があります。

葉焼け　葉がやけどをした状態。葉の蒸散作用で体温調節をしていますが、強い日ざしに当たりすぎると調節が追いつかず、葉焼けを起こしてしまいます。褐色に変色した葉は元には戻りません。

ひこばえ　根元から伸びていく枝。「やご」「シュート」ともいいます。勢いがいいので、不要なものは早めに元から切り取っておきます。

肥培　栽培管理を適切に実行することをいいます。肥培というと肥料を多く施すような意味にとられがちですが、そういう意味ではありません。繁殖では置き場所、水やり、施肥などそれぞれが適宜、適切に行われることで、健全な苗がつくり出せます。

幹枝　株元から同じような強さの枝が生えており、それぞれが幹のような主張をしている樹姿です。

幹立ち／一本立ち　1本の幹が伸び、その主幹から枝が伸びて樹冠をつくっているものです。トウカエデやヤナギ、リンゴ、モッコクなど。➡株立ち

水あげ　さし木などで、切り取った枝などのさし穂を十分に水につけ、水分を吸収させてやること。

園芸用語

芽かき／台芽かき 不要な芽をかき取ること。つぎ木ではつぎ穂への養分を奪うので、台木の芽は早めにかき取ります。

ランナー ほふく茎とも。つる状に長く伸びた茎。オリヅルランのように節から根や枝を出します。

【用土】

赤玉土 火山灰土の下層にある赤土を砕いて、粒状にしたもの。通気性、排水性、保水性、保肥性に優れているので、もっともよく使われている基本の用土です。繁殖には欠かせない用土です。鉢物には、小粒または中粒のものの利用が適しています。

各種培養土 鉢植えなどで植物を育てるときの用土を培養土といいます。本来は各人がそれぞれの栽培環境に合わせて各用土の性格を勘案しながらつくるものですが、現在では鉢花用、観葉植物用、ハーブ用、サボテン用など、それぞれの植物の生育に適合した培養土が市販されています。これを用いれば配合の手間や余分な用土を省くことができ、植物栽培が簡便になりました。

鹿沼土 栃木県鹿沼地方から産出される弱酸性土。通気性、保水性がよく軽い。乾くと白っぽくなるので、鉢土の乾湿を見分けるのに適しています。

川砂 各地の川で入手できる砂。一般的に硬質で稜角に富み、排水性、通気性がよいので、繁殖の用土として利用すると効果的です。

バーミキュライト 蛭石を高温で加熱処理した人工用土。無菌で、非常に軽く、保水性、排水性、通気性に優れ、繁殖用の用土に適しています。

パーライト 真珠岩を高温、高圧で処理した白色の人工用土。清潔で非常に軽く、保水性、排水性、通気性に優れています。繁殖用の混合土としては欠かせない用土のひとつといえます。

ピートバン ピートモスを圧縮して板状にしたものです。一般には微細な種まきや好光性の種まきに利用されます。

ピートモス 湿地の植物が堆積、分解されてできた土。カナダなどからの輸入品がほとんどの状態です。酸性が強いのですが、無菌で、保水性、排水性、通気性がよいので、さし木用の混合土としては適しています。

腐葉土 カシやシイなどの広葉樹の落ち葉を腐らせたもの。手でもむとぼろぼろと崩れるくらいに腐熟したものがよい状態です。通気性、保水性、保肥性に優れています。

水ごけ 湿地や沼地に生えているこけを採取し、乾燥させたもの。通気性、保水性がよく、とり木などの用土として欠かせないもののひとつです。

赤玉土　鹿沼土　培養土　バーミキュライト　ピートモス

腐葉土　水ごけ　**苦土石灰** 酸性を嫌う植物を植えつけるとき、用土に加える

252

さくいん

太字で表しているのが、タイトル項目の植物の一般名称です。

ア行

アイビー	178
アオキ(青木、アオキバ)	100
アカメモチ	130
アケビ(木通、蘭、通草、山女)	144
アザレア	120
アジサイ(紫陽花)	46
アセビ(馬酔木)	140
アツバチトセラン	194
アメリカスズカケノキ	78
アメリカヤマボウシ	70
アプリコット	146
アベリア	140
アララギ	102
アリノヒフキ	224
アロエ	180
アンズ(杏、杏子)	146
イシャイラズ	180
イチイ(一位)	102
イチジク(無花果)	33/148
イチョウ(銀杏、公孫樹)	48
イヌツゲ(犬柘植、犬黄楊)	104
インドゴム	190
ウィステリア	76
ウメ(梅)	150
ウメモドキ(梅擬)	94
ウンシュウミカン	154
エゴノキ(イゴ、エゴ)	52
エニシダ(金雀枝)	94
エピフィルム	188
オウゴンカズラ	216
オウバイ(黄梅)	54
オーキッドカクタス	188
オガタマノキ(招霊木)	140
オカトトキ	224
オリーブ(オレイフ、オーレア)	106
オリヅルラン(折鶴蘭)	182
オレンジ	154
オンコ	102

カ行

ガーデニア(西洋クチナシ)	112
ガーデンタイム	239
カイドウ(海棠)	94
カエデ(楓)	56
カキ(柿、カキノキ)	152
カゲツ(花月)	186
ガジュマル(ガジマル、溶樹)	184
カトレア	222
カニバサボテン	198
カネノナルキ	186
カナメモチ	130
カラタネオガタマ(唐種小賀玉)	140
カラモモ	146
カリステモン	128
カンキツ類	154
キウイフルーツ	168
キキョウ(桔梗)	224
キダチアロエ(キダチロカイ)	180
キハチス	88
ギボウシ(擬宝珠、葱法師、ギボシ、ギボジュ、ギボウジュ)	226
キャラ(伽羅、キャラボク)	102
キョウチクトウ(夾竹桃)	108
キンカン	154
キングサリ(金鎖、キバナフジ)	94
キンポウジュ(錦宝樹)	128
キンモクセイ(金木犀)	110
ギンモクセイ(銀木犀)	110
クサボケ	82
クコ(枸杞)	168
クジャクサボテン	188
クチナシ(梔、梔子、山梔子、口無)	112
グミ(茱萸)	168
クラッスラ	186
クリ(栗)	156
クリスマスカクタス	198
クレマチス	221
クロマメノキ	162
クンシラン(君子蘭)	221
迎春花	54
ゲッケイジュ(月桂樹)	114
ゲンティアナ	234
コウスイハッカ	246
幸福の木	204
ゴールデンタイム	239
ゴールドクレスト	116
コデマリ(小手鞠)	58
コニファー類	116
コブシ(拳、辛夷、コブシハジカミ)	60
ゴムノキ	32/90
コムラサキ(小紫)	97

さくいん

コモンタイム	239
コンシンナ	204

サ行

サギソウ（鷺草）	221
サクラ（桜、サクラギ）	62
ザクロ（柘榴、石榴）	158
サザンカ（山茶花）	122
サツキ（皐月、サツキツツジ）	120
サボテン（仙人掌）	38/192
サルスベリ（猿滑り）	64
サルナシ	169
サンザシ（山査子）	168
サンシュユ（山茱萸）	94
サンセベリア（サンスベリア）	194
シェフレラ	196
シガク	226
シダレヤナギ（枝垂柳）	90
七変化	46
シドミ	82
シャクナゲ（石楠花）	140
シャコバサボテン	198
ジャスミン	200
シャラノキ	74
ショウジョウボク	190/214
ショウビ	72
シラネアオイ（白根葵）	228
シロカスリソウ	218
ジンチョウゲ（沈丁花）	118
シンビジウム	222
スイレン（睡蓮）	222
スグリ（酸塊）	169
スズカケ	58
スズカケノキ（鈴掛の木）	78
スモークツリー	95
スモモ（李、酸桃）	146
セージ（セイヨウセージ、ガーデンセージ）	236
セイヨウキヅタ	178
セイヨウシャクナゲ（西洋石楠花）	140
セイヨウヤマハッカ	246
セキチク	230
ゼラニウム	202
センリョウ（千両）	140
ソケイ	200
ソバノキ	130

タ行

ダイアンサス	230
タイム	238
タチジャコウソウ	238
タチバナモドキ	126
タヒチアンブライダルベール	210
ダム・ケイン	218
チシャノキ	52
チョウラン	182
ツツジ（躑躅）	120
ツバキ（椿）	122
ディフェンバキア	218
テマリバナ	46/58
テングノハウチワ	136
テンジクアオイ	202
デンドロビウム	222
デンマークカクタス	198
ドウダンツツジ（灯台躑躅、満天星躑躅）	95
トウドリリー	232
トキワアケビ	144
トキワサンザシ	126
トキワマンサク（常葉万作）	141
トサミズキ（土佐水木）	95
トチノキ（栃）	96
ドラセナ	204
トラノオ	194

ナ行

ナシ（梨）	29/160
ナツツバキ（夏椿）	74
ナデシコ（撫子）	230
ナンテン（南天）	124
ニシキギ（錦木）	20/66
ヌマスノキ	162
ネムノキ（合歓木、夜合樹、ネブ）	68
ノウゼンカズラ（凌霄花）	95

ハ行

バイカウツギ（梅花空木）	95
ハイドランジア（西洋アジサイ）	46
ハイビスカス	206
ハギ（萩）	96
パキラ	208
ハゴロモジャスミン	200
バジル（バジリコ）	240
ハッカ	242
ハツハナ	62

ハナカイドウ(花海棠)	94
ハナズオウ(花蘇芳)	96
ハナミズキ(花水木)	70
バラ(薔薇、ショウビ)	72
バルーンフラワー	224
ハルフヨウ	228
ビーバーム	246
ヒメカズラ	216
ヒメシャラ(姫沙羅)	74
百日紅	64
ヒュウガミズキ(日向水木)	95
ピラカンサ	126
ビワ(枇杷)	169
ブーゲンビレア	141
フウチョウラン	182
フサスグリ(房酸塊)	169
フジ(藤)	76
ブッソウゲ	206
ブッドレア	96
ブライダルベール	210
フヨウ	88
ブラシノキ	128
プラタナス	78
プラム	146
ブルーベリー	162
プルーン	146
フレグランス'マッサンゲアナ'	204
ベイ	114
ベゴニア類(エラチオール・ベゴニア〈リーガース・ベゴニア〉、レックス・ベゴニアなど)	212
ベニカナメモチ(紅要黐)	130
ベニバナトチノキ(紅花栃)	96
ヘデラ(ヘデラ・ヘリックス)	178
ベンジャミンゴム	84
ポインセチア	214
ボケ(木瓜)	82
ボタン(牡丹)	96
ポトス	216
ホトトギス(杜鵑草)	232
ボトルブラッシュ	128
ホンコンカポック	196

マ行 ————

マツリカ	200
マユミ(檀、真弓)	33/86
マンサク(満作、万作)	97

マンネンロウ	248
マンリョウ(万両)	141
ミント	242
ムクゲ(木槿)	88
ムベ(郁子)	144
ムラサキシキブ(紫式部)	97
メイテツコウ	248
メハリグサ	242
メボウキ	240
メリッサ	246
メンタ	242
モチノキ(黐の木)	132
モッコク(木斛)	134
モミジ	56
モモ(桃)	28/164

ヤ行 ————

ヤクヨウサルビア	236
ヤツデ(八手)	136
ヤナギ(柳)	90
ヤハズニシキギ	66
ヤブコウジ(藪柑子)	141
ヤマグワ	70
ヤマニシキギ	86
ヤマフヨウ	228
ヤマボウシ(山法師、ヤマグワ)	70
ヤマモモ(山桃、楊梅)	169
ユズ	154
ユズリハ(譲葉)	138
ユテンソウ	232

ラ行 ————

ライラック(紫丁香花、リラ)	97
ラベンダー(ラワンデル、ラベンデルソウ)	244
リンゴ(林檎)	166
リンチョウ	118
リンドウ(竜胆)	234
レッドロビン	130
レモン	154
レモンバーム	246
レンギョウ(連翹、レンギョウウツギ)	92
ロウバイ(蝋梅)	97
ローズマリー	248
ローソンヒノキ	116
ローレル	114
ロカイ(蘆薈)	180
ロクロギ	52

■ 著者紹介

高柳 良夫（たかやなぎ・よしお）

1936年新潟県生まれ。國學院大學卒業。出版社に勤務し、『自然と盆栽』の編集記者などを経て、フリーランサーに。著書に『プランターと鉢で楽しむ花づくり入門』（日本文芸社）『樹種別・盆栽培養ガイド』『雑木盆栽』『初めての庭木』『ひと目でわかる盆栽づくりの基本とコツ』などがある。

■ 監修者紹介

矢端 亀久男（やばた・きくお）

1942年群馬県生まれ。東京農業大学農学部農業拓殖学科卒業。71年から中之条高校、藤岡北高校で教諭。90年から安中実業高校、大泉高校、伊勢崎興陽高校で教頭。97年から利根実業高校、藤岡北高校の校長を務め、2003年に定年退職。現在は、ビニールハウスつきの農場で「晴耕雨耕」の日々を送っている。

本書は2005年に当社より刊行された『より簡単で確実にふやせる さし木・つぎ木・とり木』に加筆し、改訂したものです。

■ カバー装丁	sakana studio
■ 本文イラスト	南歳三
	有川しりあ
	岡田真一
■ 写真撮影	天野憲仁（日本文芸社）
	矢端亀久男
	高柳良夫
■ 写真協力	㈱全通企画フォトサービス
■ 執筆協力	森田裕子
■ 本文デザイン	大澤雄一（knowm）
■ 編集協力	和田士朗（knowm）

＊育成者権がある品種については、有償・無償にかかわらず、種や苗を譲渡することは種苗法で禁止されています。ただし、個人で楽しむ（家庭菜園）レベルであればふやすことに問題はありません。

もっと簡単で確実にふやせる

最新版 さし木・つぎ木・とり木

2018年11月20日 第1刷発行
2025年3月1日 第7刷発行

著 者	高柳 良夫
監修者	矢端 亀久男
発行者	竹村響
DTP	knowm
印刷所	TOPPANクロレ株式会社
製本所	TOPPANクロレ株式会社
発行所	株式会社 日本文芸社

〒100-0003 東京都千代田区一ツ橋1-1-1 パレスサイドビル8F

Printed in Japan 112181101-112250219 Ⓝ07（080005）
ISBN 978-4-537-21635-6

©Yoshio Takayanagi 2018
編集担当 吉村

乱丁・落丁などの不良品、内容に関するお問い合わせは小社ウェブサイトお問い合わせフォームまでお願いいたします。
ウェブサイト https://www.nihonbungeisha.co.jp/

法律で認められた場合を除いて、本書からの複写・転載(電子化を含む)は禁じられています。また、代行業者等の第三者による電子データ化および電子書籍化は、いかなる場合も認められていません。